Otfrid Mylius

Die Opfer des Mammon

Eine Stadtgeschichte

Otfrid Mylius

Die Opfer des Mammon
Eine Stadtgeschichte

ISBN/EAN: 9783743310483

Hergestellt in Europa, USA, Kanada, Australien, Japan

Cover: Foto ©ninafisch / pixelio.de

Manufactured and distributed by brebook publishing software
(www.brebook.com)

Otfrid Mylius

Die Opfer des Mammon

24 Sgr.

fl.1.24.rh.

Ausgewählte Erzählungen

von

Otfrid Mylius.

Erster Band.

Die Opfer des Mammon.

STUTTGART · ADOLF · KROENER ·

Druck der K. Hof- u. Kanzlei-Buchdruckerei von Gebr. Mäntler in Stuttgart.

Die Opfer des Mammon.

Eine Stadtgeschichte

von

Otfrid Mylius.

Der „Ausgewählten Erzählungen" erster Band.

Stuttgart.
Verlag von A. Kröner.
1864.

Die Opfer des Mammon.

Eine Stadtgeschichte.

Erstes Kapitel.

Ein Feiertag im Proletarier-Viertel.

Ostermontag! Welches Mädchen aus dem Volk lächelt da nicht und denkt an Putz und Tanz, womit es sich für die lange trübe Fastenzeit entschädige und den ersten Vorschmack von Lenz- und Sommerfreuden genieße! Die vornehmen Fräulein und die reichen Kaufmanns- und Beamtentöchter kennen freilich jenes frohe, unstätmachende Schwalbengefühl nicht, das am Vorabend und am Morgen dieses Tages die Töchter der ärmeren Klassen in allen Pulsen durchströmt, da diese nicht wie sie in den langen Fastenwochen ihr Theater, ihre Concerte, ihre Kränzchen und Abendcirkel hatten, sondern um die Stunde, da jene bevorzugteren Günstlinge der Glücksgöttin erst unter den Händen des Friseurs ihre Toilette machen, schon müde und abgearbeitet zum heimischen Ofen zurückkehren, und dort vielleicht noch etliche Stunden über Näh- und anderer Arbeit hinbringen, dem kargen täglichen Brod noch eine kleine Zubuße und Aufbesserung zu erschwingen. Es kümmert die vornehmen Fräulein freilich nicht,

was diese ärmeren Kinder machen, denn die neueren Romane
haben ihnen ein Wort geliefert — kurz, herzlos und fremdländisch, — womit sie sich gegen jegliches Mitleid mit der armen
Volksklasse, mit der ganzen Kaste der auf Tagelohn und Nadelarbeit und mühsame Frohnen angewiesenen Mädchen aus den
unteren Ständen abfinden. — Es sind G r i s e t t e n, die Horde,
welche der Prostitution ihre Rekruten liefert, an deren Mitgliedern die Brüder und Väter und künftigen Ehemänner dieser
schönen, stolzen kalten Dämchen ihre Liebenswürdigkeit und Kraft
erproben, — an denen sie S t u d i e n machen, wie man hernach
ein armes Herz bethöre, das unschuldig und arglos aus den
stillen Mauern einer Pension auf die glatten Parquets und weichen Teppiche eines Gesellschaftssaales tritt, um durch seine Mitgift sich selbst und seine ganze Zukunft an einen Mann zu verkaufen, der — wie oft! — nur eine Niete ist in der mit
Gewinnen und Prämien so sparsam bedachten Lebens- und
Ehestandslotterie! Jene elend bezahlten Arbeiterinnen sind Futter
für Zuchthäuser und Spitäler, Pflanzschulen für die Bevölkerung
der Findelhäuser, eine Kaste Parias, der ihr kaum den Abhub
von eurem Tische und eurer Garderobe gönnt, ihr schönen reichen
feinen Dämchen! und die euren zarten Fingern die Mühe und
Sorge für euern Putz ersparen muß, und die euch — seltsame
Ironie des Schicksals! — in Einer Beziehung auch nur den
Abhub von ihrer Mahlzeit, die Hefe des Freudenbechers lassen,
welchen ihnen eure Brüder und Männer mit Künsten der Verführung und Bestechung abringen! — Doch genug hievon; es
gehört nicht eigentlich in den Bereich unserer Erzählung herein,
noch däucht es uns schön und rathsam, eurem Auge, meinen
schönen Leserinnen! den Anblick dieser faulen Schwären und
wunden Flecke unserer gesellschaftlichen Zustände aufzunöthigen.

Es war Ostermontag, und ein wahres Aprilwetter. Der schmale Streifen Himmel, welcher die kleine Gasse überspannte, hatte seit dem frühesten Morgen schon öfter seine Miene gewechselt als ein launisch verzogenes Kind. Bald hatte ihn das heitere Lächeln der Morgensonne verklärt, und einen schönen Tag verheißen, bald waren weiße Schäfchen über die blauen Himmelswiesen gezogen, dann hatte das Firmament gethränt in leichtem Sprühregen wie vor Freude und Rührung über den feierlichen Glockenschall, welcher tönender und voller auf den Schwingen einer reineren Luft durch die Auen und Gefilde hinwogte, und dann waren wieder dunklere Wolken am Himmelsdom aufgezogen wie finstre Runzeln auf der Stirne des Schöpfers, als grolle er, daß aus dem ganzen dichtbevölkerten Stadtviertel, das wir meinen, so wenig Andächtige dem Glockenrufe zur nahen Kirche folgten. Du lieber Gott! das war auch schier kein Wunder! das ganze Gäßchen, das wir meinen — Lazarethstraße hieß man's, ein ominöser Name — befand sich in einer seltsamen Gährung und Aufregung. Vor allen Fenstern flaggten und wogten helle Kattunkleider frisch geplättet im leichten Morgenwind, und nie mochten so viele hübsche Augen von jungen Mädchen im strengsten Negligée durch die trüben Scheiben niederer Fenster nach den Wolken geschaut haben, um die größere oder mindere Ungunst der Witterung zu erspähen, als eben heute. Und diese Aufregung, diese Hast, dieses Zurufen, dieses Schäkern von Nachbarn und Nachbarinnen! Diese eilfertige Bestürzung, dieses Fensteröffnen und Zuschlagen, als die ersten Tropfen des Sprühregens auf die moosigen Ziegel und das unebene Pflaster niederrauschten! — „Mein Kleid! mein Rock!" und „ach" und „o" tönte aus jedem Fenster, wo solche Frühlings-Freudenflaggen wallten, und runde Arme und weiße Nacken und frischgeglättete

Haarflechten tauchten aus den niedrigen Fenstern hervor und
zerrten und zogen an den bedrohten Kleidern — flinker sich ge-
berdend, als Matrosen welche vor dem heranbrausenden Orkane
die geblähten Segel einreffen, um dem verheerenden Zornhauche
weniger Fläche zu bieten.

Und wie nun der Himmel weinte und seine Stirne trübte,
verdüsterte sich auch manch schelmisches Mädchenantlitz, und die
derben Hände, welche noch so eben den Plättstahl über den
Cattun und das Wollentuch oder das Seidenband führten, wurden lässiger, und von den frischen Lippen fiel's mit einem Seufzer: „Ach Gott, die Freude wird zu Wasser!" — Das war aber
zu frühe verzagt, denn der Himmel drohte einstweilen nur, und
der Mittag verging, ohne daß die dunkelblauen Wolken ergiebiger die durstige Erde gespeist hätten. Die Straße, welche
eine Viertelstunde lang leer und öde gewesen war, füllte sich
wieder mit dem zahlreichen Nachwuchs eines solchen Proletarier-
Viertels, und der Zank und Hader, Jubel und Lärm der mit
Eierschlag und Ballspiel, mit Reifen und Marbeln spielenden
Jungen und Mädchen spottete von neuem der sabbathlichen
Ruhe. Zugleich aber belebte sich auch sonst die Straße mit
Wandlern und festlich geputzten Menschen aller Art; der Tischler, der Schlosser, der Stellmacher, kurz Gesellen aller Art zogen
von oben wie von unten der abschüssigen engen Gasse zu, zerrten am Bratenrock und Halstuch, klopften an die neuen Modesten
oder bliesen zudringliche Stäubchen vom Aermel. Und hatte
dann die Rundschau über den eigenen Putz ein befriedigendes
Resultat ergeben, so flog das Auge den Beinen weit voran und
zu irgend einem Fenster empor, woselbst schon sehnsüchtig har-
rende Augen auf der Lauer standen und auch wohl ein frischer
Mund dem Säumigen aus dem Fenster neckischen Gruß oder

sanfte Vorwürfe zurief. Da hätte man aber sehen sollen, wie
solch ein berber Gesell bann Schritte machte, bas Haus zu gewinnen, wie sein breites gesundes Gesicht von einer rechten Freube
widerstrahlte, und er ben Hut ober bie Mütze lecker auf's Ohr
schob, wenn er bie Schwelle am Ziel seines Strebens überschritt!
Unb nach einer Weile kam ber Herr Galan ber Nähterin ober
Plätterin ober Stickerin in ber armen Stube ba broben wieber
zum Vorschein, indem er mit ber qualmenben Pfeife ober Cigarre rückkehrend auf bie Schwelle trat, und etliche Momente
bort verweilte, erstens um bie Nachbarinnen in ber Runbe auf
sein werthes Selbst aufmerksam unb möglicherweise auch etwas eifersüchtig auf bie Glückliche zu machen, bie seines Umgangs sich
rühmen burfte, unb bann auch aus bem anbern Grunbe, weil
seine Röse ober Babette ober Louise von ber Treppe aus wieber
in bie Stube zurückflüchtete, um noch etwas an ihrem Putze
zu orbnen, benn wo wäre ein Frauenzimmerchen, bas sich einmal geständе, baß es genug geputzt und hinlänglich schön sey?
Enblich trippelte das schmucke Kind bann boch bie Treppe herunter,
benn es ist aus vielen Gründen nicht rathsam, so lange zu
zögern: zum Ersten könnte ber Christoph „falsch" b. h. böse
werben, wenn man ihn so lange von ber Freube fernhielte, nach
welcher alle seine Pulse schlagen, und bann muß man sich schon
tummeln, bie Gasse noch zu passiren, so lange bie Mehrzahl ber
Nachbarn unb Nachbarinnen noch am Fenster ist, bamit sie sich
recht vielfach erbosen über Christoph's Pünktlichkeit unb seinen
neuen Rock, unb über Babettens neues Zitzkleid unb ben mober-
nen Spitzenkragen. Unb so hängt nun bie Nähterin urplötzlich
an Christoph's Arm, ber über bie Steinstufen ber Treppe her-
absteigt, stolz wie ein König unb sich blähenb wie ein Puter,
unb bie Nüstern auf= unb bichte Tabakswolken von sich bläst,

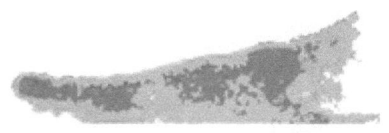

den gewichtigen Ziegenhainer auf dem Pflaster erdröhnen läßt,
und die ihm begegnenden Bekannten mit Selbstgefühl und kaum
kopfnickend über die Achsel grüßt, während Babette wechselsweise
auf ihre Schuhspitzen und Fersen, und nach den Fenstern zur
Linken und Rechten schaut, den Neid herausfordernd, der ein
Erbübel der Städte und des schönen Geschlechts ist, und das
weiße Taschentuch schwenkt, als wollte sie sagen: „Schmäht
nur, ihre bösen Zungen! was kümmert's mich, ich bin
glücklich!"

Diese Scene zwischen Liebespaaren hatte sich an jenem
Ostermontag und in jener Straße, von der wir reden, schon
mehr als einmal wiederholt, und das Gäßchen, so eng und klein
es war mit seinen alten, schmalen, verschrumpften Häusern,
welche sich in und hinter einander versteckten und verschoben wie
ein Häufchen verschämter oder verlegener Kinder, gleich als
schämten auch sie sich ihres Aeußern, das bald an das kindische
Greisenalter, bald an die Kindheit der Baukunst und Wohnlich=
keit gemahnte, — dieses Gäßchen hatte eine ganz unbegreifliche
Menge solcher Mädchen zu Tage gefördert, und manche von
diesen waren so hübsch, als wollten sie recht den Contrast zu den
häßlichen Häusern bilden, welche sie beherbergten, oder als woll=
ten sie den Beschauer damit versöhnen. — Aber sonderbar! alle
die Nachbarinnen, welche mit ihren Liebhabern, Anbetern,
Schätzchen und dergl. dem obern oder untern Ende der Gasse
zugestrebt hatten, schienen nicht unterlassen zu können, nach einem
der kleinsten Häuschen der Gasse und in diesem nach einem gar
niedern, kaum drei Spannen vom lieben Erdboden entfernten
Fensterchen zu schauen, auf dessen Sims ein Rosmarinstrauch
und ein Topf blühender Reseden gierig nach dem kümmerlichen
Sonnenstrahl lechzten, der möglicherweise bis zu der tiefen Sohle

der engen Gasse bringen konnte. Allein die Scheiben waren un-
durchsichtig gemacht durch eine vorgezogene Gardine von weiß
und roth gewürfeltem grobem Zeuge, der die dunkle Stube noch
dunkler machen mußte, und nur ein schmales zurückgeschlagenes
Eckchen des Vorhangs ließ den weißen Nacken und die dichten
blonden Flechten eines Kopfes sehen, der sich über emsig ge-
fertigte Nadelarbeit herabzubeugen schien. Das Mädchen, das
hinter diesem Fensterchen saß, schien ganz theilnahmslos und
undankbar gegen die Sympathie, welche sich in den allerwärts
gegen das Fenster gerichteten Blicken aussprach; es arbeitete ungestört weiter und that sich offenbar Zwang an, nicht auf-
zuschauen, um nicht die schön geputzten Freundinnen zu sehen.

„Die arme Albertine!“ flüsterten die vorübergehenden Nachbarinnen ihren Schätzchen zu, wenn ihre Blicke dem Fensterchen
des niedrigen Erdgeschosses sich zukehrten, — „da sitzt der arme
Narr den ganzen Feiertag zu Hause und muß arbeiten, und das
Alles für die böse Mutter, die den Verdienst vertrinken wird,
und für das Mädchen ihres Bruders und seine beiden Kinder,
die ihr alle zusammen nur das Leben sauer machen! Denk' Dir,
Fritz, nicht einmal einen Schatz will die alte Hexe dem Mädel
erlauben, und doch wird's in acht Tagen vier Jahre, daß die
Albertine confirmirt worden ist!“ — Worauf denn der Gesell
regelmäßig die Alte mit einem Titel belegte, der gar nicht
schmeichelhaft und zu unanständig klang, um wiederholt zu werben, und sich nach der Person und den Verhältnissen dieser Albertine erkundigte, welche diese tyrannische Mama besitze. Da
lautete denn die Antwort unabänderlich: diese Albertine sey ohne
Widerrede eines der hübschesten, wo nicht das schönste Mädchen
der Gasse, recht fleißig und herzensgut, die beste Sängerin und
Tänzerin und mit Einem Wort ein Mädel, dem nichts mehr zu

gönnen wäre, als ein recht flotter braver Schatz. Das aber insbesondere verwehre ihr die Mutter, die zwar auch fleißig und Niemanden gram, aber sehr arm und zu Zeiten des Ueberflusses dem Gläschen hold sey. — „Hm!" pflegte dann der oder jener Galan zu sagen, — „ich hab' einen neuen Schlaf (Bettkameraden) oder Nebengesellen bekommen, den Hamburger, der ein ganz gewichster fixer Kerl ist und noch kein Mädel hat — dem will ich's sagen; das wäre was für ihn!" Und die neuen Gegenstände und Interessen, welche einem solchen Pärchen beim Umbiegen in eine andre Straße begegneten, veränderten alsbald wieder den Standpunkt des Gesprächs. —

So war schon eine gute Weile des Nachmittags vergangen, und der mürrisch-dreinblickende wolken-umzogene Himmel drohte Regen, dessen erste Vorboten in leisen Tröpfchen schon vom harschen Winde an die Fenster getrieben wurden. Die Gasse war ungewöhnlich still geworden, denn die Alten waren in der nahen Kirche, die Jungen hinausgezogen dem Vergnügen nach, und selbst die Kinder waren der Stadt entflohen. Nur hie und da lugte die weiße Haube eines Altmütterchens, die den Säugling ihrer Tochter pflegte, auf Augenblicke aus einem Fenster, oder schaute ein furchenburchpflügtes Greisenantlitz aus der Hausthür nach den ziehenden Wolken und dem wirbelnden Staub. Jetzt erst schien's Albertine zu wagen, ein Fenster zu öffnen und, des frühen Staubes nicht achtend, den der Wind von der Straße weg in's niedere Stübchen fegte, dem Licht und der Luft freieren Zutritt zu gönnen. Da saß sie nun auf dem gebrechlichen Strohstuhle vor dem mit Lappen und Zwirn und Nähgeräthe überladenen Tischchen, und die emsigen Finger, die noch so eben mit rastlosem Eifer die Nadel durch den weichen feinen Wollenstoff eines bunten Damenkleides geführt hatten, ruhten jetzt; der Elbogen suchte die Stütze des niedrigen Simses und die Linke legte sich über die Augen, die trüb umflort waren, und in deren langen seidenen Wimpern eine feine Thränenperle blinkte. — Ha, eine Nähterin, die weint! eine Grisette voll Sentimentalität, ein enfant perdu voll Weltschmerz, eine deutsche Fleur-de-Marie! höre ich den leichtfertigeren Leser rufen. Gemach, meine Werthesten! auguriren Sie nichts Derartiges, denn wir verschmähen es, Sue's Nachtreter abgeben und die idealisirten Auswürflinge seiner Phantasie für lebenswahre Gestalten ausgeben zu wollen, wie wir sie in unserer Stadtgeschichte zu porträtiren beschlossen haben!

Es war nichts von dem Allem, was eine Thräne in das wirklich schöne Auge des Mädchens trieb; es war auch nicht der Aerger, daß sie allein zu Hause bleiben mußte, wo alle Nachbarinnen das Freie und die Freude suchten, was sie so verstimmte, sondern ein ernsterer tieferer Grund. Sie hatte nämlich noch nicht lange die kaum vollendete Arbeit aus den Händen gelegt, als hinter der mächtigen Doppelbettlade, welche sich mit einem riesigen Kasten, einer kleinen Commode, dem hölzernen Tisch, vor welchem Albertine saß, der hölzernen Bank, über deren Lehne der Rock des Damenkleides hieng, wozu der kaum vollendete Leib gehörte, und etlichen Strohstühlen in den knappen Raum der Stube theilte, — eine grelle kreischende Kinderstimme in ein bitterliches Plärren ausbrach. Anfangs beachtete es das Mädchen am Fenster kaum, denn der Laut war ein vertrauter, und die liebe Armuth urtheilt, daß Schreien den Kindern nicht schaden könne, sondern vielmehr die Brust erweitere; als aber allmählig das Geschrei des armen Würmchens kläglicher wurde, als gar noch ein zweiter größerer Schreihals in den Lärm des Erstern einstimmte, erhob sich Albertine vom

Stuhl, und schlüpfte gewandt und geschmeidig wie ein Kätzchen zwischen den plumpen Möbeln zu dem armseligen Bettchen hin, worin zwei schmutziggekleidete Kinder mit allerliebsten blonden Engelsköpfchen lagen.

„Tine, Brod! Tine, mich hungert!" lallte das größere weinende Kind, ein Knabe von etwa vier Jahren, und brüllte noch lauter, als er seinem Wunsche nicht entsprechen sah. Die Kinderlaute hatten das Mädchen mit einem jähen Schauer durchzuckt, der sie anscheinend wortlos machte; ein häufig wiederkehrendes krampfhaftes Gähnen, welches sie schon im Laufe des Nachmittags in ihrer Arbeit mehrfach unterbrochen hatte, war wohl ein sicheres Anzeichen, daß auch sie ein nothgebrungenes, über ihre Kräfte und die Anforderungen des jugendlich gesunden Körpers gehendes Fasten hatte beobachten müssen.

„Sey still, Heinrich! die Großmutter kommt jetzt und bringt Suppe!" tröstete sie den Kleinen, der aber nur das Schlagwort aufzugreifen und desto heißhungriger nach dem versprochenen Gericht zu begehren schien, während das kleine, noch nicht zweijährige Mädchen die Augen nach der Trösterin aufschlug, ihr die kleinen Händchen bittend entgegenstreckte und sie mit einer jener Jammermienen anschaute, welche uns oft aus den geringfügigsten Veranlassungen bei Kindern begegnen und tief in die Seele schneiden.

„Arme Würmchen!" murmelte Albertine und eilte an den Tisch, dessen Schublade hastig öffnend, — allein die Nachforschung fiel ungünstig aus, und die unselige Lade hatte nicht die Tugenden des Mehllabs und Oeltrügleins der Wittwe von Zarpath, und kein freundlicher Hausgeist hatte den verzehrten Brodlaib inzwischen ersetzt; ja der Milchnapf dort auf dem Ofenrande stand noch immer nach wie vor auf der Mündung, und des

Mädchens sorglich Auge fand, wohin es auch sich wandte, doch nirgend Rath und Hülfe. Und nun hub sie an, den Kleinen Läppchen und bunte Fetzen auf das ärmliche Bettchen zu legen, worin sie lagen, versuchte sie durch Sang und Zuspruch, durch Kosen und Drohen zu trösten; allein der bellende Hunger ließ die Kleinen selbst nicht an den Trost glauben, den Albertine ihnen einzureden suchte, und beschwichtigte nicht den Schmerz der Kleinen. Am Ende schien Albertine gleich den armen Würmchen Rath und Trost verloren zu haben; sie weinte mit ihnen, und schluchzte fast laut, so daß sie gar nicht bemerkte, wie schon zu mehreren Malen an die Thüre gepocht und diese leise geöffnet worden war.

„Herrje, was für ein Heidenlärm? was für ein Heulen und Flennen?" rief eine wohlklingende Jungfrauenstimme, und der leichte Zugwind führte zuerst einen feinen Schleier hinter der dunkeln Fläche der Thüre hervor, bevor die ganze Gestalt der Eintretenden sichtbar wurde. — „Ach, Du bist's, Franzel?" fragte Albertine entgegen, als sie die Besucherin erkannt hatte; „nicht wahr, es klingt bei uns gar nicht festtäglich?" — „Warum schreien denn die Kleinen so?" forschte das elegante Frauenzimmer weiter, das wir so eben Franzel nennen hörten; die Kinder machten eine Pause, eingeschüchtert von der fremden Erscheinung. Albertine ward verlegen bis zum tiefsten Purpur und stockte mit der Antwort. Franzel blickte zufällig auf die offene leere Schublade des Tisches, und errieth mit jenem divinatorischen Instinkt der Frauen fast sogleich Alles. Sie zwängte sich zwischen Wand und Bette durch nach dem Bettchen der Kleinen, und fütterte diese mit kleinen Törtchen, welche sie in ihrem Armkörbchen mitgebracht hatte: was sie geahnt hatte, bestätigte der gierige Heißhunger der Kinder.

„Die armen Narren haben Hunger!" sagte sie mit tiefstem Mitgefühl; — „sie beißen ja drein wie Wölfe. Nun, nun, ihr Schelmchen! verzehrt mir nur das Körbchen nicht!" Und mit unbeschreiblichem Behagen schaute sie ihnen zu.

Albertine war hinter die elegante Franzel getreten, und hatte, die Hand dankend und vertraulich auf die Schulter der Spenderin gelegt, sich herzlich an dem Appetit der Kinder geweidet.

„Bitte, noch mehr, Tine! noch mehr!" rief der kleine Heinrich endlich, als Alles aufgezehrt war. —

„Ei du Nimmersatt!" schmollte Franzel; „bist Du noch nicht zufrieden und hast doch dreimal mehr bekommen als dein Schwesterchen?" —

„Die Kinder haben seit gestern Abend nichts gegessen," sagte Albertine, und suchte den Knaben herzend zu beschwichtigen; „brennt ja doch mich selber der leere Magen wie Feuer, daß ich nicht genug Wasser trinken kann! wie sollten die Würmchen da besser dran seyn?" —

„Wie? Du auch?" fragte Franzel überrascht, — „habt Ihr denn gar nichts im Hause? kein Geld, kein Brod? nicht einmal Kaffee?" —

Albertine schüttelte traurig stumm das feine Köpfchen, und schluchzte leise. — „Die Mutter ist vor Tage fortgegangen zu einer Wäsche," erzählte sie leise und langsam, als fürchte sie selbst, es laut einzugestehen; — „wir hatten noch einen einzigen Gulden im Hause, und die Mathilde, meines Bruders Mädchen, ging damit fort, um Fleisch und Milch und Brod zu kaufen, aber unterwegs begegnet ihr mein Bruder, der gestern Abend im Bierhause sein letztes Geld verspielt hat, nimmt ihr den Gulden ab, und heißt sie sich anziehen, damit sie mit einander über

Land gingen auf einen Tanzplatz, und so schleicht sich denn die
Mathilde heimlich davon und läßt mich und die Kleinen hungrig
und durstig im Stiche und vergeblich warten, bis ich kurz nach
Tische den ganzen Zusammenhang von der Hausfrau erfahre …
das Geld war weg, der Brodlaib aufgezehrt, und da blieb denn
nichts übrig als einstweilen die Kinder zu vertrösten und zu
warten, bis die Mutter mit dem Taglohn heimkommt!"

„Das ist ja niederträchtig!" rief Franziska höchst erbost
aus; „hat man schon so etwas erlebt? Und Du hast Dir das
Alles gefallen lassen? Du hast den Bruder nicht sogleich bei der
Polizei verklagt und die Mathilde sammt ihren Kindern aus
dem Hause gejagt?"

„O die unglückseligen Geschöpfe! warum sollte ich es sie
entgelten lassen, was ihr Vater an uns verschuldet?" versetzte
Albertine vorwurfsvoll, und beugte sich lauschend über das Fuß-
ende des Bettchens, wo das kleine Mädchen sich bereits wieder
schlummernd in die Kissen gelegt hatte.

„Aber sie quälen Dich, und Du arbeitest doch für sie und
hilfst sie ernähren? warum wehrest Du Dich nicht gegen Miß-
handlung?" rief Franzel. — „Warum hast Du nicht lieber Geld
geborgt, um wenigstens für Dich etwas Essen zu kaufen?"

„Borgen?" wiederholte die Nähterin traurig; „bei wem
denn? Vergißt Du denn ganz, daß wir heute Ostermontag haben,
wo ein jedes seiner eigenen Lust nachzieht und kein Geld für
Andre übrig hat?"

„Aber Deine Hausfrau …?" fuhr Franzel fort; „sie ist
ja reich."

„Und eine alte Jungfer dazu," ergänzte Albertine; „aber
ich konnte das nicht wagen, auch wenn sie williger im Geben

wäre, denn" — hier seufzte sie unwillkürlich — „wir sind ihr noch den Miethzins vom letzten Quartale schuldig."

„Aber warum bist Du nicht zu mir gekommen?" rief Franziska und schien ernstlich böse werden zu wollen; „ich hätte Dir für Dich und die Deinen genug gegeben!"

„Wer hätte die Kleinen in meiner Abwesenheit gehütet — gerade heute wo ein jedes für sich selber vollauf zu thun hat?" entgegnete Albertine; — „und zudem dachte ich wohl an Dich, aber seit Du so vornehm geworden und beim Theater bist . . ." Sie stockte und blickte die Schulgefährtin an.

„Was sagst Du da? bin ich gegen Dich anders geworden?" rief Franzel schnell und fast vorwurfsvoll.

„Ei, ich wollte damit sagen, daß ich wußte, Du würdest noch unter Tags herkommen, Dein Kleid hier zu probiren!" verbesserte sich Albertine und deutete auf den fertigen Leib des Damenkleides, der unter dem Nähgeräthe auf dem Tische lag. Dieß gab dem Gespräche und den daran anknüpfenden Ideen eine andere Richtung. Franziska nahm den feinen Strohhut mit dem Schleier ab, und ihr frisches munteres Profil, brünett und gesund, von prächtigen braunen Flechten wie einem Rahmen eingefaßt, schaute der Freundin freundlich und beifällig entgegen. Albertine ergriff vorsichtig und staunend den Hut und legte ihn sorgfältig auf's Bette; dann nahm sie Franzel die schöne Moire-Echarpe von buntem Seidenzeuge ab, welche kokett den hübschen Wuchs des Mädchens, die volle Büste und die schlanke Taille zeigte, die von einem hellfarbigen Seidenfoulardstoffe in geschmackvollen Falten und vom besten Schnitte umrauscht war.

„Welche wunderschöne Schärpe!" entfuhr Albertine unwillkürlich, als sie den schweren Stoff zu dem Hute legte.

„Nicht wahr?" versetzte die Eigenthümerin des belobten

Gegenstands wohlgefällig; — „es ist aber auch ein Geschenk von
lieber Hand."

„Gewiß von Deiner Pathe?" fragte Albertine.

Die Freundin brach in ein muthwilliges schallendes Gelächter
aus. „Ei Du liebe Einfalt!" rief sie, — „die Pathinnen sind
die rechten, um Einem so 'ne Schärpe zu schenken! Gehorsamer
Diener! meine Pathe hat die Hand schon lange von mir abgezogen, seit ich lieber auf's Theater ging, als in den Dienst des
alten Fräulein von Behren als Stubenmädel, um mich von so
einer alten Schachtel halb zu todt martern zu lassen! — Nein
behüte, ich hab's noch niemals bereuen dürfen, daß ich auf die
Bühne ging! Wollte Gott, ich könnte Dich auch einmal dazu
überreden. Du, mit Deiner schönen Stimme, mit Deinem feinen
Wuchs würdest Glück machen als Sängerin oder Tänzerin; die
Männer würden sich sterblich in Dich verlieben, wenn Du so von
den Lampen herab Deine schönen Augen in recht langen sehn-
süchtigen Blicken zu ihnen hinuntergleiten ließest. Ach, Dein Blick
hat von jeher so etwas Gewinnendes gehabt. — Alle müßten
Dir recht rasend gut seyn. Dann hätte alle Noth für Dich ein
Ende. Du brauchtest nicht mehr in dieser schmutzigen Höhle da
zu wohnen, wo man vor dumpfer Mederluft fast erstickt, sondern
hättest vielmehr eine schöne Wohnung auf dem freien Platz mit
der Aussicht auf die grünen Kastanienbäume und die lange
schöne Straße, hättest schöne Kleider, Delikatessen und" — das
setzte sie nun leise und zögernd hinzu, — „und statt dieser
schmutzigen, groben, tabakstinkenden Handwerksbursche lauter
schöne feine Offiziere und Hofkavaliere, die sich mit Dir unter-
hielten."

Albertine stand sinnend auf das Tischende gelehnt, blieb
aber stumm. Die Freundin glaubte sie erschüttert, gelöbert,

lüstern gemacht zu haben, und fuhr fort: „Sieh', armes Kind! was haben wir Mädchen alle, wenn wir in unserm Stande bleiben? so lange die Eltern leben, Zank und Hader; wenn der Vater todt ist, haben wir Händel mit der Mutter, weil sie gemein ist und uns schindet und plagt; erlaubt sie uns je einen Liebhaber, so ist's nur so ein Bengel von Schlosser oder Tischler, der uns heute küßt und morgen prügelt, und bekommen wir am Ende ihn zum Mann, so hat's der Noth und Sorge kein Ende, und statt des Lohnes für unsre Mühen nur einen Haufen Kinder, Mißhandlungen wenn der Mann seinen Aerger im Bier ersäuft, und Schläge wenn man ihm widerspricht! Diese Handwerker sind rohes plumpes Volk!"

„Aber ehrlich und treu sind sie zugleich," erwiderte Albertine; „sie meinen's vielleicht besser mit uns als mancher Deiner vornehmen Anbeter. Da, schau einmal zum Fenster hinaus nach jener Dachstube! dort wohnt eine alte Schauspielerin, Mamsell Melchus mit Namen, die in ihren Mädchenjahren Prinzen zu Anbetern hatte, und nun in ihren alten Tagen, weil sie nicht arbeiten kann noch will, ihr Brod betteln muß. Sieh' sie nur selbst an mit dem aufgedunsenen Kupfergesicht, das sie eben aus dem Dachfenster streckt! Wo sind nun ihre Anbeter geblieben?"

Fränzchen war einigermaßen verlegen und ihre Augen trübten sich. „Die hat's gewiß selber verschuldet," meinte sie nach einer Weile; „doch wer wird überhaupt so weit hinaus sehen in die Zukunft, und darüber ganz die Gegenwart vergessen? Unsere Brüder sind nicht besser als die vornehmen Herrn, und eine Arbeiterin, die nicht hübsch oder lustig oder fleißig ist, sieht sich umsonst nach einem Anbeter um."

„Ich wäre vielleicht glücklicher, wenn ich einen braven Handwerksburschen zum Liebhaber hätte," flüsterte Albertine mit einem

Seufzer; „die Mutter wäre nicht mehr grob gegen mich, der Bruder dürfte mich nicht plagen und mißhandeln, und ich hätte doch Aussicht, auch ein Wort in der Wirthschaft mitreden zu dürfen, während ich jetzt nur das Aschenbrödelchen im Hause bin!" Es lag in ihrem Tone mehr Klage als Anklage, aber er drang tief zur Seele.

„Pfui doch," versetzte Franzel, „die eine Tyrannei wärst Du ledig, und hättest dafür nun eine andre. Sieh', folge mir! geh' zum Theater. Der Balletmeister macht eine ferme Tänzerin aus Dir, und Dein Glück ist gesichert für alle Zeit. Du wohnst dann so flott wie ich, und hast alles Gute in Hülle und Fülle! Deine Mutter kannst Du ja nach wie vor unterstützen, und der anderen Pflichten bist Du ledig!"

Die Nähterin antwortete nicht; sie hatte der Freundin das Kleid geöffnet und ausgezogen, die nun im zierlichsten reinlichsten Negligée vor ihr stund, um die Corsage des neugefertigten zu probiren. Der sammetweiche, in gesundem bräunlichem Incarnat prangende Nacken Franziska's quoll frisch und voll über den dunkelblauen Bord des Leibchens, dessen knappe Hülle jede Muskellage, jede Auslabung der tadellosen Büste des jungen Mädchens deutlich hervortreten ließ. Wohlgefällig beschaute sie sich im kleinen Spiegel, und ihr geschwätziger Mund spendete der Arbeit der Freundin Beifall. Und wie die Eitelkeit sich so mächtig in dem leichtfertigen jungen Herzen regte, überströmte der Mund allmählig von einem Geständniß, das sie vielleicht sonst lieber verschwiegen: „Das Kleid steht mir zum Entzücken gut!" plauderte Fränzchen vor sich hin, während die Freundin die knappen Nestel schloß; — „er wird ganz verzaubert seyn, wenn er mich heute Abend drin sieht, und ganz gewiß kommt morgen schon wieder ein neues kostbares Präsent. Und die

Rolle kann ich fix, wie am Schnürchen! das leichtsinnige naive Wesen muß mir gut passen, es hat ihm ja von jeher so gut an mir gefallen!"

„Von wem redest Du denn da?" fragte endlich Albertine.

„Ei nun, von meinem Gönner, dem reichen Grafen Scharrnberg, der mich wie ein Vater liebt, und mit mir wie mit seiner Puppe spielt!" war die Antwort; „sieh', mein Kind, so ein alter Herr thut mit uns wie ein Kind mit seinem Spielzeug, oder wie eine schwache Mutter, die ihrem launischen verzogenen Töchterchen nichts wehren kann; was ich sehe, was ich mir wünsche, erhalte ich von ihm, wenn ich ihm erlaube, mit seinen alten zitternden Händen meinen Nacken zu hätscheln und mich zu küssen!"

„Franzel!" rief Albertine hocherglühend; „und der Graf ist verheirathet und hat eine so schöne stolze Frau?"

„Ja," stotterte Fränzchen, „aber sie leben nicht gut." Sie erröthete ebenfalls und verstummte, und ein scheuer Ernst lagerte sich auf ihren Zügen. Eine lange Pause entstand, die keines von den beiden Mädchen zu unterbrechen wagte. Anscheinend gleichmüthig, aber mit schwellender Brust vertauschte die angehende Schauspielerin das Leibchen des neuen Kleides mit der Seidenrobe, ordnete Chemisette und Halstuch, und zupfte an den Manschetten, während Albertine ihr hülfreich zur Hand ging, aber einen besorgten kummervollen Blick nicht unterdrücken konnte, welchen sie von Zeit zu Zeit auf die verlegene Freundin richtete.

„Gib mir Deinen Schirm, Albertine!" sagte Franzel endlich und setzte den Hut wieder auf; — „es regnet schon große Tropfen, und ich komme sogleich wieder!"

„Wohin gehst Du?" fragte Albertine die Verlegene.

„Ich komme sogleich wieder," war die Antwort der Eilfertigen, die es kaum erwarten konnte, bis Albertine den sorgfältig eingewickelten einzigen Regenschirm aus der Tiefe des Kastens hervorgeholt hatte. Rasch war er aufgespannt, und die angehende Schauspielerin tänzelte eilends die Gasse hinunter.

„Wohin mag sie nur gehen?" fragte sich Albertine und schaute ihr neugierig nach. Einzelne Tropfen zerstoben schon auf dem Pflaster, das ganze Firmament war wie ein Kohlensack, und hinter den aufzuckenden Blitzen grollte schauerlich und dumpf der Donner hinterher. Ein furchtbarer Platzregen war im Anzuge, und die zunehmende Dunkelheit des niedrigen Erdgeschosses hinderte Albertinen an der feinen Arbeit. Sinnend lehnte sie sich auf den Fenstersims und blickte hinaus: die schwüle Gewitterluft lag schwer auf der engen Gasse, durch die der Wind den Staub in dichten Wolken hinjagte: so schüttelte auch sie das Leben herum. Die Windsbraut schwieg, als der Himmel seine Schleusen öffnete und mit verheerender Wucht seine Wasser herunter sandte: jener widerliche Staubgeruch füllte die Luft, den wir bei einbrechendem Regen bemerken, und eine kurze Weile später schossen schon kleine Sturzbäche die abschüssige Gasse herab. Die liebe Jugend floh in die Häuser und trieb von dort aus ihren Muthwillen mit allen Denen, die das Unglück gehabt hatten, vom Regen unter freiem Himmel überrascht zu werden.

Während die hübsche Blondine so müssig aus dem Fenster blickte in die stürzenden Wogen der Gosse, die allerhand eilends errungenen Raub mit sich fortwälzten, konnte sie nicht umhin, Vergleichungen anzustellen zwischen ihrem eigenen Loose und dem ihrer Freundin Franziska. Beide waren aus einer und derselben Kaste entsprossen, und Albertinens Vater, der Stößer in einer Apotheke gewesen, stand vielleicht noch um eine Sprosse höher

in der gesellschaftlichen Ordnung, als Franziska's Vater, der La-
ternenanzünder. In der Schule war man nach Fleiß und Betragen mit der stillen gesetzten Albertine stets zufriedener gewesen
als mit der muthwilligen Hummel Franziska; und dennoch war
diese jetzt reich, hatte schöne Kleider, echt goldene Kleinodien,
eine schöne Wohnung, gute Tafel und vornehme Freunde, und
unterstützte ihre Mutter — und sie, Albertine, war arm, verachtet, gedrangsalt von Mutter und Bruder, hungernd, auf eine
trostlose Vergangenheit und noch trostlosere Zukunft angewiesen.
Und welche von ihnen Beiden war am Ende doch die Bessere,
die Tugendhaftere? Die scheue Blondine mit dem unzerstörbaren
Stempel der Gesundheit und der Resignation auf dem Madon-
nengesichtchen, oder die feurige Brunette mit dem Schelmenauge
und den frischen vollen Lippen, mit der lustigen Naivetät und
der ungezwungenen Grazie, die sie wahrlich nicht von ihrer gemeinen vierschrötigen Mutter geerbt haben konnte? — Ja, die
Franzel hatte recht, beim Theater wäre Albertine gewiß willkommen gewesen; aber die Bühne zu betreten, vor den tausend
und aber tausend bewaffneten und unbewaffneten Augen, die
auf sie gerichtet waren — nein, das wäre ihr nicht möglich gewesen; keinen Ton hätte sie hervorgebracht, so gerne sie auch
sonst ihre volle Altstimme in den schwermüthigen Molltönen der
heimathlichen Volkslieder hören ließ.

In Folge einer fast natürlichen Ideen-Association fiel der
Blick der Nachdenklichen auf das Rosmarinstöckchen, das sich aus
seiner sonnenfernen Erschlaffung aufgerichtet und seine Zweigchen
und Schosse durstig in die feuchte Atmosphäre hinausgestreckt
hatte. „Armes Ding!" murmelte sie, „Du hast Durst und ich
— Hunger!" und sie nahm es vom Sims, und trug es hinaus
auf einen hervorragenden Stein, der den Blumentopf vor dem

Wegschwemmen durch die reißende Gosse sicherte, und wo die Pflanze noch immer genug von dem segensreichen Himmelsnaß empfing. Der Regen goß in Strömen hernieder, und Albertine tummelte sich, wieder in's Trockene zu kommen, als der plötzlich aus allen Hausthüren losdonnernde Hohn und Jubel der lieben Jugend sie noch einmal auf der Schwelle festbannte. Sich umschauend, erkannte sie den Grund des Jubels der Gassenjungen: ein vornehmer Herr kam in einem wahrhaft kläglichen Aufzuge die Straße herab. Der seine weiße Hut trof von Wasser und ein kleines Bächlein, das sich auf der Krämpe desselben sammelte, spülte gemüthlich den Rücken des Waterproof-Oberrocks ab, dessen feuchte Schultern, Rücken und Aermel das prunkende Prädikat Lügen strafen zu wollen schienen; die feinen Kaschmirbeinkleider klebten an den schlanken Beinen des unglücklichen Wanderers, und in den eleganten Stiefeln von gefirnißtem Leder ließen sich höchst bedenkliche quatschende Laute vernehmen, wie denn auch der Gang des tüchtig Eingeweichten trotz aller Eile kein sonderlich förderlicher, sondern vielmehr ein verdrossener war. Mit jeder Hausthüre, an welcher der Herr vorüber kam, mehrte sich der Hohnlärm von Jung und Alt, denn der Befeuchtete gehörte unverkennbar den höchsten Ständen an, und die Schadenfreude des Pöbels war deßhalb um so größer. Von Allen vielleicht, die ihn in seinem Jammeraufzuge mit dem aufgestülpten Rockkragen, der dennoch die Regentropfen nicht ganz vom Nacken abhielt, erblickte — von allen Bewohnern der Gasse war vielleicht Albertine die Einzige, welche nicht lachte, sondern den Fremden herzlich bedauerte, und da zufällig der hülfesuchende Blick des Herrn ihrem mitleidigen begegnete, war es kaum auffallend, daß er sich mit einer raschen Schwenkung in ihre niedrige Hausthüre rettete und stampfend und pustend den Ueberschuß von Wasser von sich schüttelte und blies, bevor er der überrascht zurückgetretenen Albertine ein Wort des Grußes gönnte.

„Erlauben Sie, mein liebes Kind,“ hub er endlich an und nahm den Hut ab, den er derb abschüttelte, während sein Blick mit ziemlich unverhehlter Ueberraschung an dem Gesichtchen seines Gegenüber hing, das er so hübsch und schmuck in dieser Baracke nicht zu finden vermuthet haben mochte, — „erlauben Sie mir, mein schönes Kind, daß ich auf etliche Augenblicke bei Ihnen eintrete, bis das Unwetter vorüber ist!“

Das Mädchen war wie mit Blut übergossen und hatte keine Worte, denn trotz des durch Sturm und Regen verursachten Derangements sah der fremde Herr doch gar erstaunlich nobel und vornehm aus. Wie sollte sie die Worte setzen, wenn sie ihm antwortete? wie sollte sie ihn nennen? — Er enthob sie indeß der Wahl, indem er die halbgeöffnete Thür der Wohnstube aufstieß und zögernd, scheu, verwundert, ja fast mit sichtlicher Ueberwindung eines Anfalls von Ekel hineintrat. Augenscheinlich hatte er zum ersten Mal Gelegenheit, die Armuth in solcher grassen Wirklichkeit und in dieser, alle Illusion zerstörenden Nähe zu sehen.

Albertine räumte rasch einen der plumpen Stühle, mit verblichenem grünen Tuche bis zum Rücken hinauf gepolstert, ab, setzte ihn auf den hellsten Fleck der Stube, und lud den Gast durch eine Handbewegung zum Sitzen ein. Er folgte jedoch nicht alsogleich dieser Einladung, sondern ließ den Blick neugierig und aufmerksam auf allen Einzelheiten der Stube haften.

„Mein Gott! hier wohnen Sie?“ fragte er endlich Albertinen und schaute ihr mit wohlwollendem Lächeln in's Gesicht, — hier können Sie leben?“ Sie bejahte schüchtern. — „Auf Ehre,“ sagte er, „da haben wir eine Perle in einer Austernschale, ein Juwel in taubem Lehm! Aber sagen Sie mir, liebes Kind, zu wie viel wohnen Sie denn hier?" fragte er und hielt sein Taschentuch vor die Nase.

„Hier schläft die Mutter und meine Schwägerin, und dort die beiden Kinder meines Bruders," flüsterte sie zitternd; — „er und ich schlafen droben auf dem Boden!"

„Beim Himmel, meine Hunde wohnen besser," versetzte der Gast, und durchmusterte mit der Lorgnette von Neuem die ganze Stube. — „Haben Sie sich noch nie nach etwas Anderem gesehnt, liebes Kind?"

„Tine, Brod!" rief der Knabe, „gib mir noch mehr so gutes Brod!"

„Schweig, Heinrich!" rief sie ihm zu, und die Beschämung trieb ihr fast Wasser in die Augen; dann wandte sie sich an den vornehmen Herrn, und sagte mit einem Seufzer: „Wir sind froh, wenn wir's nur immer so haben!"

„Fabelhaft! fabelhaft!" murmelte der Graf zwischen den Zähnen, und nahm den Stuhl an. Draußen schüttete es noch immer wie mit Kübeln, und in ihrer Verlegenheit hatte Albertine die Fenster geschlossen und ihre Näharbeit wieder aufgenommen. Der fremde Herr fragte sie mit Schonung und Wohlwollen über ihre Familien-Angelegenheiten, über Stand und Namen des Bruders und der Mutter, über Verdienst und Gewerbe, und sprach so leutselig, daß am Ende auf ihrer Seite Furcht und Argwohn schwand, und sie nur erbebte, da sie sah, daß er mit seinem Stuhle dem Tische immer näher rückte.

„Sie dauern mich in der Seele, armes Kind!" sagte er, und beugte sich über die Tischecke zu ihr herab; — „in Ihren Jahren schon so bittere Noth?! Das ist traurig. Was kann ich für Sie, für Ihre Mutter thun? Wollen Sie in mein

Haus treten? soll ich Sie in einem Institute unterbringen, Sie zur Erzieherin oder zu irgend etwas Höherem bilden lassen? .... Reden Sie, mein schönes Kind! ich bin bereit zu helfen!"

„Sie sind allzugütig, gnädiger Herr!" stotterte das Mädchen und rückte noch weiter in den Winkel zurück.

„Sie sind schön, jung, gesund, Sie sind eines besseren Looses werth! Erlauben Sie mir, daß ich die Mißgunst beseitige, welche das Schicksal gegen Sie hegt! In dieser Sphäre des Elends und der Prostitution müssen Sie zu Grunde gehen, die Arbeit um das karge Brod wird die Kraft Ihrer schönsten Jahre verzehren, und Sie werden dann nur einem freudlosen Alter voll Sorge und Mühen entgegensehen .... Oder haben Sie vielleicht ein Verhältniß zu einem jungen Mann, der Ihnen gut ist? Fehlen Euch die Mittel, ein Pärchen zu werden, einen eigenen Herd zu gründen? Reden Sie; wie gerne will ich Ihnen eine Mitgift, eine Zukunft schaffen!"

Der vornehme Herr redete sich in einen wahren Enthusiasmus hinein, der ihm wohl ernst seyn mochte, denn er sprach dem armen Kinde zum Herzen. Aber sie hatte das Herz so voll, daß sie nicht Worte fand, eine Wahl zu treffen oder auszusprechen.

„Sie sind so gütig, gnädiger Herr!" stammelte sie von Neuem, „aber ich darf nicht — es schickt sich nicht — ich kenne Sie gar nicht!"

„Ich bin der österreichische Gesandte, Graf Arnesco!" sagte er; — „vielleicht kennen Sie mich nicht einmal dem Namen nach, doch gleichviel! Ich verachte die ganze Menschheit als eine Race der gehässigsten Raubthiere, als einen Haufen von Heuchlern und Bösewichtern, die alle durch Furcht oder Schicksalsgunst mehr oder weniger verleitet werden, ihre böse Neigungen und

Triebe im Zaume zu halten. Wenn ich aber, an besondern Schalttagen des Menschenlebens und unter besondern Glücksumständen, Wesen begegne wie Sie sind, mein Kind, von deren Blüthe das Leben noch nicht den zarten Hauch des Ursprünglichen, den Blüthenstaub der Unschuld gewischt hat, so möchte ich in meiner Freude zu einem solchen Wesen niedersteigen oder, stünden nicht höhere Rücksichten im Wege, es zu mir emporheben. — Ich bin Gatte, bin Vater, mein liebes Kind, aber ich halte es nicht für einen Frevel, Sie mit einem Kusse zu adeln, mit einem Kusse, der . . . ."

Er suchte sie zu umfassen, und sie sprang hastig und schreckenbleich auf — der Knabe, welcher sich vor dem fremden Mann fürchtete, schrie in seinem Bette laut auf. Ein Zwischenfall machte den Grafen in seinem Unternehmen wankelmüthig.

„Pfui! das abscheuliche Wetter!" rief Franzel und sprang zur Thüre herein. Verblüfft, verlegen standen sich die drei Personen gegenüber, — am beschämtesten Albertine, lächelnd der Graf, — überrascht ihn hier zu sehen, den sie erkannt hatte, Franzel.

Franzel trug Semmeln und Brod und eine Düte mit Kaffee und Zucker im Arme. Schnell gefaßt und die Nothwendigkeit fühlend, eine so peinliche Situation abzukürzen, legte sie ihre Bürde auf den Tisch und sagte: „So, mein Schatz! nun iß und trink' und füttere die Kleinen; inzwischen mache ich Dir Feuer auf zu Deinem Plättstahl, und koche Dir den Kaffee dabei. Mittlerweile ist das Unwetter vorüber, und ich kann trockenen Fußes heimkommen. Ach, die armen Drellstiefelchen! der verwünschte Regen hat sie durch und durch genäßt!" rief sie und hob das Kleid so weit in die Höhe, um den zierlichsten Fuß bis zum wohlgebildeten Knöchel sehen zu lassen, — „es ist noch kein Wetter zu Sommerstiefeln!"

Der Graf hatte die Neuangekommene nicht ohne Interesse betrachtet, denn sie war eine pikante Erscheinung; aber so viel Theilnahme wie Albertine entrang sie ihm trotz ihrer kleinen Künste doch nicht. Wohlgefällig schaute er zwar ihrer Geschäftigkeit zu, wie sie eine Schürze anlegte und mit Albertinen sich stritt, welche von beiden das Küchengeschäft besorgen solle, bis sich die Letztere dieß gebieterisch vorbehielt. Der Nähterin war bange geworden in der Nähe des vornehmen Herrn; sie argwöhnte freilich keine böse Absicht bei ihm, denn sein Betragen war ein väterlich wohlwollendes, nur etwas herrisch, wie es oft bei vornehmen Leuten ist, die ihrer Bedeutung bewußt sind, zumal wenn sie mit ihren Gegenfüßlern im geselligen Leben in Berührung kommen. Sie schalt sich selber über diese thörichte Furcht, diese Befangenheit, welche sie sogar verhinderte, von dem freundlichen Anerbieten des Grafen Gebrauch zu machen, aber es lag außer ihrer Kraft, sich dieser ahnungsvollen Bangigkeit zu erwehren.

Währenddem nöthigte der Regenguß den nothgedrungenen Gast noch immer zum Bleiben, und er vertrieb sich die Zeit damit, daß er sie mit Franziska verplauderte. Sie sprachen von Albertinen, und Franzel wußte ihres Lobes kein Ende zu finden. Aber auch die Schattenseiten im äußern Leben der Freundin verschwieg sie dem vornehmen Herrn nicht. „Ach Gott, Excellenz," sagte sie, — „wenn Sie es einmal ansähen, wie man mit dem guten armen Dinge umgeht! Dagegen sind Aschenbrödelchens Tage noch glücklich gewesen. Die Mutter ist ein gemeines rohes Weib, der Bruder ein Taugenichts und Tagedieb, und sein Mädchen — die beiden Kinder dort gehören ihr — ist eine faule freche Dirne, für welche die Albertine und ihre Mutter noch mit arbeiten müssen, um sie und ihre Kinder zu unterhalten! .... Wie kann da das arme Mädchen gute Tage haben?"

„Pfui," rief der Graf, „und dennoch dabei fromm und gut geblieben seyn, und den Stempel der Seelenreinheit an der Stirne tragen, das gränzt an's Fabelhafte."

„Ja wohl, fromm ist sie," plauderte Franzel weiter, — „sonst hätte sie sich längst in's Wasser gestürzt, um den Mißhandlungen zu entgehen. Aber sie hat guten Muth, und singt früh und spät wie eine Lerche, als ob sie sich selber Muth einredete. Und dabei ist sie ebenso geschickt als fleißig; vom frühen Morgen bis tief in die Nacht sitzt sie ohne Unterlaß da und arbeitet unverdrossen, so lange sie noch Arbeit hat!"

„So fehlt ihr das wohl auch zuweilen?" fragte Arnesco theilnehmend.

„Wie kann es anders seyn, Excellenz!" gab Franziska zur Antwort; „die armen Leute hier im Viertel haben nicht viel Geld zur Kleiderpracht übrig; da ist ein jedes froh, wenn der Verdienst von der Hand bis zum Munde reicht, und die besseren und vornehmeren Leute kommen nicht hieher in diese Gasse, um ihre Kleider machen zu lassen, oder die es thun, sind Leute, die dem armen Mädel kaum ihre geringe Forderung zahlen wollen."

„Hm, hm! und die Polizei legt sich nicht in's Mittel und steuert diesem sittenverderblichen Zusammenleben eines solchen Paares, wie die Eltern jener Kinder?" fragte der Graf.

Franzel lachte laut. — „Die Polizei?" rief sie; „die kommt nur zu Leuten, wo sie brav Geldstrafen erheben kann; dort mengt sie sich in Alles. Wo aber nichts ist, Herr Graf, da hat der

Kaiser sein Recht verloren. Was geschehen ist, geschähe auch trotz der Polizei."

„Ei, ei," rief Arnesco, — „was würde Se. Excellenz der Herr Intendant des Hoftheaters sagen, wenn ich ihm eine solch revolutionäre Aeußerung hinterbrächte? Denn wenn mich nicht Alles täuscht, gehören Sie zu dem lockern Völkchen auf den Brettern!"

„Zu dienen," knixte Franzel geschmeichelt; „ich heiße Franziska Arnold!"

„Ah," sagte er, „unsre Debutantin von heute Abend! Freut mich, Sie kennen gelernt zu haben! — Doch der Regen hat nun in seinem Ungestüm nachgelassen, der Himmel klärt sich auf, ich werde Sie um den Regenschirm bitten, den Sie vorhin benützt haben . . ."

„Er gehört meiner Freundin Albertine!" wandte Franzel ein.

„Um so besser! ich werde ihn sogleich wieder zurücksenden!" fuhr er fort, und zog seine Börse; „einstweilen aber bitte ich Sie, meine hübsche Mademoiselle Franziska Arnold, dieses kleine Scherflein Ihrer Freundin als ein Schmerzensgeld für die Angst, welche ich ihr bereitet, zu übergeben, und sie zu versichern, daß ich stets gerne erbötig sey, ihr hülfreich beizustehen, wenn sie irgend ein Mittel zur Aufbesserung ihres Zustandes ausfindig machen sollte. Es soll mir sogar ein Anliegen seyn, von Zeit zu Zeit etwas Näheres über sie zu erfahren!"

Mit diesen Worten legte er drei Dukaten in das Nähkörbchen Albertinens, nahm Hut und Schirm und trat mit einer flüchtigen Verbeugung aus der Thüre und auf die Straße; das konnte er leicht — lag ja doch kaum ein Schritt Entfernung zwischen beiden. Um ein Haar hätte er ein altes Weib über ben Haufen geworfen, das lauschend hinter der Thür gelauert hatte, und nun beschämt die Treppe hinaufschlich, verfolgt von Franzel's zornigem Blicke.

Wie der Graf aus der niebrigen Thüre trat, öffneten sich alle Fenster des Gäßchens, wo nur irgend noch Menschen zu Hause waren, und ließen neugierige Köpfe herausblicken, die bedeutsam und hämisch sich zuwinkten, und bald auf die niederen Fenster jenes Erdgeschosses, bald auf den vornehmen Herrn beuteten, der eilends die Gasse hinunter wandelte. Die die schwärzesten Gedanken hegen, sind auch immer am geneigtesten, solche bei Anderen zu suchen, und so zog sich denn, ohne daß sie es ahnte, ein schweres Gewitter über Albertinens Haupt zusammen.

„Geschwind, Tine, komm'!" rief Franzel der Freundin in das finstere Loch hinaus, das zwei Familien anstatt der Küche biente; — „komm' schnell! er ist fort! ... Sieh' nur," sie zog babei die drei Dukaten aus dem Körbchen, — „das verehrt er Dir! bafür kannst Du Dich von Kopf bis zu Fuß neu kleiden!"

„Wollte Gott, wir brauchten das Geld nicht nothwendiger!" seufzte Albertine; — „aber woher kommt das Geld?"

„Von ihm! verstehst Du mich denn nicht? Er ließ es hier, ausdrücklich für Dich, als Schmerzensgeld für den Schreck, den er Dir verursacht habe, wie er sagte. Er will für Dich sorgen, wenn Du ihm sagst, was er für Dich thun soll! Er meint es gut mit Dir, — so recht gut, glaub' mir's — weit besser als es mein Graf mit mir meint!"

Albertine konnte gar nicht von ihrem Erstaunen zurückkommen; ohne die drei Dukaten, die sie — die ersten in ihrem

Leben — in der Hand wog, hätte sie alles für einen Traum gehalten. Sie vergaß Hunger und Arbeit, und blickte sinnend auf das gewichtige Gold.

„Er will sich auch später nach Dir erkundigen, und immer um Dich bekümmern," fuhr Franzel mit herzlicher Freude fort; — „er ist reich und zwar fürchterlich reich, und gewiß recht freigebig! Nun kaufe Dir nur ein sauberes Kleidchen, daß er sich nicht mehr zu schämen braucht, wenn er wiederkommt." ·

„Wiederkommt?" fragte Albertine gedankenvoll; „hat er das zugesagt? . . . . Ach, ich hatte heute schon geweint vor Sorge, woher wir den verfallenen Miethzins bekommen sollten, und nun ist uns auf einmal geholfen, und wir haben mehr als genug!"

„Du wirst doch nicht?" . . . . rief die leichtfertige Franzel, aber ihre Freundin blieb standhaft bei dem Entschlusse, das Geld der Mutter zu überweisen; nicht einen einzigen von den drei Dukaten wollte sie für sich behalten.

Mittlerweile neigte sich der Tag dem Abend zu, und Franzel drängte wegen des Kleides, das sie noch vor dem Theater probiren wollte: unter mancherlei Geplauder, dessen Hauptgegenstand und Mittelpunkt jedoch immer Er blieb, ward es geplättet, durch gemeinsames Zusammenwirken der Leib mit dem Rode vereinigt, und das Kleid angepaßt. Es stand zum Entzücken, und in ihrer Herzensfreude wußte sich Franzel gar nicht zu fassen.

„Halt, bald hätt' ich's vergessen," sagte sie; „ich habe noch ein Billet für Dich zu Hause; Du mußt nun auch in's Theater gehen, mußt mich spielen sehen! Im Nu schicke ich mein Mädchen her, um das Kleid zu holen, und sie bringt Dir zugleich ein Billet — in's Parterre, wohlgemerkt!"

„Dein Mädchen?" fragte Albertine. Wie weit hatte es ihre Freundin gebracht, die sich nun gar einen Dienstboten halten konnte; fast wagte sie sie nicht mehr zu duzen!

Eben kam Frau Meier, Albertinens Mutter, nach Hause, einen Napf mit Speiseresten in der Hand tragend. „Da, Mädel, greif zu!" sagte sie und schüttete den Inhalt in eine Schüssel, die sie in die Mitte des Tisches rückte; — „wirst Hunger haben und die Bälger dort auch. Aber das Essen ist gut!" Es war Sauerkohl, Klöße, Suppe, Fleisch und allerhand Speise durcheinander, — ein Mahl, weder dem Auge noch der Nase erquicklich; bennoch fielen Albertine und die Kleinen heißhungrig darüber her. Franziska rümpfte die Nase, und rieth der Freundin, sich lieber an den Kaffee zu halten.

„Ei Du leckere Kröte Du!" rief Frau Meier der Franzel erbost zu, — „ich weiß die liebe Zeit noch, wo Du an einer solchen Schüssel froh warst! Es hat halt nicht jedes Mädel einen Grafen wie Du!"

Franzel lachte über den Ausfall, er prallte an ihrem leichtsinnigen Gleichmuthe ab. „Wenn nun aber Albertine auch so einen Grafen erhalten hätte?" rief sie lustig, und zog den Tuchlappen weg, unter welchem die drei Dukaten lagen. Die Alte fiel wie aus den Wolken, und ein Falke stößt nicht rascher auf ein Wild, als sie auf das Gold. Die Mädchen mußten nun erzählen, und das gemeine Gesicht des Weibes verzog sich erst zu einem widerlichen Schmunzeln, dann ward es lauernd, berechnend, und endlich schaute sie Albertinen mit einem Blicke an, der dieser tiefen Purpur auf die Wange trieb. Sie nickte nur mit bem Kopf, unb schaute immer wieber bie brei golbenen Vögel an.

„Abieu, mein Schaß!" rief Franzel, als sie ihren Commentar zu ber Erzählung gegeben hatte; „im Nu schicke ich Dir burch mein Mäbchen bas Billet; also Du gehst in's Theater!" Unb im Nu war sie lachenb aus ber Stube.

———————

Zweites Kapitel.

Häusliche Scenen in der Lazareth-Gasse.

Das Theater war gedrängt voll, und Albertine, eingeschüchtert, gebemüthigt, erschreckt von dem Glanze der Beleuchtung und der Toiletten, der sie umgab, war in eine ganz ferne Ecke des überfüllten Parterre's gedrängt worden, wo sie glücklicherweise den Lorgnetten und Operngucker weniger blosgestellt war als an einem lichteren Punkte. Ihr war zu Muthe wie im Traum; nie hatte sie etwas Derartiges gesehen noch geahnt, und unwillkürlich mußte sie weinen, als das Orchester eine herrliche Mozart'sche Ouvertüre vortrug. Die Rührung aber sprang bald in den Gegensatz um, als die lustige Posse von Feldmann: „der Sohn auf Reisen," vor ihr sich abspann, und die Lazzi des Komikers das ganze Haus zur schallendsten Zwerchfell-Erschütterung aufregten. So naiv und natürlich zuvor ihre Rührung, so unverhohlen war nun auch ihre Fröhlichkeit, zum großen Aerger zweier naserümpfenden Dämchen, welche neben ihr saßen und ob des auffallenden Benehmens des Mädchens immer weiter von ihr

wegzurücken bemüht waren. Albertine merkte freilich glücklicherweise nichts davon, denn hier vergaß sie sich selber, ihr Elend,
ihre Heimath, und Sorgen und Leiden. Auf einmal aber ward
sie ernst: sie hatte im Zwischenakt den Grafen Arnesco sich gegenüber in der ersten Logenreihe gesehen, und er und ein anderer
großer vornehmer Herr plauderten mit einander und wahrscheinlich von ihr, denn sie schauten bald abwechselnd, bald beide zugleich herunter nach ihr. Hoher Purpur überflog ihr Antlitz bis
hinter zum Nacken und herab zum Busen, und eine bange Been-
gung bemächtigte sich ihrer. Was konnten die beiden Herren
von ihr reden? warum schauten sie so oft und scharf nach ihr
herunter? Sie zog das ärmliche Tuch fester um den Hals, als
wolle sie ihre Verlegenheit und Schamröthe dadurch verbergen,
und hatte später kaum mehr ein Ohr für den Beifall, den das
Publikum ihrer Freundin Franziska spendete.

„Sehen Sie, Graf, das erste schöne Profil, das ich hier zu
Gesicht bekomme!" sagte Baron Schrewnitz zu seinem Logen-
nachbar, dem Grafen Arnesco, und zeigte ihm mit dem Dollond
die Stelle des Parterres, wo er den seltenen Schatz erblickt
hatte; — „ein edler Schnitt im Gesicht, eine makellose Stirn
voll milden Ernstes, ein hübscher Vorwurf für Anschütz zu einer
seiner Madonnen!"

„Wo denn?" fragte Arnesco, sich gemächlich im Stuhle um-
drehend; — „Sie sind Kenner, Baron, und verwöhnter Kenner;
da muß es wohl etwas Ausgezeichnetes seyn, was Sie so sehr
in Extase versetzt!"

„Dort an der fünften Säule vom Proscenium her! die
Blondine im blosen Kopf mit dem blauen armseligen Umschlage-
tuch! das Kind hat einen eigenthümlichen Reiz für mich; es liegt

eine fanfte, ftille Refignation in biefen reinen Zügen ... Was haben Sie, Graf?"

Diefer war aufgeftanden und hatte die bezeichnete Stelle durch fein Glas firirt. — „Sie ift's," flüfterte er; — „Albertine! wie kommt fie hieher?"

„Sie kennen biefe Perfon?" fragte Schrewniß; — „ift es nicht allzu indiscret, wenn ich frage ..."

„O es ift kein Geheimniß!" fagte Arnesco; — „ein brolliges Abenteuer während des heutigen Platzregens führte mich um Mittag mit biefem hübfchen Kinde zufammen, und in eine der ödeften trübfeligften Höhlen der Armuth, wo ich Dinge fah und hörte, welche die Schilderungen unferer Romanciers von Pöbel-Elend 2c. noch weit hinter fich ließen, — wo ich aber auch Eine Erfahrung machte, die ich noch heute frühe für unmöglich, für ein Unding, eine Hyperbel, eine poetifche Licenz gehalten haben würde. Denken Sie fich, Baron, ich habe mich überzeugen müffen, baß es in bem tiefften Schlamm des Pöbels noch Tugend, mitten in einer Atmofphäre von Elend und Proftitution noch Gefchöpfe gibt, in denen bas göttliche Grundbild bes ur-fprünglichen Menfchen fich manifeftirt."

„Und biefes Phänomen, biefe Perle auf bem Mift?" fragte ber Baron mit einem farcaftifchen Lächeln.

„Scheint jenes Gefchöpf zu feyn," erwiderte Arnesco; — „nie fah ich fo fchreiende Contrafte in fo enger Berührung. Glauben Sie, mein fkeptifcher Phyfiognom, nicht baran, baß jenem Kinde noch der eherne Panzer der Jungfräulichkeit, ber leuchtenbfte Schmuck des Weibes eigen ift?"

Schrewniß firirte fie nochmals burch ben Dollond. „Das Mädchen ift nahe an zwanzig," fagte er; — „es müffen befon-bers günftige Sterne über biefem Gefchöpfe gewaltet, wenn

Mangel und Noth, Verführung und schlimmes Vorbild noch nicht das Mark dieses Lebens vergiftet haben."

„An Armuth und Elend hat es nicht gefehlt," versetzte Arnesco; „ich sah das Kind heute vor Hunger fast ohnmächtig und dennoch resignirt. Ein bitteres Elend als das ihrige läßt sich kaum mehr denken, und fürwahr, der Contrast zwischen der Ausstattung, die die schöpferische Natur diesem Wesen gegeben, und dem Loose, das ihm das Schicksal angewiesen, erschütterte mich so heftig, daß ich noch jetzt alles Ernstes darauf denke, dem Mädchen mein besonderes Patronat angedeihen zu lassen."

Baron Schrewniß lächelte sardonisch und schaute den Grafen mit jenem zweideutigen feigen Lächeln an, das mehr sagt, als es eigentlich sagen soll; aber Arnesco begegnete ihm mit einem ernsten, fast vorwurfsvollen Blicke, daß der Baron nur sagte: „Das Mädchen ist hübsch; ist es auch ebenso klug?"

„Ich weiß nicht," versetzte der Graf; „das Einzige, was ich wünschte, ist zu erfahren, was man aus einem solchen Wesen machen kann und soll, um sein Glück zu gründen. Eine Gouvernante? Pfui, das sind Zwittergeschöpfe und meines Erachtens die unglücklichsten Diener, womit wir uns umgeben; — Soubrette? pfui, die Marterhölzer unserer Frauen, die Moutons noirs des Hauswesens! — Was meinen Sie, Baron, was muß man beginnen, um ein solches Kind der Prostitution zu entreißen und auf dem einmal betretenen Wege des Guten zu erhalten?"

Schrewniß bemühte sich, seine vertrockneten pockennarbigen Züge in möglichst angenehme Falten zu legen und das häßliche scheele Lächeln zu unterdrücken, das ihm die humanen Absichten des Grafen zu entlocken schienen.

„Was wird die Gräfin sagen, wenn sie das lebhafte Interesse

erfährt, welches Sie an dem so appetitlichen Backfischchen nehmen?" fragte er; — „warum sind Sie überhaupt so erpicht auf
die Zukunft des Mädchens? Ich würde mich wenig um diese
Race kümmern, die unwürdigste und undankbarste, welche der
Tag bescheint. Sie kennen diesen Pöbel noch nicht, Graf —
aber ich kenne ihn, ich war Polizei-Präfekt. Das Leben spielt
oft sonderbare Geschicke in diesen Ständen, man trifft einzelne
wenige Fälle von Seelengröße unter dem Plebs, aber sie sind
wie Meteore, und der Fluch der Ignoranz, des Proletariats, des
Thierischen schlägt doch einmal im Leben durch alles Bessere
hindurch; es ist der Zoll, den jede solche Kreatur seiner Bestimmung entrichtet! — Was wollen Sie mit diesem Wesen? Wenn
Sie zu edel denken, Ihre Wohlthaten und den Dank des Ge-
schöpfs auf eigennützige Weise auszubeuten, so thun Sie besser,
es seinem Schicksale zu überlassen, oder höchstens dem Mädchen
einen Mann zu geben. Das ist ja das große Ziel, wornach die
Weiber alle streben! Wenn Sie diesen aber nicht aus der Sphäre
wählen, worin das Geschöpf aufgewachsen, so machen Sie zwei
Unglückliche anstatt einer einzigen; einen andern Lebenskreis versteht ein solches Wesen nicht; setzen Sie die Kröte des Sumpfs
in den klaren Bach, wo die Forelle plätschert, so wird sie dem
freundlichen Elemente entfliehen, und zum alten Schmutz zurückkehren. So ist's auch mit dem Menschen; ein Jeder hat seine
Zone, seinen engumgränzten Horizont im geistigen Leben, und
fällt, wenn er auch je einmal durch sein Streben auf eine Weile
sich drüber erhob, doch allezeit wieder in den ursprünglichen Kreis
zurück. Hüten Sie sich namentlich, diesem Wesen eine höhere
Bahn zu eröffnen, bevor Sie sie genau kennen, damit ein solcher
Rückfall nicht später Sie compromittire!"

Der Graf hatte aufmerksam zugehört und den Worten des

Barons nachgedacht. „Ich glaube Sie sehen zu schwarz," sagte er; — „Sie sind ein unerbittlicher Pessimist. Ich möchte darauf wetten, daß sich neben den starken Schlagschatten von Verworfenheit, Elend und Verbrechen im Pöbel doch auch noch schöne Züge von Tugend erhalten haben, die wir nur im Dunkel jener Schatten nicht aufsuchen mögen!"

„Und ich wette," sagte Schrewniß, — „daß kein Proletarier von Ursprung sich je des Stigma's entschlagen kann, das ihm die pestkranke menschliche Umgebung aufgeprägt hat. Wollen wir eine Wette eingehen, daß Sie Ihre Wohlthaten an dieses Wesen verschwenden werden, daß Alles was Sie an diesem Wesen thun, vergeudet seyn wird, Herr Graf?"

„Es wäre Verbrechen, auf eine solche Wette einzugehen," entgegnete Arnesco überlegend.

„Wovon reden Sie denn, meine Herren?" fragte die Gräfin Arnesco und beugte sich zurück. Das Gespräch war zuletzt laut genug geführt worden, um von ihr halb verstanden zu werden.

„Ich überlege mir ein Werk der Humanität, das Baron Schrewniß aus allen Kräften schon im Keime ersticken möchte, liebe Julie!" versetzte der Graf, und erzählte dann seiner Gemahlin den Hergang der Sache. Kaum war er damit fertig, so war auch die Vorstellung zu Ende, und die Versammlung ging aus einander.

„Unsere Wette?" fragte Schrewniß halb im Scherze.

„Wir werden noch darauf zurückkommen!" war die Antwort.

Während Beide in ihren bequemen Wagen nach Hause rollten, arbeitete sich Albertine scheu und flint durch die Menge und strebte der engen Gasse der Heimath zu. Nicht ohne Bangen näherte sie sich dem Hause, denn eine unbestimmte Ahnung sagte

ihr, daß sie dießmal wohl unangenehmen Auftritten begegnen
werde. Und so war es auch. Die Mutter hatte zwei von den
Dukaten des Grafen dazu verwendet, den rückständigen Miethzins
des letzten Quartals und ein kleines Anlehen zu bezahlen, das
sie bei der Hausbesitzerin gemacht hatte, und war im Begriffe,
den dritten ebenfalls über die Klinge springen zu lassen, um die
erschöpften Vorräthe des Hauses aufzufrischen, als ihr Sohn
vom Tanzplatze heimkehrte mit den vielversprechenden Anfängen
eines Rausches, den er dort geholt. Er erfuhr trotz der Sorgfalt
der Mutter, ihm den Schatz zu verbergen, doch von dem kleinen
Knaben, daß sich Geld im Hause befinde. Von seiner Roheit
und Grobheit eingeschüchtert, ließ die schwache Mutter sich leicht
den Frieden ablaufen, und so schwankte Fritz der nächsten Schenke
zu, das Maaß der Trunkenheit voll zu machen, während Mathilde, mit welcher er auf dem Tanzboden geeifert und sich in
Folge dessen gezankt hatte, nach ihrer spätern Heimkehr zu den
Kindern in den Winkel kauerte und heulend den Abend ver-
brachte, bis ein neuer Auftritt sie aus diesem Hinbrüten aufschreckte. Den Grund dieses neuen Ereignisses wollen wir hiemit
in wenigen Worten angeben.

Der Hütte gegenüber, worin wir Albertinen besuchten,
wohnte, wie schon erwähnt, ein altes Weibsbild, als Mamsell
Melchus bekannt und fast gemieden im ganzen Viertel. Sie
hatte einst bessere Tage gesehen, hatte, wie bereits erwähnt, an-
geblich als Primadonna an einer Hofbühne geglänzt, allein ihr
Stern war längst erblichen, und kümmerlich und verworfen, zu
träge zur Arbeit und den geistigen Getränken zu hold, um mit
den gereichten Almosen auszukommen, lebte sie jetzt verhöhnt
und verachtet hier im bittern Elend. In den Augen der arbei-
tenden Bevölkerung gibt es kein größeres Vergehen, als Trägheit

bei Hochmuth, und da das Unglück die ehemalige Sängerin im
letztern nicht gebessert und zur Meidung der erstern noch nicht
bewogen, sie auch eine gewisse Bosheit und Ränkesucht aus dem
früheren Stande noch mit herübergebracht hatte, war es ganz
natürlich, daß ihr niemand in der Nachbarschaft hold war. Diese
Person nun hatte den Grafen bei Albertinen eintreten und wieder
von ihr weggehen sehen, und die beiden Erbübel b̶—̶w̶e̶i̶t̶e̶r̶,
Neid und Neugier, ließen ihr nach dieser Entdeckung keine Ruhe
mehr. So sah sie denn kaum nach Aufhören des Regens die
halbtaube alte Jungfer, welcher das Haus gegenüber gehörte,
aus der Nachmittags-Betstunde heimkehren, als es sie auch schon
auf der Zunge brannte, die Erste zu seyn, welche die Neuigkeit
der Jungfer Erbler hinübertrüge. Die sechsundvierzigjährige
Jungfer Erbler, ein Muster von Magerkeit, mit gemeinen eckigen
Zügen, von Pockennarben durchfurcht, den Stempel des Geizes
und der Härte auf der niedern Stirn, stand just am Herde und
braute sich ihre Panacee, einen Kaffee, als Mamsell Melchus
mit Kratzfüßen hereintrat, und um die Erlaubniß bat, mit der
lieben Jungfer Erbler nur ein paar Worte unter vier Augen zu
reden. Geizige Menschen lieben aber nichts weniger, als ein
solches Geheimnißvollthun, hinter welchem sich möglicherweise das
Gesuch eines Darlehens verbergen könnte, und so war die fromme
Jungfer Erbler in so lange wenigstens unruhig und fast grob, bis
sie von der Nachbarin erfahren hatte, daß ihr Anliegen nur dahin
ziele, ihr Nachricht von dem Aergerniß zu geben, das heute durch
die Unbesonnenheit des jungen Mädchens im Erdgeschoß sich
zugetragen habe. Und nun floß es wie ein Strom von ihrem
Munde, daß ein vornehmer Herr, ein reicher Graf, heute expreß
und dem fürchterlichen Regen zum Trotz zu Albertinen gekommen
sey und fast eine halbe Stunde bei ihr verweilt habe und zwar

ganz allein, weil offenbar Mutter und Bruder und Schwägerin
dem leichtfertigen heuchlerischen Dinge Gelegenheit hiezu gegeben
haben durch ihre Abwesenheit. Die fromme Jungfer Erbler
schlug die Hände über dem Kopf zusammen über diesen Greuel
und wußte einen Bibelspruch um den andern auf diese Wirthschaft anzuwenden. Allein noch konnte sie es nicht glauben: das
bittere Elend und die Blutarmuth der Leute widersprachen einer
solchen Annahme allzubündig; da mußte es aber der Unstern
fügen, daß gerade in diesem Augenblick Frau Meyer, Albertinens
Mutter, heraufkam und mit den beiden Goldstücken die schuldige
Hausmiethe bezahlte. Ein rasch gewechselter Blick sagte der Mamsell Melchus, daß Jungfer Erbler sich nun für überführt halte,
und lud sie zugleich ein, noch länger zu verweilen, um Zeugin
der ernsten Standrede zu seyn, welche sie der Mutter halten
wollte. Weil indessen bei ihr der Gedanke durchschlug, daß man
die Wittwe Meyer nicht zu weit treiben dürfe, damit sie nicht
ausziehe und die Wohnung leere, welche sich schwerlich wieder zu
einem so hohen Preise vermiethen lasse, als die gegenwärtige
Miethspartei gerade ihrer bittern Armuth und des ungesicherten
Miethzinses wegen bezahlen mußte, — entbehrte die Standrede
wundersamerweise doch auch nicht einiger Anspielungen, daß man
es freilich mit den Großen dieser Welt nicht verderben dürfe,
und daß es nur um des eigenen Wohles wünschenswerth sey,
wenn man wenigstens im Umgange mit solchen Herren einige
Behutsamkeit an den Tag lege. Frau Meyer wehrte sich freilich
entschieden gegen jeden Argwohn bezüglich Albertinens Sittsam-
keit, allein der Reiz des Geldes und die drückende Qual der
Armuth hatten die Kurzsichtige so verblendet, daß sie schon halb
verführt war und es nur noch eines kleinen Einflusses bedurfte,
sie selbst zur Verführerin der Tochter zu machen.

Jungfer Erbler belohnte — ein seltenes Aufleuchten ihrer Großmuth — die Zuträgerin mit einigen Tassen Kaffee und häufiger Einkehr bei der Schnupftabaksdose der Nachbarin, wobei denn noch mancherlei andere Gegenstände aus der Chronique scandaleuse der Nachbarschaft auf's Tapet gebracht wurden, und Jungfer Erbler die Mamsell Melchus mit der Ueberzeugung scheiden sah, daß sie im Ganzen doch nicht so übel und eine eben so unterhaltende als gottesfürchtige Person sey.

Wie nun die Mamsell Melchus so leise wie möglich die knarrende Treppe hinabschlich, um im Vorübergehen an der Thüre der Frau Meyer noch ein paar Worte zu ergattern, wollte der Unstern, daß gerade jetzt ein Diener des Gesandten den von seinem Herrn geliehenen Schirm zurückbrachte. Mit der dem Bedientenvolke eigenen Unverschämtheit und Anmaßung trat er in die höhlenartige Stube, überreichte der Frau Meyer das Parapluie, und schaute sich dabei recht neugierig um. Mathilde, die am Ofen im Winkel saß und weinte, fiel ihm zunächst in's Auge; da er ihretwegen seine eigenen Gedanken haben mochte, welche mit dem Schirme in ziemlich loser Verbindung standen, schaute er sie mehrmals seitwärts und scheu an, und wagte endlich ihr sein Compliment zu machen.

„Sie müssen nicht weinen, mein liebes Fräulein," sagte er; — „die Frau Mutter wird sich schon zufrieden geben, wenn sie erst einmal weiß, wie freigebig der Herr Graf in solchen Angelegenheiten sind; vorerst weiß ich freilich davon fast nichts, denn ich habe mich erst nach seiner Verheirathung bei ihm engagirt, allein man behauptet, daß er die Personen, mit welchen er früher auf diese Art linirt war, stets sehr freigebig ausgestattet habe, und wenn ich auf gewisse Leute sehe, die man im Verdachte hat . . . Doch ein kluger Mann sagt nie Alles, was er

weiß, und ein so liebenswürdiges feines Fräulein zu besitzen,
kann jedem Manne nur schmeichelhaft seyn, denn ein kluger Mann
vergißt gar leicht, daß ein vornehmer Herr früher dieses besagte
Frauenzimmer gerne gesehen!"

„Ich glaube, Mutter, der Mensch da ist verrückt," fuhr Mathilde plump heraus; — „was will denn der Herr überhaupt
von mir, und wo hinaus soll's denn mit diesem Geschwätze?"

Der Lakai schaute verdutzt darein, und die Wäscherin
schwankte, ob sie dem Zorne Worte geben sollte, den ihre Recht-
lichkeit und Ehrliebe in ihr auflobern machte, oder ob es dennoch nicht gerathener und weltklüger sey, dem gallonnirten Kerl
eine freundliche Miene zu zeigen, um den Herrn dieses Burschen
nicht zum Feinde zu bekommen. Die Armuth und das Elend
sind schlimme Gifte; sie verderben mehr im Volke als der Leicht-
sinn, den man diesem so oft großentheils mit Unrecht vorwirft.
Hat nicht schon der bloße Gedanke an Reichthum, an genügende
schmackhafte Nahrung, an eine behagliche Stube und ein warmes
Bett etwas Berauschendes für den Armen, das die Vernunft
umdämmert und das Gewissen einlullt? Was sind Ideale überhaupt Anderes, als Vorstellungen von einem besseren Zustande,
der uns vorschwebt? und das Ideal wird zur Triebfeder unserer
Thaten und jeder Gedanke zur That, sobald eine Hoffnung zu
seiner Verwirklichung sich uns zeigt. — Dießmal trug der Verstand bei dem Weibe den Sieg über das Gewissen davon.

„Halt' Dein Maul, dumme Dirne!" herrschte sie Mathilden
zu, und knickste dann unzählige Male vor dem betretenen Wicht;
— „ich weiß zwar nicht, gnädiger Herr, was Sie mit dem Allem
meinen, denn diese gegenwärtige Person da ist eigentlich nicht
meine Tochter, sondern nur das Mädel von meinem Sohn.
Aber wenn der Herr Graf mein Kind so gern sehen, und ihr so

gnädig seyn wollen . . ." setzte sie schmunzelnd hinzu, und barg
halb verlegen die Hände in den Schürzentaschen, — „so verdient
er sich wahrlich einen Gotteslohn, denn wir sind blutarm, —
Gott sey's geklagt, . . . und seit mein seliger Mann todt ist;
und das Wetter so schlecht . . . und seit die Frauen in der
Stadt Bauernweiber vom Land zum Waschen nehmen, so ist der
Verdienst gar nichts mehr . . ."

Die gute Frau hätte in ihren süßen Ahnungen einer bessern
Zukunft und in dem Bestreben, gegen den Bedienten eines so
reichen Mannes ebenso verbindlich als offen über ihre Lage zu
seyn, sich vermuthlich in ein noch tieferes Labyrinth der Rede
verwickelt, hätte sie nicht der Lakai selbst unterbrochen.

„Und wo befindet sich denn dermalen Ihre Tochter, liebe
Frau?" fragte er ernsthaft, und warf sich auf einmal gewaltig
in die Brust, da Niemand mehr vorhanden war, um ihm zu
imponiren; „man wird doch ein Auge auf das Mädchen haben?
Sie wissen, solche Herren sind kitzlich und wollen, daß derlei
Personen nicht in schlimme Gesellschaft gerathen!"

„O was denken Sie, gnädigster Herr Kammerdiener?" rief
Frau Meyer; — „mein Mädel ist die liebe Unschuld selber,
noch so blutjung und so fromm, daß sie keinen bösen Gedanken
im Leibe hat! Ach was das anlangt . . ."

„Drum," sagte der Lakai und setzte dabei den rechten Fuß
weit vor und wiegte majestätisch sein kurzgeschornes Haupt rückwärts, — „man wird ein sorgsames Auge auf das Fräulein
haben, von wegen die Moral — begreifen Sie? Man wünscht,
daß man sich nicht mit Handwerksburschen und anderem Gesindel
gemein mache und auf Tanzböden herumziehe, sondern sich lieber
unter die Livree mische, wenn man sich anständig vergnügen
will. Auch wünscht man, daß man reinen Mund halte, denn

Seine Excellenz der Herr Graf halten darauf, daß man ihn nicht kompromittire, und — auf Ehre! — er hat Recht daran, denn nicht alle Personen sind gebildet genug, um zu begreifen, daß so etwas für einen großen Herrn ein ganz erlaubtes Divertissement ist. Man sei also klug, meine gute Frau, und ich kann auf Parole versichern, daß man es nicht zu bereuen haben wird!"

Mit diesen Worten verabschiedete er sich herablassend von der Wäscherin, und storchte, die Nase im Winde, zum Hause hinaus. Das arme Weib aber kehrte in die Stube zurück, und trat stumm an den Ofen, rieb die zusammengeschrumpften, wasserblöden Hände mechanisch daran, und schaute, in tiefe, aber anmuthige Betrachtungen vertieft, vor sich hin. Der Abendwind rüttelte an den morschen Fenstern, pfiff im Kamin, fuhr in den Ofen und jagte aus den schlecht verstrichenen Fugen desselben den beizenden, übelriechenden Torfrauch der Wäscherin in's Gesicht, sie unangenehm aus ihren Sinnen aufweckend.

„Das miserable Loch!" rief sie pustend und hüstelnd; — „das Hundenest! kostet uns so schweres Geld und hält nicht einmal warm; morgen, nein heute noch, geh' ich hinauf zur Jungfer Erblerin, und kündige ihr die Wohnung auf; wer kann in einem solchen Stall wohnen?"

Mathilde lachte rauh. „Oho, Hochmuth kommt vor dem Fall," sagte sie neidisch; „Sie hat auf einmal große Dinge im Kopfe mit Ihrem Mädel. Aber erst fragt sich's, ob Albertine auch will, und dann, ob der Herr Graf will, und dann, wie lange er's treibt, bis er das stille Ding da mit ihrem Marzipangesichtchen satt hat!"

Aus dem Auffahren der Frau Meyer, ihren rollenden Augen

unb zitternben Fäuſten, bie ſie in bie Hüften ſtemmte, ließ ſich
entnehmen, baß ſie einen lebhaften Kampf für bie Tochter gegen
bie Söhnerin wagen wolle, aber ein Zwiſchenfall erſtickte ben
brohenben Vorfall. Auf ber Straße braußen ließ ſich bie wohl-
bekannte Stimme ihres Sohnes in Flüchen unb Scheltworten
vernehmen, bie er in ununterbrochener Reihenfolge unb in jenem
machtlos weinerlichen Tone ausſtieß, welcher bas unter bem
Prädikat „trunkenes Elenb“ bekannte, höchſte unb erbärmlichſte
Stabium ber Trunkenheit bezeichnet. Ehe noch bie Mutter bie
Lampe vom Ofenſims genommen, hörte man braußen einen
ſchweren bumpfen Fall, unb beim Oeffnen ber Stubenthüre gewahrte bie Mutter ben geliebten Sohn ſeiner ganzen Länge nach
auf ber Hausſchwelle liegen, über bie er geſtrauchelt war. Traußen
aber im Gäßchen hatte ſich ein Theil ber lieben Straßenjugend
verſammelt, unb ließ einen Hagel von Hohnworten über ben
Trunkenbolb los.

„Du Galgenſtrick! Du ſauberes Früchtchen Du!“ rief bie
Wäſcherin, beren Galle nun über bieſes wiberſtanbslofe Geſchöpf
ſich ergoß unb Ausbrücke entwickelte, bie wir nicht wiberholen
wollen. Wenn ſie auch anfangs beſtimmt gelobt hatte, ben Be-
trunkenen nicht in ihre Stube zu laſſen, ſonbern in ben Schwein-
ſtall zu betten, wo er hingehöre, ſo ſchlugen boch Mitleib unb
Liebe bei ihr unb Mathilben vor, als ſie ſahen, baß Fritz aus
mehreren Wunben am Kopfe blutete, unb ſeine zerſetzten Kleiber
über unb über mit Blut bebeckt waren.

Fritz hatte in ber Schenke ſich breit gemacht mit bem ber
Mutter abgepreßten Gelbe, hatte eine Horbe wüſter wilber Ge-
ſellen freigebig traktirt, um hernach ben Witz ſeines Uebermuths
an ihnen auslaſſen zu können. Allein wie bas zu geſchehen
pflegt, war ber Spaß ben Burſchen zu weit gegangen, unb als

erst die Köpfe warm geworden waren, kam es auch bald zu blutigen Köpfen, wobei der freigebige Freudenstifter unbarmherzig gedroschen wurde und noch manches herbe Wort in Betreff seiner Schwester mit in den Kauf bekam.

Diese Behandlung und der Blutverlust hatten den rohen Burschen wieder etwas nüchtern gemacht. Die beiden Weiber legten ihn in Mathildens Bett und verbanden den blutenden Kopf. Sein Toben und Racheheischen, seine Erbitterung gegen seine Dränger ließen allmählig nach, wichen aber nicht versöhnlicheren Gefühlen, denn jene feige Tücke, welche einem rohen entwürdigten Gemüthe innewohnt, veranlaßte ihn jetzt, seinen Groll an den Schwachen zu entladen, die ihn umgaben und noch eben so sorglich verpflegt hatten. Man erlasse uns, dieses Gemälde der Bestialität weiter auszuführen; der Markt des Lebens bietet solcher tragischen Scenen genug, zur Schande des Menschengeschlechts, zur Schande für unsere Schulen, philanthropischen Vereine, für alle jene Institute, durch welche man die Hefe des Volks edleren Gefühlen zugänglich machen will. Die enge Stube füllte betäubender Lärm; der Bengel mit den mürbe gedroschenen Gliedern überhäufte die Mutter und Mathilden mit empörenden Flüchen und Schimpfworten; die Kinder in der Ecke schrieen ängstlich, die beiden Weiber vergalten heulend Scheltwort um Scheltwort.

In diesem Augenblick betrat Albertine die Behausung, vom Theater zurückkehrend; ihr träumte nichts von dem Allem, was in ihrer Abwesenheit zu Hause vorgegangen war — nichts von den Plänen des Grafen mit ihr, von den Vermuthungen des Lakaien und dem Neide, den ihr bevorzugtes Loos in Mathildens gefallene Seele geworfen hatte, nichts von dem giftigen Groll des Bruders. Die neue Welt des Theaters, diese idealifirte Abspiegelung der Wirklichkeit mit dem romantischen Faden, der sich durch sie hindurchschlang, hatte ihr Köpfchen und Herz in eine leichte Gährung versetzt, und allerhand Träume, Gedanken und Hoffnungen in ihr wachgerufen. In dem einen der Stücke, das sie gesehen, war ein armes Mädchen um seiner Tugend willen zur Gemahlin eines reichen Grafen, ein armer Jüngling zum Erben eines reichen Bankiers gemacht worden; was war also nicht auf Erden auch noch für sie erreichbar? was lag wohl für sie noch im Schooß der Zukunft verborgen? Sie hätten weinen mögen vor Rührung, wenn sie der Hoffnung Raum gab, auch ihr könnte das Glück noch einmal ein besseres Loos bescheeren.

Mit lebhaft gerötheten Wangen und einer stillen Heiterkeit betrat sie das Haus — auf der Schwelle aber zögerte ihr Fuß, denn das Geheul der Kinder, die rauhe Stimme des Bruders, die Scheltworte der Weiber deuteten auf nichts Gutes. Da kam die Mamsell Melchus über die Gasse herübergeeilt, und begrüßte sie gar freundlich. — „Ach, Gott sey Dank, liebstes Kind!" hub sie an; „Gott sey Dank, daß Sie heimkommen! die Frau Mutter und der Herr Bruder liegen sich fast in den Haaren um Ihretwillen."

— „Um meinetwillen?" fragte Albertine verwundert und bange.

„I freilich," erwiderte die Sächsin, — „Sie hatten Unrecht, daß Sie das Geld, das Ihnen der liebe schöne freigebige Herr Graf gegeben hat, nicht selbst aufbewahrten. Sehen Sie, Geld ist immer ein Zankapfel in den Familien, und zumal unter gemeinen armen Leuten. Da muß man es doppelt verborgen halten. Ach ich möchte weinen vor Freude, daß Ihnen der liebe Gott endlich einen so vornehmen, braven Beschützer zugesandt hat; Niemand verdient es mehr als Sie, und eben darum beneidet Sie auch die ganze Gasse. O es ist besser Neider zu haben als Mitleider; aber wenn Sie meinem Rathe folgen wollen, als dem einer armen Künstlerin, die in ihren bessern Tagen mit Hunderten solcher vornehmen Herren und noch viel Vornehmeren verkehrt hat, so verlassen Sie so rasch wie möglich diese Nachbarschaft, und ziehen Sie in ein entlegeneres Quartier, wo nicht so viel armseliges Gesindel wohnt, und halten Sie Ihr Glück verborgen, denn die ärmsten Leute haben die schlimmsten Zungen. Vertrauen Sie sich mir an; ich will Ihnen an die Hand gehen, will Ihnen sagen, wie man solche Herren behandeln muß, wenn man sich ihnen recht unentbehrlich machen will . . . ."

„Aber wovon reden Sie denn eigentlich, Mamsell?" fragte Albertine beklommen; „ich begreife ja gar nicht, wo Sie mit mir hinaus wollen?"

„Glaub's wohl, mein Schätzchen!" versetzte die Melchus schmunzelnd, — „Sie wissen noch so wenig von der Welt, daß Sie kaum ahnen, was für ein Glücksstern Ihnen heute aufgegangen ist! — Ja ja, wundern Sie sich nur! Er hat seinen Kammerdiener mit dem Schirm hieher geschickt; der Diener hatte gewiß den geheimen Auftrag, sich nach Ihnen zu erkundigen, und da konnte sich der Herr an keine bessere wenden, als an mich; ja, gelobt habe ich Sie, gelobt, daß der Mensch Maul und Augen aufriß, und doch sagte ich ihm kein Haarbreit mehr von Ihnen, als was ich auf die Bibel beschwören kann. Ach du lieber Himmel, sagt' ich ihm, im ganzen Lande gibt's kein zweites Mädchen mehr wie diese Albertine — so frisch und gesund, so blühend und brav, so . . . na, Sie werden sehen, was es gefruchtet hat, und gewiß kommt schon morgen eine Botschaft, des Inhalts: der Herr Graf haben geruht und wünschen, daß die Jungfer Albertine Meyer eine andere Wohnung beziehe, — und einstweilen hat er alsdann für Sie gewiß ein recht nied-liches Stübchen oder mehrere ausgesucht, wo Sie einen Sopha und schöne Möbeln und Teppiche und Vorhänge und Stand-uhren finden, wo man Ihnen allerhand Leckerbissen zu-trägt, und Schneider und Putzmacherinnen und Goldarbei-ter Ihnen im Namen des Herrn Grafen die Aufwartung machen . . . ."

"O schweigen Sie doch, Mamsell Melchus!" unterbrach sie Albertine verlegen; — "halten Sie mich denn für so dumm, daß ich an all das Geschwätze glaube?"

"O Sie kleines liebes Närrchen!" rief die Alte und hät-schelte die ungeduldig werdende Albertine, — "Sie kennen die Welt noch nicht. Ich könnte es beschwören, daß es noch Alles so kommen wird."

"Was könnte der gnädige Herr denn von mir wollen, daß er so viel Geld für mich aufwendete?" fragte Albertine nachdenklich.

"Ei du liebe Unschuld! . . . Sehen Sie," flüsterte die Melchus leiser, — "solche Herren leben oft unglücklich mit ihren Frauen; diese geputzten Damen sind manchmal krank oder lieben ihre Männer nicht wie es seyn sollte, und da wollen denn die großen Herren sich anderwärts schadlos halten und kaufen sich ein Bißchen Liebe; und sehen Sie, so ein hübsches, frisches, un-schuldiges Gesichtchen wie das Ihrige hat dann für so einen armen Ehemann besondern Reiz! . . . .

"Jungfer Melchus!" rief Albertine empört, — "was denkt

Sie denn von mir? Schäme Sie sich in den Hals hinein, mir
so etwas zuzumuthen, und noch mehr dem Grafen, der zu so
einem schlechten Streich viel zu gut und edel ist! Sie falsches
Weibsbild!"

Damit ließ sie die Alte verblüfft stehen und trat in die
Stube. Nicht sobald hatte Fritz sie erblickt, als er in neuem
Zorn aufloderte, ihr mit der geballten Faust drohte und rief:
„So, Du Metze! kommst Du endlich! bist Du bei dem Grafen
gesteckt, Du saubere Dirne, der Dich hier im Stillen aufsucht,
wenn Niemand zu Hause ist? Na, warte, Du Balg! ich will
Dir die Grafengedanken austreiben! Da, Mutter! Da hat
Sie Ihr sauberes Mädel, das an allem Schuld ist! Nun werfe
Sie meiner Mathilde noch etwas vor! die hat's doch nur mit
Einem, die Tine aber hat Sie an wer weiß wie Viele schon ver-
kauft, Sie alte Kupplerin!"

Albertine stand wie niedergeschmettert da; tiefe Röthe über-
zog ihr Gesicht und Nacken und ihr Körper bebte merklich. Der
Bruder bediente sich noch gröberer Beschuldigungen, die in un-
aufhaltsamem Strome über seine Lippen kamen, und die Be-
sänftigungsversuche Mathildens gossen nur Oel in die Flamme
seines Grimmes. Draußen auf der Gasse schaarten sich horchend
die Nachbarn zusammen, von der Melchus dazu entboten. Dem
armen Tinchen war's, als sollte ihr die Scham das Herz ab-
drücken; sie sank in einen Stuhl und weinte laut. Endlich
aber raffte sie sich empor, und schmiegte sich an die Mutter, die mit wortlosem Entsetzen da stund und ihr Mitleid
mit dem unschuldig gekränkten Kinde nicht einmal zu äußern
wagte.

„Mutter, was habe ich gethan, daß er so mit mir umgehen darf?!" rief Albertine schmerzvoll aus; — „ich ertrag's nicht, daß er mich so verunehrt!"

„Komm', Tine!" versetzte die Mutter leise; — „wir wollen in die Kammer hinaufgehen; das ist der Dank, daß wir für den Tagdieb und seine Kinder und die faule Dirne dort uns fast blutig arbeiten!"

Schnell und leise eilten sie auf den Boden hinauf und suchten die elende Kammer. Wie vernichtet warf sich Albertine auf das armselige Bett und weinte ihren Kummer aus, und die Alte betete daneben unter lautem Heulen, und stieß dann wieder Verwünschungen gegen den ungerathenen Sohn aus.

Albertine ward allmählig ruhiger, das Bewußtseyn ihrer Unschuld brach die Wucht des Schmerzes. Aber der Schlaf, der Tröster der Leidenden, floh sie. Zu viel Ereignisse und Gefühle hatte der heutige Tag in ihr seither so leeres Leben hereingeworfen, Hoffnungen und Angst durchwogten um die Wette die stille, seither in instinktmäßiger Resignation beruhigte, gleichmüthige Seele. Der Besuch des Grafen, die traumartigen Erinnerungen an die Theatervorstellung, das Interesse, welches der vornehme Herr auch dort an ihr genommen hatte, — das Alles wirbelte chaotisch durch Hirn und Brust des Mädchens. Was waren aber wohl die Absichten, welche der Graf in Betreff ihrer hegte? Wer hatte wohl recht? ihr eigenes schlichtes Gefühl, das diesen stolzen vornehmen Herrn über jede gemeine und eigennützige Absicht erhaben glaubte, oder ihr Bruder mit seinem empörenden Verdachte und die Mamsell Melchus mit ihren ecklen Anspielungen? — Je mehr sie sich jedoch das Betragen des Grafen gegen sie selbst, je mehr sie sich seine Rührung und das Mitleid in's Gedächtniß zurückrief, womit er

selbst den Ekel vor der verdorbenen Atmosphäre ihrer Höhle
überwunden, desto inniger war sie überzeugt, daß es erhabene
und edle Gefühle waren, welche seiner Freigebigkeit und seinen
Versprechungen zu Grund lagen. An ihn denkend, schlief sie ein
und träumte von ihm; er aber hatte sie trotz seines lebhaften
Interesses bereits wieder vergessen.

Drittes Kapitel.

Entwickelungen.

Menschen aus dem Volke sind darin wie die Kinder, daß bei ihnen der Sturm der Affekte und Leidenschaften sich bald wieder legt. So gieng es auch im Schooße dieser Proletarier-Familie: der Morgen des Dienstags fand Alles wieder fast im alten Geleise; der Trunkenbold und Taugenichts Fritz hatte seinen Rausch ausgeschlafen, und sich — freilich später als gewöhnlich und mit wüstem Kopfe — an seine Arbeit begeben, die Mutter war schon vor Tage an ihr mühsames Geschäft fortgeeilt, Mathilde saß in ihrem nachlässigen Negligé breit und faul auf dem Stein vor dem Haus und gab sich das Ansehen, als beschäftige sie sich mit ihren Kindern; in Wahrheit aber beschaute sie sich blos die Vorübergehenden, und faullenzte wie immer. Der wilde mürrische Zug um Mund und Augen, der sich hie und da noch erhöhte, wann eine fleißige glücklichere Nachbarin in bessern Kleidern vorübergieng, war das einzige,

was darauf hindeutete, daß unter dieser gleichmüthigen trotzigen
Maske auch eine erregungsfähige Seele verborgen liege. Albertine saß wieder wie gewöhnlich an der Arbeit und nähte rüstig
drauf los, froh mit ihren vollauf beschäftigten Gedanken allein
zu seyn, die sie gar oft so sehr in Anspruch nahmen, daß sie die
fleißigen Hände eine Weile müßig im Schoose ruhen ließ und
sinnend zu dem schmalen blauen Himmelsstreifen hinaufschaute,
der zwischen den übergebauten Dächern des Gäßchens herein-
schauen konnte. So oft sie ein Geräusch auf der Straße, sobald
sie Schritte im finstern Hausgange vernahm, fuhr sie erschrocken
zusammen und war wie mit Purpur übergossen, denn sie wähnte
entweder den Grafen oder einen seiner Diener mit einer Botschaft an sie kommen zu sehen. Leider aber vergieng ein ganzer
Tag, eine ganze Woche, ja zwei Wochen, und von Graf Arnesco
ließ sich nichts hören und sehen. Nie kam die Mutter von der
Arbeit zurück, ohne mit einem vielmeinenden „Was ist's?" sich
zu erkundigen; und an keinem Abende versäumte Fritz Mathilden in's Verhör zu nehmen, ob vielleicht Albertine nicht insgeheim mit dem vornehmen Gönner verkehre. Allein dazu war
keine Gelegenheit für die Fleißige, die den ganzen Tag rüstig
ihrer Arbeit oblag, und genug hatte, wenn sie Abends ein
Stündchen auf dem Stein neben der Hausthüre in der Dämmerung die schwere Luft der Gasse einathmen durfte. Die Wach-
samkeit der Neugier, welche die Jungfer Erbler und Mamsell
Melchus seither fast den ganzen lieben langen Tag an die Fenster gebannt hatte, ermüdete allmählig, und der giftige Zahn
der Klatschsucht stumpfte sich ab, nachdem er den guten Ruf des
armen Mädchens fast ganz zerfleischt hatte. Zudem waren ja
Erlebnisse, wie das bereits berührte, in dieser Region der Armuth und Prostitution nichts so Ungewöhnliches, und von dem

Fall eines armen Mädchens pflegte man hier nicht viel Auf=
hebens zu machen.

Was mochte aber der Grund seyn, daß Graf Arnesco sei=
ner Verheißungen so schnell vergessen hatte?! Ei nun, große
Herren lieben Veränderung in Gefühlen und Genüssen, und da
man eben bei Hofe die bevorstehende Vermählung einer Prin=
zessin vorbereitete und in der vornehmen Welt einen prächtigen
kostümirten Ball zu Ehren des neuvermählten Paares rüstete, so
hatten Männer, die als Orakel des guten Geschmacks galten,
wie Baron Schrewnitz und Graf Arnesco, in solchen kostbaren
Momenten zu viel Wichtiges zu thun mit Auswahl von Costü=
men nach bekannten Bildern und mit Beurtheilung der Schneider=
arbeit nach deren Ausführung, mit Einstudiren von Quadrillen
und Fackeltänzen und anderen Haupt= und Staatsaktionen, wie
sie die Herren vom diplomatischen Corps beschäftigen, als daß
der Eine seines Versprechens, der Andere seiner Wette sich hätte
erinnern können.

Mittlerweile war in Frau Meyers Haus auch der letzte
Rest der mit des Grafen großmüthiger Unterstützung angekauf=
ten Vorräthe längst verbraucht, und der alte Mangel in Küche
und Holzplatz wieder eingetreten. Was half es, daß Mutter
und Tochter fleißig arbeiteten, wenn vier Hände sechs Mäuler
stopfen mußten? Was half es, daß Jungfer Erbler, welcher die
vorhandene Noth nicht entgehen konnte, hie und da die Kleinen
fütterte? — im Ganzen war doch die Nachbarschaft von Neid
und Ungunst erfüllt, und zeigte sich eher feindselig und voll
jener Schadenfreude, die das Sinken des Glücksternes eines
Nebenmenschen bei den Meisten unwillkürlich hervorruft. Die
Mutter war nun längst wieder recht ordentlich ausgesöhnt mit
der so verachteten Wohnung, und schien zuweilen recht froh

daran, und bei Albertinen wurden die Pausen immer seltener,
wo sie die Hände in den Schooß sinken ließ und sinnend nach
den Wolken aufblickte; vielmehr rührte sie die Hände nun doppelt fleißig, senkte das feine Köpfchen immer tiefer über ihre
mühsame Arbeit und pries sich glücklich, wenn ihr nur diese
immer in genügendem Maße zufloß.

Da brachte eines Tages ein unvorhergesehenes Ereigniß
plötzlich einige Aufregung in die enge Gasse, und spannte die
allgemeine Neugier so sehr, daß auch Albertine unwillkürlich
davon mit ergriffen wurde, als ob sie geahnt hätte, was für gewichtige Folgen dieß für ihre Zukunft haben werde. Im Erd-
geschoße eines gegenüberliegenden Hauses nämlich, das früher
dem Tischlermeister Fecht gehört hatte — einem unscheinbaren
Gebäude, das nach der Straße her nur drei Fensterbreiten zeigte,
nach einem großen Garten hinter dem Hause aber sich wie ein
verkehrter Keil beträchtlich erweiterte und in einen langen Seitenbau mit vielen Fenstern und geräumigen Werkstätten auslief
— erschienen eines Tages Gerichtsbeamte und nahmen die Siegel ab, welche sie ein Vierteljahr zuvor dort angelegt hatten,
als der Tischlermeister seinen Gläubigern nach Amerika entwischt
war. Die Hobelbänke und das Werkzeug wurden auf Wagen
geladen und davongeführt, und die Kinder tummelten sich darauf in der langen, widerhallenden Werkstätte, bis sie von alten
Weibern vertrieben wurden, die mit Lappen und Besen das
ganze Haus von oben bis unten scheuerten. — Wer hat das
Haus gekauft? lief's von Mund zu Mund der Arbeiterbevölke-
rung, wenn sie am Morgen, Mittag oder Abend an den offenen
Fenstern vorüberwandelte; — wer wird es wohl beziehen?
Was für ein Gewerbe wird künftig hier handthieren? — Aber
Niemand wußte Antwort darauf zu geben. Eines Morgens

jedoch zog ein schwerbeladener Wagen mit lautem Poltern die
Straße herauf; bärtige Männer begleiteten den Zug; vor dem
Tischlerhause hielt man, und schaffte schwere seltsam gestaltete
Maschinenrümpfe und Theile von Gußeisen auf Walzen hinein
in die Werkstatt; dann kamen andere Wagen voll niederer Schub-
laden mit Hunderten kleiner Fächer, in denen es silbern glänzte
wie Tausende von neuen Nadeln, mit seltsamen breiten Pulten
und Gestellen, mit Regalen und eisernen Rahmen, und allerhand Geräthe, von dessen Zweck und Gebrauch Albertine gar
keine Ahnung hatte. Neugierig schaute sie hinter dem Vorhängchen dem Einzuge dieser Männer zu, anscheinend eines recht
gesunden, lustigen Völkchens, welches den Schenkwirth nebenan
tüchtig in's Brod zu setzen versprach. Aber was waren es für
Arbeiter? das geschwärzte Geräthe, die schweren Metalltheile,
die seltsamen Kästen — Alles war ihr neu und fast unheimlich;
die Männer schauten wild darein; ihre papiernen Mützen und
schwarzen Schürzen, die seltsamen Namen, welche sie ihren Werk-
zeugen gaben, Alles war ihr so fremdartig, daß sie es nicht zu-
sammenreimen konnte, und daß sie sich fast versucht fühlte, diese
Männer für Geldmacher, für eine Art Schwarzkünstler zu halten. Wie nun Fritz um Mittag heimkam, war ihr Interesse
gerade auf dem Culminationspunkt, denn in der Mitte der ehemaligen Schreinerwerkstätten standen die Maschinen der schwarzen Männer nun aufgerichtet, und schauten sich fast an, wie die
Prägemaschinen, die sie im Erdgeschosse der Münze schon gesehen hatte.

„Sieh' nur, Fritz," sagte sie, denn zuvor hatte sie Niemand
zu befragen gewagt, — „sieh' nur, was für ein kurioses Handwerk da drüben in Meister Fecht's Werkstätte eingezogen ist;

nie hab' ich so etwas gesehen, das sieht nicht anders aus als wie Hexerei, wie Schwarzkunst!"

„Schwarzkunst?" lachte der Bruder höhnisch, als er hinüberschaute; — „dießmal hast Du unwissentlich Recht gehabt, Du Gänschen. Ja, Schwarzkünstler sind's in der That, die Buchdrucker da drüben. Eine saubere Nachbarschaft!" fuhr er mürrisch fort, „die werden einen schönen Rumor in die Gasse bringen. Die Burschen verdienen Geld wie die Pferde, und verbrauchen es wieder wie die Esel. Das ist noch immer ein gutes Brod!"

„Warum hast Du das Handwerk nicht auch erlernt?" sagte Albertine mit einem leisen Vorwurf; „Du verdienst zwar auch ein schönes Stück Geld im Sommer als Steinmetz, aber im Winter liegst Du brach."

„Freilich," gab er mit rohem Lachen zur Antwort, „weil ich im Sommer vertrinke, wovon ich im Winter leben sollte!... Aber nimm Dich in Acht, Du Gänschen, die Leute da drüben Handwerker zu nennen; das nehmen sie schwer übel. Sie wollen Künstler seyn, und heißen sich Gehülfen — nicht Gesellen!... Ja, Künstler!" setzte er neidisch hinzu, — „ihre größte Kunst ist aber am Ende..."

„Was denn?" fragte die Schwester neugierig.

„Das kümmert Dich nicht," versetzte er grob; „schau' Du auf Dein Geschäft, und nicht auf die Leute da drüben. Laß Dich mit keinem von ihnen ein, sonst..." — er drohte mit der Faust in einer sehr verständlichen Weise, — „ich habe noch genug an der Geschichte neulich mit Deinem Grafen!"

Er setzte sich finster zu Tisch, schlang hastig das ärmliche Mahl hinunter und ging dann wieder. Albertine aber konnte sich's nicht versagen, zuweilen das Vorhängchen an der einen

Seite zu heben und hinüberzublicken in das seltsame Treiben, das drüben herrschte, und die Auftritte drüben vermehrten noch ihr Interesse. Gegen Abend nämlich richtete man drüben eine lange gedeckte Tafel zu, belud sie mit Speisen aller Art und einer langen Flaschenbatterie, setzte Stühle darum, und rüstete sich zu einem Imbiß. Die Arbeiter legten ihre Schürzen und Wämser ab, und schaarten sich um die Tafel, und Einer stand auf einen Stuhl, nahm einen großen Bogen Papier zur Hand und las ein langes Gedicht mit kräftiger schöner Stimme ab, das von seinen Genossen mit lautem Beifall empfangen ward. Trotz der Menge, die sich vor den Fenstern geschaart hatte, entging Albertinen doch kein Wort davon, und den Anfang davon hatte sie so gut behalten, daß sie ihn auswendig lernte; er lautete:

> „In eines neuen Tempels Hallen
>   Tritt feiernd ein der Brüder Schaar;
> Drum laßt ein hohes Loblied schallen
>   Der Kunst, die Edles nur gebar!"

Und in diesem erhabenen Style ging die ganze Reihe von zwölf Versen herunter; von Kunst und Ehre, von Schöffer, Faust und Guttenberg war sehr oft die Rede, und jedes dieser Schlagworte erhielt begeisterten Applaus. Dann machte dieser Redner einem Andern Platz, der in einer langathmigen Oration in ungebundener Rede die Brüder begrüßte, und ebensoviel Beifall erhielt, worauf noch ein Lied gesungen wurde, ehe man zur Tafel sich setzte.

Auf Albertinen machte das Alles einen tiefen und fast Ehrfurcht-weckenden Eindruck; das war ein ganz anderes Ding, als ein Lichtbraten bei einem Tischler oder Schuster: es lag so

etwas Würdevolles, Verständiges, Erhabenes in diesen Cere-
monieen, daß sie unwillkürlich diese Leute weit über die gewöhnlichen Handwerker erhob. Und als nun vollends ein Lehrjunge
herauskam mit einem Arm voll bedruckter Bogen und diese
unter die schaulustig zusammengeschaarte Menge vertheilte, und
sie auf dem Bogen, der auch ihr eingehändigt worden, das Gedicht von vorhin in schönen großen römischen Lettern las, und
oben darüber den prunkenden Titel in stattlichen Buchstaben:
„Festgruß beim Umzug der Förderer'schen Offizin in die Lazarethstraße," und unten am Ende als Verfasser genannt sah
Herrn „Franz Lücke, aus Hamburg, Typograph," stieg ihr Re-
spekt zu einer stillen Bewunderung, und sie konnte sich nicht erwehren, den ganzen Abend dem Treiben in der neuen Werkstätte drüben zuzuschauen, wo Gesang und Reden wechselten,
und den deutschen Gelehrten, der freien Presse und allen möglichen klangreichen und imponirenden Begriffen, deren Bedeutung
sie mehr ehrfurchtsvoll ahnte als verstand, enthusiastische Lebe-
hoch ausgebracht wurden. Erst als Fritz nach Feierabend heimkehrte, und die Mutter und Mathilde in der Stube hantirten,
schloß sie das Fenster verlegen, und verbarg ihr Interesse in
sich, ohne es jedoch ganz von den ungewohnten Erscheinungen
dort drüben abziehen zu können.

Wie Albertine in der Frühe des folgenden Morgens den
Laden öffnete und zur Arbeit niedersaß, bemerkte sie drüben in
der Offizin ebenfalls die Fenster nach der Straße geöffnet, und
just am ersten Fenster — wen anders als den Dichter vom
vorigen Abende, der vom Stuhl aus die Verse heruntergerufen
hatte an seine Genossen? Es war ein hübscher junger Mann
von etwa achtundzwanzig Jahren, blühend von Gesicht, mit
braunen Locken und einem feinen Bärtchen à la Henri IV., mit

klugen lebhaften Augen und einem eben so munteren als ge-
wandten Benehmen. Den untern Theil des Fensters hatte er
mit Papier verklebt, so daß nur der in allen Richtungen sich
bewegende Kopf und die rührigen Hände sichtbar waren, die mit
wundersamer Eile über alle die vielen Fächer seines Kastens
hineilten und darin suchten und daraus zusammentrugen in ein
Instrument, das er in der linken Hand trug, wie Bienen, die
von den tausend Blumen eines Gartens die süße Beute in die
Behausung heimtragen. Diese eilfertige und doch so besonnene
Beschäftigung erregte auf's neue ihr Interesse, und lange schaute
sie ihm zu, der fast noch allein drüben arbeitete, weil die andern
Pressen und Kästen feierten; da wandte auf einmal der Arbeiter
den Kopf, schaute herüber, und ihre Blicke begegneten sich. Sein
ernstes aufmerksames Gesicht belebte sich wie unter dem Eindruck
einer angenehmen Ueberraschung, lächelnd zeigte er seine tabel-
los weißen Zähne, und blickte Albertinen an, die erschrocken,
verlegen und wie mit Blut übergossen vom Fenster wegfuhr und
den Flügel schloß, als der leichte Gruß, womit der Setzer seine
Papiermütze abnahm, sie aus ihrer gedankenvollen Betrachtung
aufschreckte.......

Der erste Schritt war nun geschehen: Eines hatte das Andere erblickt, und der junge Mann drüben begegnete noch oft im
Laufe des Tages den freundlichen milden Augen Albertinens,
die hinter der Ecke des Vorhangs über den Sims hinüberschaute,
und rasch und erröthend den Vorhang fallen ließ, wenn sie sich
ertappt sah. Ein Augenblick, ein kleines Spiel des Zufalls
entscheidet oft für ein Leben, und Albertine, das einsame träu-
merische Kind, erfüllte nun mit den Gedanken an den Nachbar
die öden Stunden der Arbeit und — wer weiß? — vielleicht
auch die Träume ihrer Nachtruhe. An die Stelle des Grafen,

der ganz verschollen schien, war nun der junge Arbeiter getreten, der ihr so nahe stund, und zu dem sie ihre Wünsche und Ge= danken emporrichten konnte als einem nicht unerreichbaren Ziele. Ja, Wünsche sage ich, denn wo wäre ein Mädchen von neun= zehn Jahren, in dessen Busen nicht schon gewisse Wünsche sich regten, — Wünsche der unschuldigsten Art, die nur die Wohl= fahrt der Zukunft betreffen, und dem Drang nach Freiheit und Geltung im Leben entspringen, welche das Mädchen erst unter der Haube zu erreichen wähnt!

Viertes Kapitel.

Die Schwelle zum künftigen Glück.

Die Gräfin Arnesco saß sichtbar verstimmt vor dem großen Arnaud'schen Kostümbuche, das ihr der Intendant der Hofbühne vor einer Stunde zugesandt hatte. Vor ihr lag eine prächtig kolorirte Abbildung eines Ballkostüms aus der Zeit Ludwig's XV. aufgeschlagen, dessen enge Corsage sich eben so gut für ihren schlanken hohen Wuchs eignen mochte, als der Puder für ihr reiches schönes Haar und den warmen brünetten Teint der Oberitalienerin. Es war eine Diana in Reifrock und Seidenstrümpfen, wie man sie früher auf den Festen zu Trianon gesehen hatte. Sie blätterte gedankenlos in dem Buche, beschaute sich Hunderte anderer Kostümbilder, vermochte aber keinem den Vorzug vor dem zuerst erwählten zu geben. Der Graf eilte hastig in's Zimmer herein und küßte ihr ehrerbietig die Hand.

„Was befiehlt meine Theure?" fragte er und ließ sich zärtlich neben ihr auf der Causeuse nieder, — „was trübt denn auf

einmal wieder die schönen Augen meiner Julie? Warum haben
Sie mich rufen lassen?"

„Sie sollen mich einer peinlichen Verlegenheit entreißen,
Hugo," gab die Gräfin zur Antwort und stemmte das feine
Köpfchen mißmuthig auf den runden weißen Arm. „Da bekomme ich vor einer Stunde erst die Kostüme vom Intendanten,
der mich um der Prinzessinnen E. und S. willen auf eine höchst
indelicate Weise hintan gesetzt hat. Ich sende zu meinem Schneider: er hat keine Minute mehr übrig, der ganze Hof hat seine
Wahl schon getroffen, und der arme Mann weist mir mit tausend Entschuldigungen nach, daß es ihm positive Unmöglichkeit
ist, noch einen Auftrag anzunehmen, selbst auf die Gefahr hin,
daß ich ihm meine Aufträge gänzlich entziehe. Zwar empfahl
er mir einige Collegen, allein die Veranlassung des improvisirten
Balles hat dieses Bürgervolk, das auch seinen Theil an den
Festlichkeiten nehmen will, so sehr übermüthig gemacht, daß Keiner
der Geschickteren in dieser Residenz den Auftrag ausführen will ...
das ist sehr, sehr ärgerlich!" ...

Ihre Entrüstung und Verstimmung war durch die Erwähnung ihrer vergeblich gemachten Schritte auf den höchsten Grad
gestiegen, und in den feinen Wimpern zitterte eine Thräne.

„Das Kostüm muß noch fertig werden," sagte der Graf; —
„man darf nicht beim ersten Versuch stehen bleiben; wir wollen
Geld versprechen, wollen in jede Forderung willigen, unser Patronat in der vornehmen Welt in Aussicht stellen — geben Sie
Acht, liebe Julie, das hilft gewiß!"

„Es führt zu keinem Resultat," erwiderte Julie fast weiner-
lich; — „ich habe Ihren Intendanten, meinen Kammerdiener,
Ihren Jäger in der kleinen Stadt herumgehetzt, ohne einen andern Bescheid zu erhalten. Einer dieser groben Menschen hatte

die Stirne, dem Kammerdiener zu sagen: seine Herrschaft möge sich
in diesem dringenden Falle nach Paris oder Wien wenden, von
wo sie ihren Bedarf beziehe; sie, die hiesigen Arbeiter, seyen
gegenwärtig ohnedieß schon Tag und Nacht beschäftigt!"

„Canaille!" murmelte der Graf ärgerlich vor sich hin; —
„geben wir darum die Hoffnung noch nicht auf, mein Engel!"
fuhr er lauter und tröstlich fort, — „das sind leere Ausflüchte,
mit welchen dieses Bürgervolk den Lohn seiner Mühe nur um
so höher steigern will. Sie müssen dieses Kostüm noch zur
rechten Zeit bekommen!"

„Ich bedarf es nicht mehr," sagte die Gräfin entschieden;
— „ich habe mich nun resignirt: ich besuche den Ball nicht, wir
schützen Krankheit, einen Trauerfall in der Familie oder etwas
Derartiges vor, und der Herr Intendant mag für seine kunstreich
ersonnene Quadrille eine andere Dame wählen, damit er von
seinem Mangel an Delicatesse recht schlagend überzeugt werde! —
Es steht fest, ich bleibe vom Balle weg."

„Nicht möglich, meine Theure!" rief Arnesco bittend und
faßte Juliens Hand zärtlich; — „Sie werden mir, meiner
Stellung, dem Herrscherhause zu Liebe, das ich hier vertrete, den
unwillkommenen Posten ausfüllen, den Sie einmal übernommen
haben . . ."

„Nimmermehr!" rief Julie entschieden, — „der Intendant
soll für seine Unart büßen; ich gehe nicht!"

Arnesco war in peinlicher Verlegenheit; er rückte unruhig
hin und her. — „Theure Julie, Sie werden mich nicht com-
promittiren wollen . . . Es wäre in der That auffallend, sehr auffallend, wenn Sie wegblieben . . . Sie kennen den schlüpfrigen
Boden nicht, auf dem ich hier in amtlicher Stellung wandle;
die Schritte des Erzherzogs E. um die Hand der Prinzessin haben

fehlgeschlagen; Sie selbst hatten die Hand mit im Spiele durch Ihre Verwendung bei der Gräfin Zackel, der Ehrendame der Prinzessin. Bleiben Sie nun bei den Vermählungs=Festlichkeiten weg, so wird man diesem höchst unschuldigen Schritte Motive unterlegen, welche den Erzherzog blosstellen und ridicul machen könnten!... Sie sehen, mein Engel, wie fatal dieses Dilemma nach allen Seiten hin für mich werden könnte. Soll ich den glänzenden Aussichten für die Zukunft um einer Ballrobe willen entsagen?... Soll ich die Ungnade meines Hofes ris= kiren?"...

„So schaffen Sie Rath, Hugo!" versetzte sie, leichter auf= athmend, denn sie schien nun erreicht zu haben, was sie beab= sichtigt hatte; — „ich bin so sehr begoutirt, daß ich zu jeder weiteren Negociation unfähig bin!"

„Ich werde sorgen!" sagte er; — „ich lasse Ihnen von einem hiesigen Schneider das Maas nehmen, und sende den Haushofmeister damit und mit einer Zeichnung Ihres Kostüms mit Postpferden nach der benachbarten Residenz, wo Paul nicht eher abreisen soll, als bis er seinen Zweck erreicht hat."

„Die Absicht ist gut, aber die Ausführung unmöglich," sagte Julie; — „das Alles wäre zu weitschichtig, zu schleppend für die kurze Zeit."

„So versuchen wir es hier noch einmal, setzen Drohungen, Geld, Versprechungen, kurz alle Triebfedern in Bewegung!"

„Es wird nichts helfen," gab die Gräfin zur Antwort; — „die Aeußerung dieses einen Bengels hat mich über Alles auf= geklärt. Wir sind hier nicht populär, weil wir unsere Luxus= Bedürfnisse von Paris und London beziehen, und uns dem ba= nalen Geschmacke dieser Kleinstädter nicht anvertrauen!"

„Sollte es denn so schwer seyn, dieses Kostüm zu ver=

fertigen?" sprach Arnesco und schaute es aufmerksam an; — „sollte eine weibliche Hand nicht eben so gut damit zu Stande kommen."

„Doch, doch," meinte Julie; „hätte ich die Senarclens, meine Kammerfrau, noch, so wäre mir geholfen; die Mädchen aber, die ich jetzt um mich habe, sammt Manon, sind Gänschen und hiezu am wenigsten zu gebrauchen!"

„So müssen wir einen Versuch machen, diese Schweizerin zu remplaciren!" sagte Arnesco; — „sie wird nicht unersetzlich seyn!... Halt!" rief er plötzlich, — „ich hab's, ich hab's!" Er rührte hastig die Klingel und rief nach Joseph, dem Lakai, der alsbald erschien.

„Erinnerst Du Dich der Wohnung jener Person, die mir vor einigen Wochen in einer schmutzigen Gasse, deren Namen ich vergessen habe, das Parapluie geliehen?... Gut; gehe hin und rufe die Tochter, die Blondine, hierher zur Gräfin; sag' ihr, wir hätten Aufträge für sie! Bringe sie sogleich hieher!"

Julie maß den Grafen mit verwunderten Blicken. Er war auf einmal fröhlich, und eilte an ihre Seite. „Es ist schon so gut als geholfen," sagte er; — „die Kleine hat Geschicklichkeit, sie wird meiner Empfehlung Ehre machen. Wir beschäftigen sie hier in einem der Domestikenzimmer, und können uns hernach darauf berufen, das Kostüm komme aus Paris — Niemand wird uns Lügen strafen können."

„Aber, erklären Sie mir doch, was das alles bedeutet!" bat Julie neugierig.

„Sprach ich nicht vor Kurzem auf der Heimfahrt vom Theater mit Ihnen von einem armen Mädchen, mit dem mich ein Zufall in Berührung gebracht, und das nahezu Veranlassung

zu einer Wette zwischen Baron Schrewnitz und mir gegeben? —
Sie ist's, auf die ich jetzt meine Hoffnung baue!"

Die Gräfin erinnerte sich nur dunkel: sie las zu viel ge-
druckte Romanen, um ein Gedächtniß zu haben für solch kleine
Episoden aus einem Lebensromane. Die Recapitulation von
jenem kleinen Abenteuer des Grafen aber amüsirte sie wenigstens,
so daß sie bis zur Rückkehr des Lakaien den Aerger über die
fast vereitelten Ballhoffnungen gänzlich überwunden hatte, und
unwillkürlich besondern Antheil an Albertinens Schicksale zu
nehmen begann.

Kaum eine Viertelstunde war vergangen, als der Kammerdiener der Gräfin ihr die Ankunft der Näheterin meldete und
die zitternde, in den Knieen schwankende, bald blaß werdende,
bald purpurroth erglühende Albertine einführte. Die balsamische
Luft des kleinen Salons, der reiche Schmuck der Blumentische,
die blinkenden Möbeln, die ungeheuren Spiegel, der Glanz der
Vergoldungen, des Krystalls, die weiche Elasticität der Teppiche,
welche das Geräusch ihrer Schritte erstickten, versetzten das arme
Mädchen gewissermaßen in einen kühnen, spielenden Traum, und
in der lieblichsten Verwirrung sah sie sich auf einmal dem Grafen
und der Gräfin gegenüber. Aber der wohlwollende freundliche
Empfang beider, die Herablassung der vornehmen Dame, welche
ihr sogar einen Stuhl anbot, das sichtbare Wohlgefallen, welches
die Dame über den ärmlichen und doch so reinlichen Aufzug
des Mädchens äußerte, ermuthigten sie einigermaßen.

Der Graf, als ein alter Bekannter, nahm zuerst das Wort;
er zeigte ihr das Bild und fragte sie, ob sie sich wohl fähig
fühle, dieses Kostüm für die Gräfin anzufertigen. Albertine betrach-
tete sich wechselweise das feinkolorirte Blatt und die tadellos
vollkommene Taille der Gräfin, und versicherte vertrauensvoll,

baß sie, trotz der ungewohnten Form, dennoch damit zu Stand zu kommen hoffe, zumal wenn man ihr eine Robe der gnädigen Frau zum Muster vorlege. In zwei bis drei Tagen solle, so glaube sie versprechen zu dürfen, Alles fertig seyn.

Die Gräfin lächelte ihr huldvoll zu, und der Graf wandte sich vergnügt an seine Gemahlin. — „Nun, meine Julie," flüsterte er, „sind Sie mit mir zufrieden?"

„Vollkommen," versetzte sie freundlichst, — „ich erwartete nichts anderes von Ihnen, lieber Hugo!"

„So wollen wir die Demoiselle gleich hier installiren," sagte er; — „wenn Sie das kleine Kabinett neben Ihrer Garderobe einräumen, werden Sie im Stande seyn, den Fortgang der Arbeit stets zu beaufsichtigen!

„Und meine Kammerfrau und die Jungfer können mit Hand anlegen!" entgegnete Julie fröhlich; — „Sie haben Recht, Hugo; es wird mir mehr Freude machen, wenn ich selbst bei der Verfertigung meines Kostüms interessirt bin." —

Einige Stunden später saß Albertine in einem schmalen hohen Zimmerchen, dessen Fenster auf den schönen, im lieblichsten Blumenflore prangenden Garten hinunterschaute. Auf den Tischen und Stühlen lagen Muster und Stoffe, Fransen, Tressen, Blonden, Spitzen, Mousseline und all die tausenderlei Flitter umher, welche das Kostüm einer Diana in Seidenstrümpfen und Reifrock zu bilden bestimmt waren. Die Vorbereitungen waren schon so weit getroffen, daß man nur beginnen durfte. Die Federn, die Attribute rc. brauchte Albertine nicht zu besorgen.

Ihr war wie im Traume; das Blut wogte in volleren rascheren Schlägen zum beengten Herzen, und erfüllte sie mit einem regen Drange, diesem Akt des Vertrauens von Seiten dieser liebevollen vornehmen Gönner zur besten Zufriedenheit zu

entsprechen. Unverweilt begann sie die Arbeit unter den Augen
der Gräfin und ihrer Kammerfrau, die sich bald überzeugten,
daß ihr die nöthige Geschicklichkeit nicht fehlte.

Eine angeborene Fertigkeit, eine instinktmäßige Geschicklichkeit ließ sie auf einen Blick den ganzen Umfang ihrer Aufgabe
begreifen, und da sie sich nicht sklavisch an das vorliegende Ur-
bild zu halten brauchte, versprach sie sich von den Zugaben ihres
eigenen Geschmackes eine wesentliche Verbesserung des glänzenden
Kostüms. Bald war der weitbauschige Rock von rosenrothem
schwerem Atlas gefertigt, mit den breiten Pointes d'Alençon und
Silberfranzen besetzt, durch Büschchen von grünem Atlas unter
Silberflor erhöht, und mit Schnürchen und Flittern in Gestalt
von Halbmonden und Hirschgeweihen geziert. Die Kammerfrau
und die anderen weiblichen Dienstboten mußten Hand anlegen,
und so ward das Werk rasch gefördert. Dann ging es an's
Mieder, das in eben dem Maaße lang werden mußte, wie der
Rock kurz war. Der Abend war schon eingebrochen, als sie es
begann, und erst jetzt gab sie der Aufforderung der Gräfin nach,
und ließ sich das Diner vorsetzen, das ihr in gleicher Schüssel-
zahl wie der Herrschaft aus dem naheliegenden Speisesaale
herübergebracht wurde. Vergebens protestirte sie gegen diese
lucullische Tafel: ihr Magen war den ganzen Tag über wahrlich
nicht zu kurz gekommen; erst Chokolade, dann ein Dejeuner von
feinen Fleischspeisen, eingemachten Früchten, leichten Pastetchen,
feinem weißen Wein aus Burgund, dann Obst — noch zu dieser
Jahreszeit — und das nannte man in diesem Hause Frühstück!
in dem der Mutter sah man zur Hauptmahlzeit kaum Fleisch.
Die Kammerfrau war eine lustige, gutmüthige Französin, die das
Deutsche auf eine horrible Weise radebrechte, und von dem
Appetit des armen Kindes ebenso belustigt, als von den leichten

Andeutungen Albertinens hinsichtlich der Armuth zu Hause gerührt wurde, und ihr gerade darum mit jedem neu aufgetra-
genen Gerichte dessen Wohlgeschmack mit den verführerischesten
Worten pries. Albertine war glücklich wie in einem Feenschloß,
und als ihr gar Mademoiselle Manon einen Kelch Champagner
zutrug und mit ihr anstieß, und der süße Feuerwein ihr in die
Adern überging, war sie anzuschauen, wie eine Knospe von
der Dijon-Rose, so blühend, so niedlich, so appetitlich. Sie
lächelte wie eine Selige, und doch waren ihre Wimpern feucht
vor Freude.

„Würden Sie wohl erlauben," fragte sie Mademoiselle
Manon schüchtern und verlegen, — „daß ich meiner Mutter das
Rippchen da, das so gut schmeckt, und den Kindern diese zwei
Bröbchen mitnehme?"

„Mon Dieu! erlauben?" rief die Französin lachend, packte
die noch vorhandenen Coteletten, Beefsteaks, eine Wachtel, einen
halben Kapaun und einige herrliche Schnitten von einer köstlich
duftenden, am Spieße gebratenen Schöpfenkeule in Papiere, und
leerte dann das Dessert in Albertinens Strohtasche; — „erlauben?! . . . Mon Dieu! die slette Volk von das Valetaille ver-
birbs mehr als es kann devorer. Es thut maken alle Tag
bonne chère, und Sie aben nix. Nehm Sie Alles mit nak
Haus, pêle-mêle. Ik werde spreken mit das Comtesse, daß
Madame votre mère soll toujours aben die permission, su hol
son pot-au-feu und andre Speiß aus unsre Küche."

„Ach wie gut Sie sind, Mamsell!" rief Tinchen gerührt; —
„der liebe Gott wird's Ihnen vergelten, was Sie an uns thun.
O nicht so viel! wir hätten am vierten Theil genug! Ach, Sie
sind zu gut!"

„Quoi-donc! Su gutt?" rief Manon; — „wir ab ier viel

su hesfen und maken bonne chère, und Sie abe nix, und müssen
assidûment travailler! Sie soll abe noch mehr; ik werde reden
su die Comtesse!"

„O thun Sie das nicht!" bat Tine; „es wäre unbescheiden
von mir, die gnädige Gräfin kennt mich ja noch gar nicht!"

Aber die Französin war nun schon im besten Zuge der
Wohlthätigkeit. Bah! meinte sie in ihrem Jargon und mit
ihren französischen Begriffen von Menschenrechten, — diese
reichen Leute haben ja Alles, warum sollte man sie nicht auch
in Anspruch nehmen zu Gunsten der Aermeren? Und da Albertine ihr hierin nicht beipflichtete, so suchte sie sie von der Wahrheit ihrer Behauptungen zu überzeugen, und fand Gelegenheit,
von ihrem Vaterlande zu reden, la belle France, und wenn eine
Französin einmal auf dieses Kapitel zu reden kommt, so ist sie
fast unerschöpflich. Albertine mußte die ganze Lebens- und Fa-
miliengeschichte der Demoiselle Manon hören; wie ihr Vater,
der natürlich Offizier de la grande armée gewesen und das
Kreuz der Ehrenlegion getragen, aus Kummer gestorben sey über
den Undank Frankreichs gegen den großen Kaiser, und sie als
eine arme Waise einer alten Verwandten in Besançon hinter-
lassen habe, die ihr aber zu fromm gewesen und sie recht ordentlich gedrangsalt habe mit wunderlichen Launen. Wie sie sodann
mit der Alten gebrochen und sich nach Paris begeben habe, wo
ihre bonne éducation ihr eine Stelle als Gouvernante bei einer
englischen Familie verschafft hatte, mit der sie halb Europa
durchreist, bis sie durch Kreuz- und Querzüge aller Art zur
Mutter ihrer gegenwärtigen Gebieterin nach Milano gekommen
und so beliebt geworden sey, daß sie sich noch jetzt als die rechte
Hand der Gräfin betrachten dürfe. Und wie die Finger der
Frauenzimmer gerade um so rüstiger gehen, wenn das Zünglein

recht im Zuge ist, so ward von den beiden ein tüchtiges Stück
Arbeit überwunden, bis die Gräfin um zehn Uhr aus dem Concerte zurückkehrte, und sammt dem Gemahl hereinkam, den Fortgang der Arbeit zu besichtigen.

Gräfin Julie war höchst zufrieden, und das beredte Lob der
Französin stimmte sie noch mehr zu Gunsten Albertinens, welche
sie wiederholt ihrer besondern Erkenntlichkeit versicherte. Ja sie
that noch mehr: sie willigte nicht nur unbedingt in die von
Mamsell Manon vorgebrachte Bitte wegen der Küchenbrocken,
sondern beschenkte Tinchen noch eigenhändig mit einigen Thalern
auf Abschlag, und sandte ihr von ihrem eigenen Thee in einer
prächtigen Tasse von Sèvres-Porzellan. Der Graf wechselte
ebenfalls ein paar freundliche Worte mit der armen Arbeiterin,
und ermahnte sie nach Hause zu gehen und der Nachtruhe zu
pflegen. Allein Albertine hatte keine Ruhe, bis wenigstens das
Mieder in Faden gelegt war, um von der Gräfin probirt werden zu können.

Endlich war sie so weit gekommen, und Mitternacht war
schon vorüber. Die fleißige Nähterin fühlte gar kein Bedürfniß
nach Schlaf, so sehr erhielten das Glück, die Freude, die Hoffnung ihre Lebensgeister rege. Die ganze Nacht hätte sie gerne
so fortgearbeitet, allein Mamsell Manon drängte sie selbst zum
Schlafengehen, indem sie ihr das eigene Bett anbot und sich auf
dem Divan betten wollte. Allein Albertine lehnte es ab; was
würde die Mutter denken, wenn sie über Nacht ausbliebe! So
rüstete sie sich denn zum Weggehen, zog das leichte Halstuch fest
um den Nacken, denn die trüben Fenster verkündeten eine frische
Nacht, und nahm die speisegefüllte Strohtasche.

„Aber warum nehm Sie das Ut nicht auf die Koss?“ fragte
Manon; — „es hist kalt en dehors!“

„Hut?" fragte Tine; „ich habe keinen Hut; das wäre über meinen Stand!"

Manon lachte halb mitleidig halb spöttisch über diese Bescheidenheit. „Aber warum trag Sie keine warme châle?" fuhr sie fort, — „Sie aben da eine mesquine châle und keine Andschuh!" Halb verlegen gestand Tinchen, daß sie kein anderes Tuch und gar keine Handschuhe habe.

„Sapristi!" sagte Manon, „Sie seyn harm, pauvre comme un taupe. Allez-donc, ich will Sie ein besser Châle geben!" Und damit zog sie das Mädchen in ihr hübsches kleines Zimmer, öffnete einen Schrank, der vollgestopft war mit einer stattlichen Garderobe, und schenkte ihr einen warmen schönen Cabyle-Shawl, der einst sogar — aber freilich um etliche Jahre rückwärts — der Gräfin Schultern geziert hatte, zog aus dem Schublädchen ihres Toilette-Tisches eine Handvoll duftender Glacéhandschuhe, und entschuldigte sich mit der Nacht und der späten Stunde, daß sie die Toilette des Mädchens nicht mehr vervollständigen könne, was sie übrigens am folgenden Tage nachzuholen versprach.

Dankend entfernte sich Albertine; glücklich wie eine Braut, stolz wie eine Königin, leichtfüßig wie ein junges Reh eilte sie durch die dunkeln Gassen nach Hause. Frau Meyer saß nickend am Spinnrädchen, und hatte sich voll Galle auf eine derbe Strafpredigt für Albertine gerüstet; aber die mitgebrachten Thaler der Gräfin, die Speisereste, die Flasche Rheinwein, welche Mamsell Manon der Tochter noch zugesteckt hatte, und endlich die langathmige Erzählung der seltsamen, fast märchenhaft klingenden Erlebnisse dieses einen Tages — alldieß zusammen machte das alte Weib fast wortlos vor Erstaunen, versöhnlicheren Grundsätzen zugänglich und endlich sogar so zärtlich gegen Albertinen,

als es ihre rauhe, barsche und ungelenke Weise nur irgend zu-
ließ. Die Eröffnungen der Tochter bereiteten der Mutter gewiß
einen eben so süßen Schlaf, als der Albertinens war, da sie
endlich das dämmernde hoffnungsvolle Sinnen hinsichtlich der
Versprechungen der Französin mit einem gesunden Schlummer
vertauschte, worin ihr ein neckischer Gott die schönsten Kleider
und sogar ein fast unerreichbar gewähntes Ziel ihrer stillen
Wünsche — einen Hut — bescheerte.

Fünftes Kapitel.

Die hohen Gönner.

Die ersten Sonnenstrahlen stahlen sich kaum durch die Ritzen der Dachziegel in die elende Bodenkammer, als unsre hübsche Nähterin bereits wieder wach war und in ein angenehmes Druseln verloren, beim Gezwitscher der Sperlinge, die um den Giebel lärmten, die verlockendsten Luftschlösser für den kommenden Tag, ja für eine ganze Zukunft baute. Die hoffnungsvolle Unruhe scheuchte sie jedoch bald vom Bette auf; mit besonderer Sorgfalt ordnete sie heute das reiche Haar, legte ihr schönstes Kleid an — was freilich nicht viel heißen wollte, denn es war ein leichter verwaschener weißblauer Kattun, — zog sogar, ein großer Luxus! eine violette Seidencravatte an, die zu dem weißen Teint und den blonden Haaren wunderhübsch paßte, und beäugelte sich, den blau, schwarz und weiß gestreiften Kabyle-Shawl um die Schulter, vor dem kleinen trüben Spiegel am Fenster mit jenem Wohlgefallen, jener unschuldigen Koketterie, deren sich keine

Coastochter erwehren kann, wenn sie ein neues Kleidungsstück anprobirt, und den Einklang desselben mit Teint und Wuchs, sowie sein Verhältniß zur äußern Erscheinung überhaupt vergleicht. In diesem Beginnen störte und belauschte sie Niemand, denn der Bruder war schon fort an die Arbeit, und die Mutter schlief noch drunten die halbgeleerte Flasche starken Rheinweins aus.

Frisch wie eine Rosenknospe im Morgenthau verließ sie das Haus; seltsam, daß sie sich noch auf der Schwelle über einem scheuen verlegenen Seitenblicke ertappte, den sie auf die Fenster der gegenüberliegenden Werkstatt warf, deren Fenster jedoch verschlossene Läden zeigten. Noch seltsamer ferner war es, daß sie, als sie unten am Gäßchen auf den Platz ausbiegen wollte, fast mit einem jungen Manne zusammenstieß, der kein Anderer war, als — wer denkt Ihr wohl? — kein Anderer, als der junge Deklamator und Dichter gegenüber, Franz Lücke aus Hamburg. Verlegen standen sich Beide gegenüber, wie Personen, die fast an einander angeprallt sind, und nun einander beschauen, und wenn sie sich ausweichen wollen, fast wiederum an einander stoßen, weil beide dieselbe Richtung einschlagen. Albertine stammelte, bis in's Weiße der Augen erröthend, ein „Verzeihen Sie!" Er sprach es mechanisch nach, und lüftete den Hut, einen höflichen „Guten Tag!" darauf setzend. Dann schauten sie sich wieder einige Sekunden an, und wichen einander aus. Wie aber Tinchen nach etlichen Schritten umschaute, sah sie den jungen Mann ebenfalls stille stehen und ihr nachblicken, und abermals erröthend hüpfte sie weiter. Ihr flüchtiger Blick hatte ihr hinlänglich gezeigt, daß er ein sehr hübscher Mann war, und besser gekleidet als seine Gewerbsgenossen. Seine Manieren hatten etwas Gewandtes, das auf Bildung deutete, wie

er benn mit seinem niebern breitkrämpigen Hute, dem langen
Haar und kurzen Rocke, dem Barte à la Henri VI. und dem
stolzen lecken Gange eher einem Studenten oder Maler glich.

Er dagegen gestand sich unwillkürlich, die Nachbarin sey ein
sehr hübsches Kind, ja ein recht schönes Kind, das unter dem
Widerschein der inneren Glückseligkeit und in dem holden Er-
glühen der Schaamröthe doppelt reizend erscheine. Die frühe
Stunde, zu der sie schon ausging, sprach für ihren Fleiß, —
eine Tugend mehr in den Augen eines Arbeiters, — und er
bog erst um die Ecke, als auch sie hinter dem Chor der nahen
Kirche verschwunden war. Die frühe Begegnung erfüllte Beide
mit Gedanken an einander, und wollte Eines wie das Andere
überreden, daß darin gerade irgend eine Schicksalsfügung liege.
Ein gesunder redlicher Sinn bedarf immer des Glaubens, sey
er nun Aber- oder Ueberglauben, welche Beide am Ende doch
— genau betrachtet — eines und dasselbe sind.

Im gräflichen Palais war Alles noch wie ausgestorben,
und nur nach langem Pochen an der Domestiken-Pforte erschien
der Schweizer schlaftrunken, um zu öffnen, und ließ sich höchstens
durch die liebliche Erscheinung in etwas für den unterbrochenen
Schlaf versöhnen. Eiligst stieg Albertine die Treppe hinan,
suchte das kleine Kabinet, und arbeitete rüstig an dem schönen
Mieder von prächtigem Silberbrocard weiter, so daß sie weit
kommen konnte, bevor es im Hause rege ward.

Wie nun das Mädchen so stille arbeitend dasaß in dem
kleinen, ostwärts gelegenen Stübchen, welches die freundlichste
Frühsonne mit flüssigem Luftgolde durchwob, gingen allerhand
stumme Betrachtungen und stille Gedanken durch das kleine
Köpfchen. Ein solches Hauswesen und Leben waren Albertinen
eine neue Welt. Um die Stunde, wo daheim in ihrem Gäßchen

schon Alles voll Regsamkeit und Thätigkeit war, herrschte hier noch tiefe Ruhe. Endlich schienen die Leute von dem Stall zu erwachen, und holten Wasser zur Tränke am Brunnen des Hofes, im tiefsten Negligé, mit den klappernden Holzschuhen an den Füßen; dann wurden die aalglatten englischen Pferde mit den feinen Hirschfüßen und den langen stolzen Hälsen herausgeführt und geputzt, und das Plaudern und Lachen der englischen Stalljungen, das Kommando des wohlbeleibten Kutschers, der vom Fenster oben im Schlafrocke seine Befehle ertheilte, schien jetzt erst die Mägde und Weiber in dem gegenüberliegenden kleinen Seitenbau zu wecken. Da und dort ward ein Laden geöffnet, und eine träge Dirne zog gähnend und sich reckend die Nachtmütze herunter und strählte sich das Haar. Eine Kuppel Hunde von verschiedenen Racen, vom hochbeinigen Solofänger herab bis zum kleinen schwarzen Dachshunde schnoberte im Hofe herum; ein zottiger Pony aus Schottland nagte das dürftige Gras von der Mauer. Ein Lakai scheuerte Teppiche, Mägde eilten in die Küche, oder polterten auf den Treppen und in den Corridors. — Ach! dachte Albertine, — wie viele Menschen dienen hier dem Bedürfnisse und den Launen von Zweien ihrer Mitmenschen! — Und es fiel ihr auf, daß Mamsell Manon doch eigentlich nicht so ganz unrecht habe, wenn sie solch reichen Leuten die Verpflichtung beimesse, auch für ihre ärmeren Brüder etwas zu thun. Du lieber Gott! was dem Grafen so ein einziger Faullenzer kostete, das reichte ja zum Unterhalte einer ganzen zahlreichen Familie aus dem Volke hin.

Diesen Ideengang störte endlich die Erscheinung der runden Mamsell Manon, die fast erschrack, als sie Albertinen schon hier erblickte. „Mon Dieu!" sagte sie, — „Sie aben ja gar niy geschlaf, mon enfant! Sie seyn sehr thörig, schon su komm!

Ah, Diable! Sie ab' schon gemalt der ganze Corsage, und abe
nol nit geabt ein Frühstück! Ah ça, Christin, Dorothea! bring'
Sie Kaffee für Mademoiselle!"

Die gutmüthige Mamsell wollte nichts davon hören, daß
Tinchen fast noch von gestern satt sey, sondern freute sich herzlich
über den Fleiß der Kleinen, und musterte sie mit besonderem
Wohlgefallen.

„Que vous êtes jolie, ma petite!" sagte sie und fuhr
mit der Hand über die glänzenden blonden Flechten; „wer hat
gemacht Ihre Haar? Sie seyn très-favorablement coiffé. Wenn
Sie kann mach mir auch solche Aar, soll Sie bleiben bei uns
im Hause. Die Christin ist ein mechante virago, die mich
rupft sehr toujours! Sie muß fort, cette diable de femme!"

Tinchen meinte lachend, es käme nur auf einen Versuch an,
um zu sehen, ob sie dieser Stellung nicht gewachsen seye, und
begleitete Manon hinüber, wo sie der Bequemlichkeit-liebenden
Kammerfrau gerne den verlangten Dienst leistete. Dafür erfüllte
diese auch das Versprechen, das sie gestern wegen der Garderobe
dem Mädchen gegeben, und beschenkte sie mit einem halben
Dutzend Roben von wollenen und halbseidenen Stoffen, deren
Muster und Farbe nach Manon's Ansicht nicht mehr modern
genug waren. Du liebe Zeit! das war für sie eine Kleinigkeit;
hatte sie ja doch gewissermaßen ein Heimfallsrecht auf die sämmt-
liche abgängige Garderobe der freigebigen eleganten Gräfin,
deren Garderobe so häufig wechselte, daß Manon kaum die Roben
aus Seiden- und andern kostbaren Stoffen anschlug, die sie durch
Zwischenagenten wieder in die Hände des leonischen Adels und
derjenigen Klassen zu bringen mußte, in welchen zwar Lust
und Freude an Kleiderprunk und Flitterstaat, nicht aber die
Mittel dazu vorhanden sind. Thränen glänzten in den Augen

der reich Beschenkten, als sie sich für Dinge bedankte, die, wie Manon versicherte, nur den Raum in deren Schränken versperrten.

Die Sonne stieg höher, und die Zeit nahte, wo das Erwachen der Gräfin Manon zu dieser rief. Albertine war wieder allein mit ihrem übervollen Herzen, und hatte Mühe, das Weinen zurückzuhalten, damit die heißen Tropfen nicht den kostbaren Stoff unter ihren Händen beschmutzten. Den reichsten Segen des Himmels flehte sie im Stillen auf die Gräfin und die gute Manon herab, welche — seit langen Jahren im Ueberflusse schwelgend, denn die muntre Kammerfrau mochte trotz des verjüngenden Embonpoint immerhin den Vierzigen sehr nahe seyn — gar nicht begreifen konnte, wie man um ein paar solcher alten Fahnen willen in Albertinens Extase kommen könne.

Das Schlaraffenleben von gestern hob für Tinchen heute von Neuem an; die mit ihrer Arbeit zufriedene Gräfin sandte ihr abermals den Abhub des Dejeuner und Manon fügte noch ein paar weitere Leckerbissen hinzu. Wem der Hunger und Mangel vertraut sind, den versetzt ein gutes reichliches Mahl halb in den Himmel, und unter Weibern, Reisenden und Glücklichen ist ein Vertrautwerden bald hergestellt. So kam es denn, daß, als Manon wieder bei Albertinen saß, sie bald das Bedürfniß eines Austausches ebenso lebhaft fühlte als die Kleine; Albertine war überaus glücklich über so unverhoffte Freigebigkeit, Manon dagegen über die Unterbrechung, welche der Verkehr mit Albertinen in die Langeweile ihrer sonstigen Existenz brachte, denn der Umgang mit dem naivén Mädchen, das noch so gar arglos und unbekannt mit den Genüssen des Reichthums und Luxus war, däuchte ihr eine angenehmere Zerstreuung, als die Lecture der Romane, die sie auf die Länge anwiderte.

Zudem hatte sie ein kleines Geheimniß auf dem Herzen, in welches sie Albertinen einweihen wollte; sie hatte keine Freundin, keinen Umgang; zu bequem, um solche zu suchen, war sie hinwiederum zu launenhaft, um die etwa gewonnenen zu erhalten, und doch hatte sie nie einer solcher mehr bedurft, als eben jetzt zu ihrem geheimen Vorhaben. Und worin bestund dieß nun? Wir haben schon oben erwähnt, daß der Hof zur Feier der Vermählung der Prinzessin einen Maskenball im Opernsaale geben wollte, wozu der Zutritt gegen leicht zu verschaffende Karten freistund. Diesen nun zu besuchen, war längst Manon's heißer Wunsch; aber sie fand es weder schicklich noch räthlich, allein hinzugehen, und war in Verlegenheit um eine Gefährtin, vielleicht noch mehr um einen Gefährten, da sie sich mit der Hausdienerschaft und deren Sippschaft nicht abgeben wollte und durfte; und zuverlässig ist, daß in der „großen Welt unter der Treppe," d. h. unter der Dienerschaft vornehmer Häuser, die Convenienz ebenso gut ihre concentrischen Kreise zieht, wie in der geselligen Welt — daß nämlich unter sothaner Dienerschaft eben so viel Abstufungen stattfinden, und eben so streng auf das Ceremoniell gesehen wird, als unter den courfähigen Personen eines kleinen Hofes.

Um nun dieser doppelten Verlegenheit um Begleitung und männlichen Schutz auf einmal abzuhelfen, verlangte Mademoiselle Manon von Albertinen, sie solle eine männliche Kleidung anlegen und versprach ihr, aus der Garderobe des Grafen das Kostüm eines Figaro, oder eines ungarischen Magnaten oder eines Bojaren zu besorgen, je nachdem sie zum Einen oder zum Andern Lust zeige; Albertine sollte sodann den Cavalier Manon's vorstellen, und sie Beide wollten zusammen sich einen recht lustigen Abend machen.

Albertine belachte anfänglich den Vorschlag, aber allmählig und bei reiferem Nachdenken ward sie ernster; ihr weibliches Schamgefühl sträubte sich gegen die Vermummung, und doch lockte einerseits sie die kindische Neugier mächtig, und verbot ihr auf der andern die Rücksicht auf Manon, deren Gönnerschaft sie nicht verlieren wollte, ein entschiedenes Ablehnen.

„Aber ich kann ja nicht tanzen?" wandte sie endlich ein.

„Thut nix," sagte Manon, — „ik will nit tanz, ik will aben eine spectacle von die grand monde, und will mir divertir durk viele plaisanteries!"

„Aber, sehen Sie, Mamsell Manon," entgegnete Tine verlegen, — „es müßte doch komisch aussehen, wenn ich so in Männerkleidern neben Ihnen herginge!"

„Oui da," sagte Manon lachend, — „Sie abe die Air, su begleiten bonne Manon auf das bal masqué! — Sag Sie mir nur eine Cavalier für uns zwei, und Sie soll geh mit mir en dame."

Albertinen lag der Gedanke an ihren Bruder Fritz jetzt nahe, allein sie wagte nicht, ihn zu empfehlen. Wie hätte sich der Bengel ausgenommen neben der feinen koketten Französin! Er war und blieb ein ungeschlachteter tölpischer Handwerksbursch, den der Bauer stündlich in den Nacken schlug. Im Stillen hatte sie freilich einen Begleiter auf dem Korn, den unsere Leserinnen bereits errathen haben werden, den jungen Buchdrucker nämlich, ihr Gegenüber aus der Lazareth-Straße aber, du liebe Zeit, wie sollte man dem landfremden Menschen beikommen. Die Mamsell Melchus wäre da sicherlich eine geschickte Unterhändlerin gewesen, aber mit ihr hatte es Tinchen damals so verdorben, daß die Alte sich nicht mehr heran getraute, und sie selber war fast zu stolz, dem alten Weib freiwillig entgegen zu kommen.

„Ach," seufzte sie halblaut, als der Dienst Mamsell Manon nach ihrem Zwiegespräch auf eine Weile entfernte, — „wenn er es nur wüßte! Er wäre hübsch genug, daß sich selbst die Mamsell nicht an ihm zu schämen hätte! Wenn man ihm die schönen Kleider gäbe, wäre er von einem vornehmen Herrn nicht mehr zu unterscheiden!"

Der Mensch denkt, Gott lenkt! Während Albertine im Stillen an den jungen Nachbar dachte, hätten ihr beinahe die Ohren klingen sollen, da er so eben auch mit ihr beschäftigt und in seinen Entschlüssen etwas weiter gekommen war als sie. Wie das zugegangen, wird der nächste Abschnitt erklären.

Sechstes Kapitel.

— — · · — · · —

Der Versucher naht sich.

Baron Schrewnitz war noch Junggesell, obwohl ein Mann in den Fünfzigen. Er mußte ungeheuer reich seyn, denn er erlaubte sich großen Aufwand für Gemälde, für ein Ameublement das das schönste der Stadt war, für Sammlungen von Waffen, Kupferstichen, türkischen Pfeifen, Curiositäten und Kunstgegenständen aller Art; er hatte einen feinen Kunstsinn und einen reinen Geschmack in allen Dingen, wo es sich um ästhetisches Gefühl oder Anschauung handelte. Woher aber die reichen Einkünfte kamen, wußte Niemand; kaum kannte man seine Herkunft, sein Vaterland; wenn man ihn erzählen hörte, hatte er schon alle Hauptstädte Europa's besucht und durch längern Aufenthalt kennen gelernt. Ueberall war er mit der besten Gesellschaft in Berührung gekommen, und doch schien sich Niemand von derselben des Umgangs dieses wirklich geistreichen Mannes rühmen oder darin behaglich finden zu wollen, und man erinnerte sich seiner nur so oben hin, wie eines Menschen, den man zwar

kennen muß, aber möglichst ferne halten will. In frühern
Zeiten hätte der reiche Baron Schrewniß, dessen ungewöhnliche
reiche Hülfsquellen nicht für jedermanns Augen zugänglich
waren, vermuthlich für einen Goldmacher gegolten, der seine
Seele um vielen Mammon dem Teufel verschrieben; weil aber
ein solcher Köhlerglaube heutzutage nicht mehr gäng und gäbe
ist, schrieb man seine Hülfsquellen einer andern geheimnißvollen
Ursache zu, und nannte ihn fast unumwunden den geheimen
Agenten einer großen nordischen Macht, einen vornehmen russischen Mouchard.

Ohne uns auf eine Zerlegung oder Widerlegung dieser
Gerüchte einzulassen, sagen wir nur, daß diese Annahme einige
Unterstützung fand, wenn man die Physiognomie des Barons
einer nähern Prüfung oder Beobachtung unterwarf. Auf diesen
schroffen, widerlichen Zügen hatten alle Leidenschaften ihre Fur-
chen eingewühlt, und aus dem Auge sprach neben einem pene-
tranten Verstande ein schneidender Hohn, dem sicher nichts zu
heilig war, und eine kalte stolze Menschenverachtung, die sich
gerne im Spiele eines kaustischen Witzes oder in den Kraftaus-
brücken eines ungemessenen Skepticismus Luft machte. Darum
beugte sich der Bürger zwar vor dem Geld, der Vornehmere
vor dem Talent dieses modernen Mephistopheles, aber jene er-
habenern Gefühle der Hochachtung und Liebe wußte er Niemanden einzuflößen. Sein Wesen hatte für alle die ihn näher kannten, beinahe etwas Dämonisches.

Dieser Baron nun war zugleich auch Schriftsteller; seine
vielseitigen Kenntnisse, die er durch eifrige Lektüre stets auf der
Mittagshöhe der wissenschaftlichen Forschung zu erhalten wußte,
sein lebendiger Geist verlangten gebieterisch einen Weg der
Aeußerung, einen Abzugskanal, und nur darum — nicht etwa

aus Ehrgeiz oder des Honorars wegen — griff Schrewnitz zur
Feder. Was dieser seitdem entflossen war, trug das Gepräge
tiefster Originalität, höchst eigenthümlicher Anschauungsweise und
eines durchbringenden Scharfsinns: ein Werk über Kochkunst war
so angenehm und geistreich wie etliche Forschungen über den
englischen Baumeister Wren, und seine archäologischen Studien
entzückten den Forscher ebenso sehr durch ihre Gründlichkeit und
die Wahrscheinlichkeit der Hypothesen, als den Weltmann durch
ihren glatten Styl und ihre feine Auffassung sittlichen Lebens
der Vorzeit.

Eben jetzt schrieb der Baron ein äußerst wichtiges umfang-
reiches Werk über die sogenannte umbrische Schule der italienischen Malerei, d. h. über die Vorgänger Perugino's und Ra-
fael's, und ließ es mit seltenem Luxus als Manuscript drucken,
das er nur Bibliotheken und berühmten Gelehrten als Zeichen
seiner Hochachtung zusandte. Wie alle Männer von Geist und
Genie, hatte auch der Baron gewisse originelle Züge, die sich
sogar in unbedeutenden Dingen geltend machten, z. B. seine
eigene Orthographie und mancherlei kleine Launen in literarischen
Dingen, an welchen er mit eiserner Hartnäckigkeit festhielt, und
wodurch er ein wahrer Quälgeist für die Buchdrucker wurde,
welche mit seinen Werken zu thun hatten.

Ein Zufall hatte gewollt, daß gerade Franz Lücke endlich
nach vielen Andern mit dem Baron zu thun bekam, und dieser
zum ersten Mal in ihm einen Menschen fand, der ihn begriff
und die häufigen lateinischen, griechischen und italienischen Ci-
tate verstand, auf welche der Autor seine Monographie baute.
Schrewnitz zeigte daher auch gegen den jungen Buchdrucker
etwas mehr Wohlwollen, als er sonst gegen niedriger Gestellte an
den Tag legte, und übte hie und da gegen ihn jene Freigebig-

teit des Reichen aus, welche mehr dem Egoismus als dem Mitgefühl entspringt. Für ihn jedoch, der nirgends eine Gelegenheit verabsäumte, Charaktere zu studiren und seine Menschenkenntniß zu vermehren, blieb der junge Buchdrucker immer eine
interessante Erscheinung; es lag in dem Aeußern des jungen
Mannes etwas, das über seinen Stand hinaus deutete; er verrieth eine sorgfältige klassische Bildung und gefällige Manieren,
welche mit seinem Gewerbe und seiner Umgebung kaum im Ein-
klange standen. Seine Sprache war gewählt und freimüthig,
und von jener gesunden Kraft inspirirt, die den edleren Kern
des Volks in innerem und äußerem Leben bildet.

Gerade diesen Morgen riefen Geschäfte unsern jungen Bekannten zu dem Baron. Dieser lag in einem kleinen Salon
auf seinem Divan, in einem türkischen Schlafrock, auf einem
persischen Teppiche, die kostbare Bernsteinspitze einer orientali-
schen Wasserpfeife im Munde. Das ganze Gemach war mit
orientalischem Luxus möblirt; die Rückenwand entlang liefen
Bücherschränke in Gestalt einer maurischen Gallerie mit Huf-
eisenbögen, deren Bänderreihen schwere Seidenvorhänge verhüll-
ten. Die beiden Seitenwände entlang zogen sich Divans mit
kleinen Tischchen davor, worauf schön gebundene Bücher neben
prachtvollen Waffen lagen. Die Fenster und eine Thüre führten auf einen Balkon, der in den Garten hinunterschaute, und
an einem dieser Fenster stand der Schreibtisch des Barons, an
welchem er seine Morgen zu verbringen pflegte. Selten erlaubte
er jemanden den Zutritt in dieses kleine Heiligthum, allein gerade heute war Schrewniß besonders gut disponirt, weil eine
Einladung des Erbprinzen zu einem petit souper seinem Ehrgeiz sehr geschmeichelt hatte. Er legte seine Journale beiseite
und winkte dem jungen Mann, auf einem Tabouret Platz zu

nehmen, das vor dem Tischchen stand, dann warf er ihm eine Cigarre zu und deutete auf die Zündmaschine und den Wachs= stock. Dieß war jedesmal eine Einladung zu einem Plauder= stündchen, während dessen Schrewnitz auch dem behutsamsten seine innersten Geheimnisse abgelauscht hätte.

„Wie gefällt Ihnen mein Werk im Ganzen?" fragte Schrewnitz, als er den geschäftlichen Theil des Besuchs erledigt hatte; — „verstehen Sie es? finden Sie es unterhaltend? Rund heraus mit der Farbe, mir liegt am Urtheil eines unbe= fangenen Laien oft mehr als an dem eines Fachgelehrten."

Der junge Mann rückte verlegen auf dem Stuhl. — „Ich verstehe mich nicht darauf," stotterte er, — „ich weiß nicht, ob meine Ansicht überhaupt etwas taugt! Ich glaube, daß das Werk ausgezeichnet gründlich ist!"

„Banale Phrasen!" sagte Schrewnitz rauh, und schaute ihn mit seinen stechenden Augen fest an; — „ich brauche Ihre nichts= sagenden Complimente nicht; ich will ein Urtheil. Traue ich Ihnen die Fähigkeit eines solchen zu, so ehren Sie mein Ver= trauen durch Offenheit! Reden Sie ohne alle Rücksichten!"

„Nun denn, Herr Baron!" versetzte Lücke rasch, und mit einer flüchtigen Wolke des Unmuths, — „wenn ich benn reden soll: mir will Ihr Werk nicht recht gefallen. Da steckt eine Masse Stoff in den biographischen Einzelheiten, in ermüdenden Be= schreibungen der Gemälde der alten Meister, aus denen niemand so klar werden kann, als aus der schlechtesten Lithographie, die ihm nur die Umrisse gibt. Ein ganzes Wörterbuch ist erschöpft in der Schilderung der Farbenpracht und der edlen erhabenen Einfalt der Gestalten in den Gemälden Perugino's, und das Alles reicht doch lange nicht hin, diese Gemälde Einem anschau= lich zu machen, der sie noch nie gesehen hat. Ich hätte gesagt,

so ein Gemälde ist wärmer im Colorit, feuriger in den Farben-
übergängen und milder in der Harmonie des Ganzen, als wenn
es ganz aus buntem Glas zusammengesetzt wäre, durch welches
eine warme Abendsonne durchscheint. Und von der Zeichnung
dieser Meister hätte ich statt aller trockenen Analyse gesagt: die
Einfalt dieser Phantasie des Künstlers ist so erhaben, fromm
und erbaulich, daß man sieht, er wollte jenen Ausdruck der Tra-
dition wiedergeben, den uns Aristoteles in zwei Worten schil-
dert, — jenes 'Ενθεόν τι der alten Götterbilder!" . . .

Der Baron, dessen anfangs finstere Züge ein sarcastisches
Lächeln immer mehr aufgeklärt hatte, brach jetzt in lautes Lachen
aus. — „Bravo, Herr Recensent! gut gemacht, und zudem ziem-
lich wahr. Aber wie zum Henker kennen Sie denn Perugino's
Gemälde und wie kommt ein Buchdrucker-Gesell und der große
Aristoteles zusammen?"

„Ich habe in Siena, Florenz und Ravenna gearbeitet und
die Meisterwerke der alten italienischen Malerei an der Quelle
gesehen," versetzte Lücke bescheiden; — „zudem lebt man als
denkender Mensch und als fühlender Jüngling nicht leicht in
Italien, ohne auch mit der Vergangenheit dieses Landes sich bekannt zu machen, und da schaut man sich das ganze todte und
lebendige Leben doch anders an, als manche von den deutschen
und englischen Wanderschwalben, die in der Anschauung nur
einen Commentar zu ihren Reisehandbüchern wollen. Was aber
den Aristoteles anbelangt, so habe ich ihn gesetzt, und da ich
fast bis zu den Universitätsstudien gediehen bin, auch so ziemlich
verstanden, so weit er nämlich für mich an der Straße lag."

„Schon gut, schon gut!" sagte Schrewnitz, der nichts bewundern wollte; — „nun spinnen Sie die Recension weiter

fort! ich sehe Ihnen an, daß Sie noch mehr auf dem Herzen haben."

„Allerdings," versetzte Lücke, und sein Muth wuchs; — „wenn man ein Werk wie das Ihrige in die Hand nimmt, erwartet man interessante Aufschlüsse über das politische und geistige Leben einer Kunstepoche zu finden, die sich in ihren Bauwerken und Gemälden gewissermaßen geschichtliche Monumente gesetzt hat. Der Künstler und seine Mitwelt sind unzertrennlich mit dem Kunstwerke verwachsen; nun findet man in ihrem Werke ein überreiches biographisches Material, fast noch reicher als in Vasari und Lanzi, aber der Spiegel der Zeit wird uns nicht vorgehalten, in welcher jene Schätze entstanden, und dadurch leidet das Werk an einer Einseitigkeit, die ihm schadet. Sonst weiß ich nichts zu tadeln, denn im Besondern fehlen mir die Kenntnisse!"

Der Baron schaute ihn forschend an, und schwieg eine Weile. „Ich bin Ihnen dankbar für Ihre Offenheit," sagte er; „ich habe mir neuerdings dasselbe gesagt, und gratulire Ihnen zu diesem richtigen Urtheil. Indessen wünsche ich von Ihnen auch in anderer Beziehung Offenheit. Sie sind entweder nicht, was Sie seyn wollen, oder Sie waren nicht zu dem bestimmt, was Sie sind."

„Das Letztere trifft zu, gnädigster Herr!" versetzte Lücke; — „ich bin ein Hamburger Waisenkind, aber ein freundlicher Lehrer, dessen Andenken ich segne, verschaffte mir durch seine Fürsprache eine Freistelle an unserem berühmten Gymnasium: er gewann mir Gönner, welche mir die Mittel zum akademischen Studium geboten hätten, allein er und meine anderen Gönner starben, bevor ich dies Ziel erreichte, und mein Vormund, ein ehrenfester Hamburger Hundertachtziger, steckte mich bei seinem Bruder in

die Lehre, und machte mich zum Buchdrucker. In der Lehre
widerte mich schon mein Beruf an, der mich auf ewig zum Proletariat verdammte, weil beinahe bei keinem Gewerbe größere
Mittel zu Erzielung einer Selbstständigkeit gehören, als bei dem
unsrigen, und da setzte ich denn, soweit es meine Armuth erlaubte, die begonnenen Studien fort, und wiegte mich mit schönen Hoffnungen für die Zukunft ein. Ich hatte mir einen recht
stattlichen Traum ausgesonnen, wie ich nach Beendigung meiner
Lehrzeit dennoch meine Studien fortsetzen und dann die Welt
sehen, und mich bei alledem noch durch meiner Hände Arbeit
ernähren wolle, bis mir die Gunst des Augenblicks oder gedul-
diges Zuwarten eine Pfarrstelle bescheere, denn darnach hatte ich
von jeher gestrebt. Aber diese Illusion hat sich niemals ver-
wirklichen lassen. Kaum stand ich nach meiner Lehrzeit auf
eigenen Füßen, so mußte ich fast Tag und Nacht ringen, um
nur die Bedürfnisse einer anständigen Kleidung und leiblichen
Sättigung zu erschwingen; ich fand ferner, daß Handarbeit und
Studium sich nicht verbinden ließen, lernte einsehen, daß ich
unter den übermüthigen Studenten ein Nihil bleiben würde,
unter meinen Kollegen aber ein Cäsar werden könne, und blieb
bei dem Gewerbe . . .‘

„Wofür Sie also demnach zu gut sind?“ fragte Schrewnitz,
ihn unterbrechend; — „ich lobe mir diese, wenn auch erzwungene
und unfreiwillige Resignation. Aber was sind Ihre Absichten
für die Zukunft? Wohin zielt jetzt Ihr Streben?“

„Zukunft? Streben?“ wiederholte Lücke lachend, doch ohne
Bitterkeit; — „welche Zukunft hat der Arme? wohin kann und
darf er streben? So lange er Kraft hat, muß er arbeiten, am
Abend seines Lebens winkt ihm der Spital — das ist so unser
Leben. Nach meiner Lehre durchwanderte ich Deutschland, arbeitete

ba, arbeitete dort, kam nach Frankreich, nach der Schweiz, nach
Italien, — das Loos des Armen ist allenthalben gleich, aber
bei uns noch am erträglichsten. Nach neunjähriger Wanderschaft
bin ich immer ärmer geworden; jetzt sehne ich mich nach Ruhe.
Aber was ist unsere Ruhe? Genügende Arbeit, leiblicher Lohn,
daß man sich sein eigenes Stübchen halten, ein paar Bücher
kaufen kann, um nicht zu verdumpfen, und daß man ein paar
Thaler für die späteren Jahre zurücklegt!"

Schrewnitz schien nachdenklich geworden zu seyn. — „Aber
Sie mit Ihren Kenntnissen?" sagte er, — „mit Ihrem vortheilhaften Aeußern? Es gibt ja noch ein Mittel, sich zu verbessern;
heirathen Sie!"

„Und wen denn?" fragte Lücke; — „ein Mädchen aus
meinem Stande? was für eine Zukunft habe ich alsdann? häus-
liche Sorgen, Mangel, Kinderzucht und neue Zweifel, wie sie
bei so beschränkten Mitteln zu erziehen und zu nützlichen Menschen gebildet werden können? — Nein, das würde mich nur
unglücklicher machen. Wir sind erst die rechten Proletarier, die
wir von unserer Hände Arbeit leben müssen, ohne Aussicht auf
eine künftige Selbstständigkeit. Es mag in der Ehe mit einem
braven, fleißigen Weibe ein großer Trost und eine heitere Zukunft liegen; aber uns ist sie versagt. Wählen wir in unserem
Stande, so treffen wir nur Mangel, nur Rohheit und Verworfenheit; höher hinauf dürfen wir nicht sehen. Der Schuster kauft
sich mit ein paar Thaler sein Handwerkszeug und Material, und
bringt eine Kundschaft zusammen; wir hätten etliche tausend
Thaler nöthig zur Gründung eines Etablissements und dann
müssen wir erst sehen, ob wir Geschäfte bekommen. Aus diesem
Grunde steht auch mein Stand bei jeder Emeute, bei jeder Re-
bellion im vordersten Gliede."

„Das ist wahr," sagte der Baron; „aber können Ihre Kenntnisse Sie nicht poussiren? Können Sie nicht noch eine Wittwe, eine Tochter eines Ihrer Druckerherren heirathen und Ihr Glück machen?"

„Das wäre wohl möglich," versetzte Lücke heiterer; — „aber es wäre nur ein recht glücklicher Zufall, und es fragt sich, ob diese günstige Wendung andrerseits nicht mit Opfern erkauft werden müßte, welche ein Mann von Ehrgefühl selten bringt!"

„Bah, man muß sich akkommodiren," wandte Schrewnitz ein; — „ich nehme Antheil an Ihnen, ich will Sie unterstützen, der psychologischen Merkwürdigkeit wegen, welche Sie für mich sind. Ich möchte wohl wissen, wie Sie sich unter andern Verhältnissen machen, wie Sie eine günstige Gelegenheit nützen würden; besuchen Sie mich zuweilen, ich werde Sie ungemeldet empfangen. Wollen Sie Lektüre haben, um noch ferner vorwärts zu streben — meine kleine Bibliothek steht Ihnen zu Gebot. Ich werde darauf denken, Ihnen eine entsprechendere Laufbahn zu eröffnen. Strebsame Jugend zieht mich stets an; auch ich bedurfte einst Aufmunterung . . . . . . Für jetzt habe ich Ihnen eine kleine Ueberraschung bereiten wollen — ich habe Ihnen hier zwei Freikarten für den Maskenball im Opernhause auf übermorgen. Sie würden aus Standesrücksichten sonst kaum Zutritt erhalten — amüsiren Sie sich gut! In Ihrem Alter, mit Ihrem Aeußern kommt es oft nur auf eine günstig genützte Gelegenheit an, und eine solche bietet vielleicht dieser Ball. Ich denke mir, manches wohlhabende Bürgermädchen läßt sich mit einer solchen Karte angeln!"

„Sie sind allzugütig, gnädiger Herr!" erwiderte Lücke dankbar, — „allein ich muß dafür danken. Ich kann diesen Ball nicht besuchen!"

„Und warum nicht?" fragte der Baron, — „haben Sie in Frankreich radikale Ansichten und Hirngespinste eingesogen, welche Ihnen ein solches Fest vergällen?"

„Gewiß nicht," gab der junge Mann verlegen zur Antwort; — „ich würde sogar gerne dorthin gehen . . . . allein — ich kann doch nicht in diesem Aufzuge . . . . . ."

„Sie brauchen nur Frack und schwarze Unterkleider, wie diese Karte hier besagt — Ihre Dame nur einen Ballstaat," versetzte Schrewnitz.

„Omnia mea mecum porto (Ich trage meine ganze Habe am Leibe)!" gab Lücke erröthend zur Antwort.

Schrewnitz lächelte. — „Nur das?" sagte er, — „wohlan denn, wenn Sie sich in keinem falschen Stolze wiegen, so biete ich Ihnen gerne aus meiner Garderobe das Nöthige." Lücke zauderte mit der Antwort. Endlich sagte er: „Ich weiß nicht, ob ich einen solchen Mißbrauch Ihrer Güte verantworten kann!"

„Brav!" rief der Baron, — „mein Kammerdiener soll Ihnen das Nöthige geben, und Sie erzählen mir hernach Ihre kleinen Abenteuer. Hier," fügte er bei und übergab ihm mit den beiden Karten noch etliche Thalerscheine, — „hier ist etwas für die Handschuhe!"

In diesem Augenblicke trat der Kammerdiener ein, und meldete einen Besucher. Der Baron gab ihm die betreffenden Befehle wegen Lücke's Garderobe, und entfernte sich mit einem bedeutsamen, wohlwollenden Kopfnicken. — „Der junge Bursche," murmelte er zwischen den Zähnen, „trägt seine Armuth ziemlich leicht; ob er wohl einen gewissen Wohlstand auch so leicht trägt?" —

Fünf Minuten später verließ Lücke freubestrahlend das

comfortable Landhaus, welches der Baron bewohnte, mit einem
Bündel unter dem Arme. Sein Gang war ordentlich hüpfend
und elastisch, als er in die Stadt zurückkehrte, und auf seinem gedankenvollen Gesichte leuchtete eine Art Freudenrausch
— die Vorahnung der Genüsse, die er sich von jenem Feste
versprach.

Siebentes Kapitel.

Der Cavalier ist schon gefunden.

Es war Mittag vorüber, als Frau Meyer, einen leeren Topf unter der Schürze, durch ein Hinterpförtchen in's Palais des Grafen Arnesco schlich. Mit grinsender Freundlichkeit fragte sie einen der Diener nach ihrer Tochter, der Nähterin, welche bei der Gräfin beschäftigt sey; jener wies sie zurecht, und holte Albertine heraus auf die Anlände der Domestikentreppe, wo die Mutter ihr eine lange Mittheilung machte, welche auf das Mädchen einen tiefen Eindruck gemacht haben mochte.

Als sie nämlich wieder in das Cabinet zurückkehrte, wo Manon emsig fortnähte, bemerkte diese die hohe Röthe ihres Gesichts, den feuchten und doch so heiteren Glanz ihres Auges und ein leises Zittern ihrer Hände — kurz alle Merkmale einer plötzlichen und heftigen Gemüthsbewegung.

„Was ab' Sie?" fragte Manon besorgt.

„O nichts, gar nichts !" war die Antwort, — „meine Mutter

hat mich nur erschreckt — ober eigentlich nicht erschreckt, sondern nur . . . überrascht, denn ich hätte mir nicht träumen lassen, daß er . . ."

„Aha, Er?" rief Manon lachend, — „petite coquine, que vous êtes! Sie aben also eine Galan, eine Liebaber? Ah ça, und Sie mal sil immer kleine vierge aux douleurs! Sie biscrete Kind!"

„Ach nein," erwiderte Albertine, von neuem tief erglühend, — „Sie irren, Mamsell! Ich kenne ihn ja noch gar nicht. Ich hätte nur nicht gedacht, daß er an mich kommen würde!"

„Ik versteh Sie nit," sagte Manon sichtlich gespannt, und schaute sie ermunternd an. „Was ab' Sie?"

„Ein junger Herr hat mich auf übermorgen zum Maskenball eingeladen!"

„A merveille!" rief die Französin, — „Sie muß gehen!"

„Aber ich kenne ihn noch gar nicht," wandte Albertine ein, — „ich habe ihn," setzte sie erröthend hinzu, „noch kein einziges Mal gesprochen; ich kenne ihn kaum vom Sehen."

„Das thut nix!" meinte Manon; — „wenn Sie woll ihn nur immer ansehn, kann er nit mack sein avances. Wer ist er?"

„Ein Nachbar von uns, ein sehr hübscher junger Künstler," erwiderte Tinchen und wagte nicht aufzusehen; „er ist sehr artig, und ich denke, es ist ein sehr braver junger Mensch. Die Mutter hat's ihm schon zugesagt, vorausgesetzt daß ich ein weißes Kleid entlehnen könne, aber ich meine, ich brauche deßhalb nicht zu gehen, wenn ich nicht will und . . . . . wenn Sie nicht dabei seyn wollen!"

„Ser gutt!" rief Manon hänbeklatschend, — „ik werd seyn

mit Sie! Eh bien, wenn er is joli et sage, wir werd aben viele plaisir! Sag Sie gleit, wir geh mit!"

„Aber ich kenne ihn ja noch gar nicht; und er kennt Sie nicht?" wandte Albertine ein.

„Possen!" versetzte Manon, — „wenn er nit gefällt Ihnen, so laß wir ihn lauf, und wenn er gefällt — tant mieux! wer weiß wozu das gutt is! Sag Sie Ihre Maman, daß wir aben große Ehre su gehen mit ihn."

Frau Meyer wurde nun hereingerufen, und erhielt von Albertinen die nöthigen Verhaltungsmaßregeln; daß Mamsell Manon von der Parthie seye, ward zur unerläßlichen Bedingung gemacht: und Lücke — denn daß dieser der Einladende war, werden unsere schönen Leserinnen bereits errathen haben, — sollte heute Abend um neun Uhr seinen Entschluß mündlich bei Frau Meyer kundthun und mit seinen beiden Gefährtinnen bekannt gemacht werden. Frau Meyer selber wußte von der Artigkeit und Liebenswürdigkeit des jungen Mannes nach ihrer eigenen Weise nicht genug zu rühmen, und entfernte sich rasch mit ihrem Auftrage.

Manon war vergnügt wie ein junges Mädchen, das sich auf den ersten Ball rüstet, und ihre Freude wirkte ansteckend auf Albertinen ein. Man besprach die Toiletten; für die des jungen Mädchens wollte Manon schon sorgen, um so mehr als Tine fast dieselbe Taille hatte wie Gräfin Julie. Man arbeitete noch einmal so rüstig im Vorgefühle des zu erwartenden Vergnügens, und förderte das Werk zur großen Zufriedenheit der Gräfin, die ziemlich besorgt gewesen war, ob das Kostüm wohl überhaupt noch fertig werden würde, nun aber gar keinen Zweifel mehr hegte.

So entschwand der Tag rasch, und der Rest der Arbeit

konnte im Lauf der Nacht und des folgenden Vormittags leicht
vollendet werden. Kurz vor neun Uhr schlüpften die beiden
Frauenzimmer durch das Pförtchen im Einfahrtthore, und eilten
so rasch als es der Embonpoint der Mamsell Manon erlauben
wollte, dem engen Gäßchen zu. Als sie in die niedre feuchte
Stube traten, war Herr Lücke schon da. Er erhob sich ziemlich
verlegen vom Stuhle, wo er seither fast wortlos gesessen hatte,
denn Mathilde und Fritz begegneten ihm mit jenem wortkargen
finstern Mißtrauen, das die Leute aus dem Volke, zumal in den
südlichen Provinzen Deutschlands, gegen Fremde und besonders
Nordländer anfangs so hartnäckig behaupten.

„Entschuldigen Sie meinen Schritt, mein Fräulein!" wandte
er sich nach der ersten Begrüßung an Albertine, die wie von
Purpur übergossen, mühsam athmend und zitternd dastund, und
ohne das ermuthigende Anstoßen Manon's vielleicht in Thränen
ausgebrochen wäre; — „mißdeuten Sie es nicht, daß ich mich
so unumwunden an Sie wandte. Schon seit vierzehn Tagen
beobachtete ich Sie im Stillen, bewunderte Ihren rastlosen Fleiß,
und dachte mir, eine Unterbrechung wie der bevorstehende Maskenball müsse eine freudige, anmuthige für Ihr sonst so freudenleeres
Loos seyn. Ich kannte Niemanden, der mich mit Ihnen bekannt
gemacht hätte, und mußte mich also unmittelbar an Ihre Mutter
wenden, überzeugt, daß Sie mir die Freude nicht versagen werden, Sie auf diesen Ball führen zu dürfen . . ."

„Sie sind sehr gütig," stammelte Albertine, — „aber ich weiß
nicht, ob Ihnen meine Mutter schon gesagt hat, daß . . .?"

„Ich weiß, was Sie sagen wollen," versetzte Lücke, „und ich
kann mir nur gratuliren, auf diese Weise zwei so angenehme
Bekanntschaften zugleich machen zu können. Die noch nöthige
Eintritts-Karte wird sich gewiß erwerben lassen."

„Wir aben schon zwei für uns," erwiderte Manon, die ein sichtliches Wohlgefallen an dem jungen Manne fand. Sie dankte ihm hierauf für seine Bereitwilligkeit, und gab ihm sein Kompliment über die gemachte angenehme Bekanntschaft auf die verbindlichste Weise zurück; er redete sodann Manon sehr fließend in ihrer Muttersprache an, was sie doppelt erfreute, und die Conversation kam auf einen ungezwungenen, Niemand mehr beengenden Fuß. Im Fluge schwand ein Stündchen hin, und Mamsell Manon, welche die Rückkehr der Gräfin aus einer Soiree erwartete, mahnte zum Aufbruch. Die Begleitung des jungen Kavaliers ward angenommen, und unter dem Einfahrtthore des gräflichen Palais trennte man sich mit gegenseitiger Zufriedenheit und der Hoffnung auf baldiges Wiedersehen am folgenden Abend.

Wie viel neuen Stoff zu fernerem Geplauder gab nicht diese kurze Unterredung und Zusammenkunft den beiden Arbeiterinnen! — Manon war ganz begeistert von ihm, und mehr als einmal entfuhr ihr: Ah, qu'il est charmant, ce joli garçon! und sie betheuerte, Lücke sey der erste liebenswürdige junge Deutsche, den sie kennen gelernt habe, und diese Liebenswürdigkeit verdanke er allein seinem Aufenthalte im gebildetsten Lande der Welt, dans la divine France.

Die Heimkehr der Gräfin rief um 11 Uhr Manon aus dem Kabinet hinweg. Die Einsamkeit und Stille der Nacht mehrten noch den Strudel der Gedanken und Empfindungen, welche Albertinen in Kopf und Herz umherzogen; sie ließ von Zeit zu Zeit die emsigen Hände in den Schooß sinken, und gab sich ihren Träumereien hin. Als aber Manon endlich gar nicht mehr zurückkehrte — die Bequeme hatte sich in ihr Stübchen geschlichen, um dort verstohlen ein halbes Stündchen zu schlummern, war aber dabei fest eingeschlafen — überkam der stete

Begleiter gesunder frischer Jugend, der Schlummer, auch Albertinen, und mitten in einer ihrer Träumereien nickte sie ein. Ihr
Geist mochte sich auch noch im Schlummer mit einem holden
Gegenstande beschäftigen, denn das Gesicht dieses feinen Köpf-
chens, das — vom vollen Lichtstrome der Lampe abgewendet —
seitwärts in die Lehne des Armstuhles gesunken war, lächelte
mild wie unter einem Engelskuß. Sie hatte das leichte Tuch
um Nacken und Schultern entfernt, der Wärme wegen, und die
Weiße dieser Büste mit dem feingeäderten Incarnat schien noch
gehoben durch die volle Beleuchtung der Lampe.

Eine Stunde schon wogte ihre Brust sanft und ruhig wie
eine glatte See unter diesem leisen Schlummer, als die Thüre,
welche das Kabinet mit der Garderobe und den übrigen Zimmern der Gräfin verband, sachte geöffnet wurde, und der Graf,
mit dem brennenden Wachslichte in der Hand, auf der Schwelle
erschien. Zögernd blieb er hier eine Weile stehen, aber gelockt
von diesem Anblick und dem Schlummer des Mädchens zog er
die Thüre vorsichtig hinter sich zu, und trat auf den Zehen heran.
Stumm beschaute er die Schlummernde — sie war so schön; der
Reiz der Unschuld lag in diesem Lächeln der frischen Lippen,
schwellte die Wellenlinien dieses Busens, der fast über das dürftige Kleidchen heraufquoll ... Leise blies der Graf sein Licht
aus: ein Sturm der Gefühle zog auf seinen Zügen vorüber.
— „Armes Mädchen!" flüsterte er, — „wie glücklich wirst Du
einen Mann machen, den Du liebst! das Gift der Sinne hat
Dich noch nicht begeifert, Du bist eine schöne Knospe, der kein
Wurm zu nahen wagt!" — Kein Wurm? warum zitterte denn
seine Hand so lebhaft, die neben ihrem Ohre auf der Lehne des
Fauteuils lag; warum flammte unter dem linden Athem ihres
Mundes eine solche Gluth auf seinen Wangen, ein solches ver-

zehrende Feuer in seinen Augen auf . . . Jetzt beugte er sich
zu ihr herab, sein Arm bog sich, wie um sie zu umfangen; sein
Kuß brannte auf ihrem Munde — sie fuhr zusammen, riß die
Augen auf; aber der Graf huschte wie ein Blitz auf den Cor-
ridor hinaus, und ein kühler Luftstrom war das einzige sinnlich
Wahrnehmbare, dessen sie sich erwachend bewußt ward.

„Ich habe geträumt!“ flüsterte sie, kaum ihren Augen
trauend.

„Gehen Sie zu Bette, mein Kind!“ sagte die Gräfin leise,
die im weißen Schlafrocke unter der Thüre der Garderobe stand,
— „mein Eintreten hat Sie geweckt; es ist nicht gut für Ihre
Augen und für Ihren Teint, so lange aufzubleiben. — Gehen
Sie nun nach Hause!“

Ihre Stimme bebte seltsam bei diesen Worten, und ehe sich
Albertine noch von ihrem Erstaunen erholt hatte, war die Thüre
der Garderobe geschlossen. Manon saß ihr nicht mehr am
Tischchen gegenüber, der Stuhl war leer. Vielleicht war schon
das ganze Haus geschlossen, und sie wagte Niemanden mehr zu
wecken; darum faßte sie sich kurz und arbeitete rüstig fort; sie
schämte sich dieser Anwandlung von Schlaf, und nahm sich vor,
sich nicht mehr von ihm übermannen zu lassen.

Mit hochwogender Brust kehrte Gräfin Julie in ihr Schlafgemach zurück und warf sich in die Ottomane. Ihr Auge war
trübe und stier, eine Zornröthe glühte auf ihrem Antlitz, und
ihre Faust zerknitterte die Blätter des Romans, den sie vor dem
Eintritt des Grafen gelesen. — „Das also sind die Motive
seiner philanthropischen Pläne, mit denen er mich noch so eben
unterhielt? Auch er nicht besser als die Andern? Will er sie zu
seiner Maitresse machen, die ihn zu so regem Mitleid bewog?...
Dieses Ballkostüm wird mir trübe Erinnerungen verursachen...“

So saß sie in finstere Gedanken versenkt bis fast zum Morgen. Sie liebte den Grafen nicht, und hatte ihn nur aus Gehorsam gegen den Willen der Familie geheirathet; aber sie hatte ihn seither geachtet, seines gediegenen Charakters wegen, der unter der Maske einer aristokratischen Kälte, eines anscheinenden Skepticismus und einer apathischen Eigensucht doch ein warmes Gefühl für Recht und Wahrheit bewahrt hatte, und nur um des eitlen Ruhmes eines Sonderlings willen diese eblern Gefühle nicht offen preisgab. Unter den mannichfachsten Versuchungen, denen eine Dame von ihren körperlichen Reizen und geistigen Vorzügen in solchen Lebenskreisen ausgesetzt war, hatte sie die Pflichten einer Gattin gegen den ungeliebten Mann erfüllt, und auch an ihm nie gezweifelt. Nun aber war das Gift des Argwohns in ihre Seele geschleudert, und fraß sich um so tiefer ein, als beleidigter Stolz und das Bewußtseyn ihrer eigenen Pflichttreue sie zum Groll gegen den Grafen entflammten. Sie liebte zu leidenschaftlich ihre Ehre, um ihm nicht über einen Fehler zu zürnen, der sonst bei Männern seines Ranges und Standes für entschuldbar, wo nicht gar für erlaubt galt.

Achtes Kapitel.

Der Freiball.

Im großen Saale des Opernhauses und in den anstoßenden, für das Fest eigens geschaffenen und decorirten Räumen wogten Tausende von Personen durch einander, fast Alle von gleichem Taumel der Lust erfüllt. Im magischen Glanz dieser Gasflammen hatte der Hof seine ganze Pracht und einen ausgezeichneten Geschmack entfaltet; die Schönheit der Kostüme hatte die Zierlichkeit des Fackeltanzes, den Humor der Quadrillen, welche diese gepuderten Götter des Olymps in ihren Reifröcken und Escarpins ausführten, noch erhöht, und der Hofstaat ruhte jetzt, in zwanglose Gruppen auf der rund um den Saal laufenden Estrade vertheilt, von den gehabten Strapazen aus, und plauberte oder beschaute sich das bunte Gewühl der Menge unten, die aus den verschiedensten Ständen zusammengesetzt und eben darum um so zwangloser und für den Mummenschanz geeigneter war.

In der Nähe der königlichen Familie, in einem vorspringen-
den Erker der Estrade, saß die Gräfin Arnesco als Diana, —
heute schöner als je. Alles drängte sich herzu, die ihr gebühren-
den Komplimente und Huldigungen darzubringen. Ihr Lächeln
war bezaubernd, ihr Witz sprühend und spielend wie die Facet-
ten und Brillanten ihres Schmuckes, und man hätte darauf
schwören mögen, daß sie glücklich, selig seyn müsse. Und doch
nagte der Argwohn mit Schlangenbissen an ihrer Seele, und
ihre Galle kochte insgeheim, wenn sie zuweilen ihr dunkles for-
schendes Auge flüchtig auf ihren Gemahl richtete oder die Richtung seiner Blicke zu erspähen versuchte. — Verwünscht! so oft
sie auch die Augen durch die Menge im Saale darunter streifen
ließ, begegneten ihre Augen dem Blumenmädchen aus der Zeit
der Revolution, mit dem seinen frischen Gesichtchen, auf dessen
natürlichen Rosen die Mouches so allerliebst standen, und die sich
mit so schüchterner Grazie am Arme eines hübschen jungen
Mannes durch die Menschenfluth bewegte, während eine dicke
Römerin den andern Arm des Cavaliers mehr lenkte als be-
nützte. Das Blumenmädchen mit dem gepuderten Haar und
dem schalkhaft auf Einem Ohre schwankenden Hütchen war Albertine, die inmitten dieses fröhlichen Treibens sich fast beengt
und von jener thränenfeuchten Rührung ergriffen fühlte, welche
jede wahre Seelenfreude begleitet. Manon dagegen war über
die Maßen lustig und neckisch, und ließ es nicht an Witzworten
und launigen Ausfällen über Alle fehlen, welche von ihrer hübschen Nachbarin angezogen sie umflatterten.

Graf Arnesco saß gedankenlos neben seiner Gemahlin. Die
Majo-Tracht eines spanischen Torero (Stierfechters) kleidete ihn
herrlich, aber machte ihm kein Vergnügen; auch die seiner Gemahlin dargebrachten Huldigungen, welche anfangs seiner Eitel-

leit so sehr geschmeichelt hatten, langweilten ihn allmählig. Nun nahte auch der Baron Schrewnitz, als Tscherlesse in ein Panzerhemb von Silberbraht, in Stahlhaube und Stahlschienen prächtig gekleidet und nahm neben der Gräfin Platz. Er besaß für Damen eine besonders anziehende Unterhaltungsgabe: sein scharfer, kaustischer Witz, seine fein-ironische Medisance zerfleischten unerbittlich jedes Opfer, das er sich zum Ziele gewählt; — Gräfin Julie schien ihn heute besonders interessant zu finden, und lachte unaufhörlich. Und zwar mit Absicht: unter diesem Lachen konnte sie ihren Gemahl desto schärfer beobachten, der eben jetzt mit dem Opernglas die Menge drunten durchforschte. Sie hatte von Manon erfahren, daß Albertine im Kostüm eines solchen pariser Blumenmädchens des vorigen Jahrhunderts hier sey, und ein peinigendes Verlangen quälte sie, den Eindruck zu erspähen, welchen Albertinens Anblick in dieser ausnehmend vortheilhaften Tracht auf den Grafen machen würde.

Schrewnitz war heute unerschöpflich an Witz; die guten Bürgerinnen, die Kaufmanns- und Beamtenfrauen, die sich da drunten mehr blähten als amüsirten, der ganze Mittelstand einer kleinen Residenz mit seinen Eigenthümlichkeiten und Verschrobenheiten lieferten seiner satyrischen Ader überreichen Stoff. An die vornehme Welt wagte er sich nicht — er griff, wie weiland Rabener, nur die Wehrlosen an.

Auf einmal fuhr der Graf Arnesco auf, und deutete mit dem Dollond in eine ferne Ecke des Saales. „Ah," sagte er zu Julien, — „dort sehe ich eben unsere kleine protégée! Ich hatte wahrlich Mühe, sie in diesem Aufzuge wieder zu erkennen. Der junge Mensch macht ihr in bester Form den Hof; wer mag es wohl seyn?"

„Wo?" fragte Julien mit erzwungener Gleichgültigkeit; sie

hatte schon seit einigen Minuten die unangenehme Erscheinung des Blumenmädchens aus den Augen verloren. Dort drüben saß sie nun auf einem der Divans, höchst unbefangen und mit unverhehltem Vergnügen mit ihrem Begleiter plaudernd, während Manon sich an den Intendanten des englischen Gesandten angehängt hatte.

„Das Blumenmädchen dort in dem gepuderten Haare!" versetzte der Graf deutend.

Schrewniß hatte nicht sobald ebenfalls sein Opernglas dorthin gerichtet, als er lachend ausrief: „Tu-Dieu! wenn Sie den jungen Mann dort in dem blauen Frade meinen, der diesem niedlichen Backfischchen den Hof macht, so kann ich Ihnen Auskunft geben. Es ist ein junger Künstler, den ich protegire, und den ich hieher geschickt habe, um zu sehen, ob der Bursche nicht selbst capabel ist, dem Geschicke, das ihn seither so stiefmütterlich bedachte, einen günstigeren Blick abzutrotzen . . . . Beim Zeus! er verräth Geschmack, der Junge! er ist im besten Zuge."

„Die Leutchen scheinen schon recht bekannt mit einander," sagte die Gräfin; — „je nun, dieses Volk verträgt sich schnell. Le caque sent toujours le hareng!"

„Ah," sagte der Baron, — „so ist also die Wahl meines Protégé keine sonderliche? darf ich indiscret genug seyn, zu fragen, wer das junge Frauenzimmer ist? Etwa ein Zöschen von Madame?"

„Nicht einmal!" gab die Gräfin zur Antwort, — „nur eine Nähterin, eine kleine Grisette; — übrigens," fügte sie, um den wahren Ausdruck ihrer Bitterkeit zu bemänteln, hinzu, — „übrigens ein geschicktes, ehrbares, fleißiges Geschöpf."

„Das thut mir leid für den jungen Mann," erwiderte

Schrewnitz; „ich hätte eher gewünscht, daß er mit seiner vortheilhaften Figur die sanften Triebe irgend einer reichen Fleischers- oder Bierbrauerstochter oder einer jungen Wittwe entflamme, denn diese Letztern verstehen sich noch am besten auf die Würdigung solcher Vorzüge!"

„Sie haben ein treuloses Gedächtniß, Herr Baron!" sagte Julie; — „Sie konnten so schnell das Gesicht eines Mädchens vergessen, das Ihnen noch vor wenigen Wochen so viel Interesse einflößte, daß Sie — ich weiß nicht mehr welche abenteuerliche Wette gegen den Grafen darauf eingehen wollten?"

„Ich?" fragte der Baron, und Graf Arnesco mußte ihm erst die ganze Geschichte wieder erzählen, ehe er sich vollkommen entsann. Die Gräfin war mit Spannung dieser Auseinandersetzung gefolgt.

„Wenn ich recht verstand," sagte sie endlich, „so geht also die Behauptung, auf welche Sie Ihre Wette stützen wollten, dahin, daß es Verschwendung und eine Quelle der undankbarsten Sorgen und der Reue wäre, wenn der Graf oder ich dieses Mädchen seinem niedrigen Loose entziehen und ihm eine Lage verschaffen wollten, die seinem sittlichen Werthe eher entspräche?"

„So ist's, Madame!" erwiderte Schrewnitz; — „ich sagte, daß das Proletariat ein Fluch sey, eine Art Verhängniß, dem man nicht entgeht. Ich behauptete, von den humanen Absichten des Grafen (— er betonte diese Worte besonders und begleitete sie mit einem spöttischen Lächeln —) in Betreff dieses Mädchens zu lebhaftem Interesse angeregt: das Beste was diesem Kinde begegnen könne, sey, es in seiner Lage zu belassen und höchstens etwa mit einiger Munificenz seine Zukunft heiterer zu gestalten. Bekommt die Kreatur einen Mann aus ihrer Sphäre, so sind alle ihre Wünsche erreicht; — des Menschen Wille aber — Sie kennen den Gemeinplatz! Fragen Sie sie selbst, was sie Anderes begehre."

Die Gräfin wurde nachdenklich. — Wenn ich den Grafen darin bestärkte, daß er das Mädchen ausstatte, dachte sie, — wenn es einen geliebten Mann bekommt, so wird der Graf sie nicht zur Maitresse erhalten. — Doch halt! dachte sie im andern Augenblicke, — bei tausend Menschen ist die Ehrbarkeit und Tugend nur eine Folge der Furcht, nur dem Mangel an Gelegenheit entsprungen; schützt aber der Name einer Gattin dieses Mädchen vor Schande, wer weiß ....?

„Sie scheinen im Widerspruche mit sich selbst zu seyn, Baron," wandte Arnesco so eben ein; — „Sie wollen ja Ihren Schützling selbst in eine höhere Lebenssphäre versetzen, indem Sie ihm die Güter des Glückes erringen helfen?"

„Nichts destoweniger gehe ich die jüngst vorgeschlagene Wette sogleich ein," versetzte der Baron mit seinem kalten Lächeln; „ich glaube mir im Gegentheile um so consequenter zu seyn, als ich gerade an meinem Schützling meine Maxime bestätigt sehen will!"

„Sie wollen ihn also absichtlich in Unglück stürzen?" fragte die Gräfin verwundert.

„Keineswegs," entgegnete Schrewniß; — „ist der Bursche so klar, verständig und tugendhaft, als er zu seyn sich das Ansehen gibt, so liegen in seiner geistigen und sittlichen Kraft Heilmittel genug gegen die Krankheit, mit welcher ich ihn in Berührung zu bringen gedenke; — hat er aber diese nicht und fällt er, so ist er einer jener illusorischen Helden, die sich mit unverfuchter Tugend brüften, und ich trage keine Schuld an seinem Fall. Was ich gethan, hätte über kurz oder lang auch ein Spiel des Zufalls an ihm bewirken können!"

"Und Sie hoffen, daß Ihr Schützling die Probe besteht?" fragte die Gräfin.

"Würde ich es nicht," verfetzte Schrewnitz ausweichend, "fo würde ich freveln, indem ich ihn verfuche."

"Ich will Ihnen einen Vorfchlag in Betreff der Richtung Ihrer Wette machen, meine Herren!" fagte die Gräfin; — "ein Zufall fcheint die jungen Leute wechfelfeitig fich nahe gebracht zu haben, fie fcheinen Gefallen an einander zu finden — das find vielverfprechende Anfänge. Fragen wir nun beide, ob fie einander für immer angehören möchten, und fetzen wir fie im bejahenden Falle in den Stand, fich auf die Bafis einer befcheidenen, ihrem Stande angemeffenen Ausstattung hin zu ehelichen. Dann erst laffen Sie uns ihnen einige Verfuchungen in den Weg werfen, — gleichfam als Preis für die Mühe, die wir uns mit Ihnen geben, — wetten wir, Jedes für feinen Schützling, daß er die Probe bestehe, und fetzen wir irgend einen Werth als Wettpreis fest!"

"Der Vorfchlag gefällt mir," fagte der Baron; — "doch nur mit Modifikationen; wie wenn wir beide Unrecht hätten? Das Princip gewänne dadurch nichts, fondern nur wir: Faffen wir alfo die Worte klarer: ich wette, daß der junge Mann, deffen Charakter und Talent mir Intereffe eingeflößt haben, meine Behauptung nicht Lügen ftrafen wird, — die nämlich, daß das Glück eines Menfchen allein darin bestehe, in der Kaste zu verbleiben, worin er geboren, und daß er bei jedem Verfuche, ihn aus derfelben zu erheben, an feinem wahren Werthe einbüße. Halten Sie am Gegentheile fest, Graf?" —

„Unbedingt," sagte dieser, — „ich bleibe dabei, Sie sind ein Pessimist; es ist noch meine feste Ueberzeugung, daß man den Menschen sittlich und geistig adelt, wenn man ihn im socialen Leben emporhebt, und ich stelle Ihrem Schützling den meinigen gegenüber, jene Grisette, von deren Tugend ich überzeugt bin. Das meine ich um so eher thun zu können, als ich glaube, der Einfluß dieses Mädchens werde selbst die Krankheit Ihres Schützlings heilen, wenn er derselben unterliegen sollte!"

„Topp, es gilt! Aber der Preis der Wette?" rief der Baron.

„Ich wünsche die Waffen und die Rüstung, welche Sie hier scherzweise tragen," versetzte der Baron; — „wählen Sie sich ein entsprechendes Aequivalent."

„Ich wähle Ihr Jagdpferd ‚Dove‘, Graf," war die Antwort.

„Und der Termin? die Mittel, welche angewendet werden dürfen?" fragte die Gräfin.

„Der Termin? Sechs Monate! — An Mitteln sind nur die Unterstützungen mit Geld, Fürsprache und Rath, nicht aber die der Initiative erlaubt!" war des Barons Antwort. Ein Händedschlag besiegelte die Wette. Schrewnitz stieg die Estrade hinunter und mischte sich unter die Menge.

„Was gedenken Sie mit dem Mädchen zunächst zu beginnen?" fragte Julie ihren Gemahl.

„Ich wollte Sie bitten, ihr eine Stelle als Garderobe-Mädchen anzubieten," war seine Antwort; Julie erblaßte unwillkürlich. — „Auf diese Art können wir ihre Aufführung überwachen und auf ihre Bildung infuiren."

Die Gräfin besann sich eine Weile, dann sagte sie: „Ich erfülle gerne Ihren Wunsch!" — Ist sie einmal unter meinen Augen, dachte sie, so will ich ihm jede Gelegenheit zur Verführung oder Verleitung oder zum Zwang eher benehmen, als wenn sie außer dem Hause ist. — Der Aufbruch des Hofes zog auch sie mit sich fort.

———

Neuntes Kapitel.

Die gefährliche Nebenbuhlerin.

Zwei Monate waren seit jener Ballnacht vergangen, — inhaltschwere Monate, welche manche Veränberungen mit sich gebracht hatten. Die Familie des Grafen beschloß, die Saison in Baden-Baden zuzubringen, und die Zurüstungen dazu wurden bereits getroffen, der Tag war bereits angeraumt, aber Albertine, die mehr gebulbet als wirklich beschäftigt war im Dienste der Gräfin, wußte noch immer nicht, ob sie ebenfalls das Loos treffe, der Familie zu folgen, und war in einem schweren Kampf mit sich selber, denn wenn auf der einen Seite der Reiz der Neuheit ihr die Reise fast willkommen und wünschenswerth machte, so litt sie doch schon augenscheinlich bei dem Gedanken, von Franz wenn auch nur für wenige Wochen getrennt zu seyn. Lieber Himmel! war es ihr ja doch ohnedieß selten genug vergönnt, ihn zu sehen und zu sprechen! Tag und Nacht warb sie beaufsichtigt, entweder von der Gräfin selbst, — denn man hatte ihr jenes Kabinet neben der Garderobe der Gräfin angewiesen und die Thüre des Zimmers nach dem Flure versperrt, so daß man nur durch die Garderobe, an deren Thüre eine Glocke angebracht war, zu ihr gelangen konnte — oder von Manon, die sich zwar gerne gefallen ließ, daß Albertine die Verrichtungen des Dienstes ihr abnahm, aber andrerseits bald einen gewissen Neid über das Interesse nicht unterdrücken konnte, welches die Herrschaft an dem Mädchen nahm. Die Motive des Grafen bei seiner Freundlichkeit gegen Albertinen ahnte sie wohl, ganz instinktmäßig und nach Maßgabe ihrer eigenen Erfahrungen; auch wäre sie mit Vergnügen vielleicht erbötig gewesen, die Plane des Herrn hinsichtlich Albertinens zu begünstigen und zu fördern, wäre nicht einerseits der Graf stolz genug gewesen, jede Andeutung dieser Art bei etwaigem Versuch mit Entrüstung von sich zu weisen, und hätte das Benehmen der Gräfin gegen Albertinen nicht Manon's Neigung zur Gelegenheitsmacherei gewissermaßen den Riegel der Furcht vorgeschoben. Gräfin Julie beobachtete ein ganz eigenthümliches Benehmen gegenüber von Albertinen: sie begegnete ihr mit Höflichkeit, mit einem gewissen kalten Ceremoniell, vermied es, sie unter ihren Launen leiden zu lassen wie die übrigen weiblichen Hausgenossen, und rief sie nicht nur wohl zwanzigmal des Tages und noch öfter auf ihre Zimmer — meist unter höchst unbedeutenden Vorwänden — sondern erschien sogar selbst häufig und unvermuthet in Albertinens Stübchen, und verfehlte nie, ihr mit einem eigenthümlich starren, forschenden und stechenden Blick in die Augen zu sehen, als wollte sie jede, auch die verborgenste Falte ihrer Seele durchschauen. Sie hatte sie reich mit Kleidern beschenkt, aber ihr geboten, sich nur so einfach als möglich und reinlich zu tragen; sie schrieb ihr sogar beinahe den Haarputz und den Schnitt der Kleider vor. Das

Alles war zwar nicht unerträglich, allein doch zuweilen eine ungewohnte Last, die sich selbst unter den sybaritischen Genüssen des gräflichen Hauses bemerkbar machte. Am drückendsten aber blieb immerhin für Albertinen die spärliche und seltene Erlaubniß auszugehen, und seltsamerweise fielen diese Vergünstigungen, ihre Mutter besuchen oder mit einer Freundin ein Stündchen verplaubern zu dürfen, gerade meistens auf solche Stunden, wo der Graf seine Gemahlin auf eine Spazierfahrt oder in eine Soirée oder sonst irgend wohin begleitete. Sie bemerkte das nicht, und auch Manon fiel es lange nicht auf, bis ihr ein zufälliges Gespräch mit der Gräfin die Augen beinahe öffnete.

Es war etwa zwei Tage vor dem zur Abreise anberaumten Tage, als der Graf Morgens unerwartet früh sich bei der Gräfin Julie anmelden ließ und bringende Geschäfte zu haben vorgab. Sonst war es Grundsatz der Gräfin, ihn nicht früher zu empfangen, als bis sie die Morgentoilette vollendet hatte, und schon war sie im Begriff ihn abzuweisen, als der Graf selber in's Schlafgemach trat.

„Wie unzart, Hugo!" rief sie schmollend und zog die Garbinen des Bettes halb zu; — „Sie wissen, daß mich eine solche Ueberraschung verlegen macht!"

„Bah, mein Engel!" sagte er lächelnd, — „nur auf ein Paar Worte! . . . . Wann werden Sie endlich diese Prüderie aufgeben? . . . . Wir sind nicht mehr in den Flitterwochen, — nach fünfjähriger Ehe . . . ."

„O, das alte Lied, Graf!" versetzte Julie kalt; — „Sie wissen, ich liebe das nicht! . . . Welcher Art sind diese dringenden Angelegenheiten?"

„Ich wünsche zu wissen, wie stark die Kopfzahl Ihrer

Dienerschaft werden wird, welche Sie nach Baden-Baden zu
nehmen gesonnen sind?" fragte der Graf.

„Meine Dienerschaft? und weßhalb denn?" fragte ihrer-
seits die Gräfin in ziemlich gelungenem Tone der Unbefangenheit, aber ihre dunklen Augen blitzten hinter dem Vorhang, als
wollten sie den Grafen durchbohren. Ein Argwohn schoß ihr
durch den Kopf.

„Weil ich in einer halben Stunde Paul mit den nöthigen
Weisungen als Courier voransiche," war die Antwort; —
„unser Miethsmann schreibt mir, der Raum sey sparsam zu-
gemessen, weil die Entbindung einer englischen Dame, die die
zweite Etage bewohnt, die Domestikenzimmer beschränkt, und
da muß denn Paul wissen, auf wie viel Personen er für
Sie . . . ."

„Nur auf Eine — auf Manon," erwiderte die Gräfin
rasch; — „ich kann das andre Mädchen nicht seiner Mutter
entfremden, welche dermalen krank liegen soll . . . das arme
Weib hat ja sonst keine Pflege . . . ."

„Aber glauben Sie damit auszureichen, Julie?" fragte
Arnesco; — „diese Saison wird eine besonders belebte werden . . . . man spricht von fünf bis sechs Monarchen, die sich
dort . . . ."

„Ich kann nicht anders, wenn ich Ruhe haben will," versetzte Julie rasch; — „ein Anderes ist es mit männlichen Domestiken, ein Anderes mit weiblichen; die Obligation, diese Geschöpfe fast stündlich zu überwachen, sie stets in der Nähe haben
zu müssen, gewissermaßen für ihre Ehre und Sittlichkeit mit-
verpflichtet zu seyn, würde mir jeden Genuß vergällen, und meine
Freiheit allzu sehr beschränken!"

„Je nun," wandte der Graf ein, — „ich meinte nur, die

Kleine, welche mehr Geschicklichkeit und guten Willen, sowie mehr Agilité besitzt als Manon, würde sich besser für eine so belebte Saison eignen!"

„Ich finde das selbst," sagte die Gräfin, — „aber soll ich nicht die Pflichten der Pietät achten? .... Und zudem werde ich in dieser Saison auch in Baden ziemlich zurückgezogen leben: die Erinnerung an den Tod meiner Freundin Charlotte, welche im vorigen Herbste dort ...."

„Also es bleibt bei Einem Domestiken? ...."

„Ja — vorerst wenigstens!" gab die Gräfin zur Antwort, die durch eine entschiedenere Sprache sich in die Karten schauen zu lassen befürchtete.

Der Graf verabschiedete sich zärtlich von Julien; aber kaum hatte er ihr den Rücken gewendet, so stiegen dennoch einige Wolken des Unmuths auf seiner Stirne auf. Sein Groll mehrte sich, als er, über den Corridor gehend, Albertinens Mutter gesund und rüstig in die Garderobe schleichen sah. — Sie ist eifersüchtig, murmelte er; sie hegt Argwohn gegen mich; Geduld, Madame, Widerstand reizt nur noch mehr!

Die Gräfin fuhr hinter ihm vom Bette auf. — „Aha, Herr Graf," rief · sie, „haben wir Sie endlich ertappt? — O sehr plump angelegt für einen Diplomaten! Ja ja, in Baden-Baden bemerkte man freilich weniger von den stillen Passionen — dort triebe man seine kleinen Sünden incognito! .... Aber Geduld, wir werden schon sorgen!" Sie schellte Manon und ließ sich beschuhen und den Peignoir umlegen, eilte dann in die Garderobe, und schaute in's Stübchen Albertinens. Der Anblick des gemeinen Weibes erschreckte sie beinahe; wie? wenn der Graf sie auf einer Lüge entdeckt hätte! .... Albertine schrak ebenfalls orbentlich zusammen, als sie der Gräfin gewahr wurde, und fragte nach dem Begehren der Excellenz.

„Ist Manon nicht hier?... rufen Sie sie!“ war die Antwort.

Albertine fand Manon auf ihrem Stübchen und diese versicherte, kaum aus dem Schlafgemach der Gräfin zu kommen. Mit einer Verwünschung folgte sie dem Ruf der Gräfin.

„Nun, Tine,“ sagte Frau Meyer drängend, als Albertine wieder zurückkam; — „mach’ daß ich wieder fortkomme! Gib mir Antwort auf sein Zettelchen. Ich seh’ wohl, die Gräfin sieht mich nicht gern da, und wo man mich nicht gern hat, da bleib’ ich auch nicht!“

„Ach, dränge Sie nicht nur so sehr, Mutter!“ sagte Albertine mit zitternder Stimme; — „ich habe ja kaum den Brief lesen können .... Und was weiß ich, was ich antworten soll? .... die Mamsell weiß das besser, — ich will sie zuvor fragen!“

„Die Französin?“ sagte die Mutter unwillig; — „was geht Dich das Weibsbild an?.... die wird Dir sauber rathen.... ja ja, der mußt Du Dich nur anvertrauen!!.... Der trau’ ich nicht über den Weg! Macht der alte Drache nicht immer Augen auf den Lüde, wenn sie Sonntags nach der Kirche mit Dir in meine Stube kommt, — just als wie die Katze auf die Lerche?! — Närrchen, ich glaube, die möchte den hübschen Burschen für sich selber haben!“

„Ach, geh’ Sie mir mit diesem Geschwätz, Mutter!“ sagte Albertine fast gekränkt; „Manon und Lüde? sie könnte ja fast seine Mutter seyn!.... Sie geht gerne mit ihm um, weil er so gescheidt und gebildet ist, und weil sie sich in ihrer Gutmüthigkeit über mein Glück freut! Sie neckt mich immer damit, daß er mir gut sey!“

„Ja, und würde Dir ihn lieber heute als morgen abspannen!" sagte die Mutter trocken, — „in der dicken Watschel da irre ich mich nicht; die möchte für's Leben gerne selber noch einen Mann!.... Na, tummle Dich mit Deinem Brief!"

Albertine zog ein zierliches Billet auf Rosapapier aus dem Busen, und entfaltete es mit zitternden Händen, während auf's Neue eine Purpurglut über ihr Gesicht ausgegossen schien. Stotternd las sie von den feinen zierlichen Schriftzügen ab:

„Theuerste Albertine!

„Die Nachricht, daß Sie mit der gräflichen Herrschaft für einige Monate nach Baden-Baden reisen würden, erfahre ich so eben von einem der Lakaien Ihres Hauses. Sie trifft mich um so schmerzlicher und unverhoffter, als sich mir gerade jetzt Aussichten für die Zukunft bieten, von welchen vielleicht unser beiderseitiges Glück abhängt, wenn ich mich in Ihnen nicht täusche. Liebe Albertine, nur der Schreck über diese Nachricht, und nur der Wunsch, Sie vor der Abreise noch einmal zu sprechen, veranlaßt mich an Sie zu schreiben. Ich bitte Sie dringend, gewähren Sie mir zu unserm gemeinschaftlichen Wohle diese Zusammenkunft, und zwar unter vier Augen, und bei Ihrer Freundin Franziska Arnold, noch heute Abend, sobald es Ihre Zeit erlaubt. Ich muß, nachdem ich in der letzten Zeit Sie ohnedieß nur selten und zwar niemals allein sprechen konnte, Gewißheit über eine Angelegenheit haben, von welcher mein ganzes Wohl und Wehe abhängt. Ich bitte Sie, liebe Albertine, opfern Sie etwaige Bedenken den ungewöhnlichen dringenden Umständen, die mich zu diesem Schritte veranlassen Von Herzen der Ihrige

Franz Lücke."

Die Mutter hatte jeden Satz mit billigendem Kopfnicken

begleitet, und war sichtlich ärgerlich, daß Albertine noch immer
zauderte. — „Na,“ hub sie an, „schreib' ihm jetzt eine Antwort!“

„Ich? Schreiben?“ wiederholte Albertine, — „ach, ich weiß
gar nicht, was ich sagen soll! Ich habe noch nie einen Brief geschrieben, und was soll ich ihm denn überhaupt antworten?“

„Ich sehe wohl, daß Du ein Gänschen bist!“ schalt die
Mutter; — „was wird er denn von Dir wollen? heirathen will
er Dich, und in allen Züchten und Ehren. Ich habe ihm schon
gesagt, daß Du kommen müssest, aber er für sein Theil will
nicht kommen, wenn er nicht wenigstens weiß, daß Du gerne
kommst! . . . Und ich sage, Du mußst hingehen; ich befehl'
Dir's!“

„Aber, Mutter, meint Sie auch, das schicke sich?“ fragte
Albertine, schon halb gewonnen.

„Schreib gleich: ich komme! das ist genug!“ — Aber bei
Albertinen war Alles eher zu finden, als Schreibmaterial, und
so ward denn die Bestellung nur mündlich auszurichten möglich.
Albertinen hatte der Brief fast das Köpfchen verrückt, und wohl
ein Dutzend Male mußte sie ihn überlesen.

Während dem hatte die Gräfin Manon in's Verhör genommen, um auf Umwegen zu erfahren, ob es wohl Albertinens
Wunsch sey, mit nach dem berühmten Bade zu gehen. Manon,
welche sich schon den ganzen Frühling auf diese Luftveränderung
freute, ward stutzig, und fürchtete bereits, der Nebenbuhlerin
weichen zu müssen. Sie äußerte also einen Zweifel, daß Albert-
tine überhaupt gerne gehen werde.

„Und warum denn?“ fragte die Gräfin.

Manon war verlegen, aber eine Ausrede lag nahe. — „Je
nun,“ erwiderte sie, ein verlegenes Lächeln auf den Lippen, —
„ich begehe zwar eine Indiscretion, wenn ich es sage, allein weil

es Madame nun einmal wünschen . . . das Mädchen hat eine
kleine Liebschaft . . . ein ganz verschwiegenes Verhältniß . . ."

„Mit wem?" fragte die Gräfin rasch, — „weiß sie schon um
seine Absichten? geht sie darauf ein? was spricht sie von ihm?"

„Wen meinen Madame denn?" fragte Manon; — „wissen
denn Excellenz schon selbst darum?"

„Ja . . . Einiges, und zwar von ihr selbst! . . . doch sagen
Sie mir immerhin Alles; ich möchte auch Ihre Ansicht darüber
hören!" versetzte die Gräfin.

„Eh bien! Madame erinnern sich vielleicht noch des jungen
Mannes, der uns auf den Maskenball begleitet hat?" Die
Gräfin nickte. — „Er war sehr artig gegen uns, und besonders
gegen mich, denn er spricht ziemlich gut Französisch. Indessen
machte ich mir wenig genug aus ihm, weil er nur ein Ouvrier
ist. Dagegen reüssirte er bei der Kleinen um so mehr, und sie
hat, ohne daß er es vielleicht merkt, ziemlich den Kopf verloren
um seinetwillen . . ."

„Der junge Mann soll Talent haben," warf die Gräfin
ein; — „auch im Aeußern ist er so übel nicht. Er wurde mir
auch von anderer Seite her empfohlen!"

Manon horchte hoch auf. ‚Die kleine Heuchlerin!‘ dachte
sie, — ‚so hat sie also bereits die Gräfin für sich zu interessiren
gewußt!‘ — „Allerdings ist er ein sehr hübscher Mann und ein
Mann von Geist," fuhr die Französin fort; — „aber er hat sehr
wenig Tornüre und ist arm, und das sind für mich hinreichende
Gründe, ihn in gewisser Entfernung zu halten! Ich bin der
großmüthigen Familie von Madame zu sehr verpflichtet, um
nicht einen sehr strengen Maßstab an den Mann zu legen, dem
ich meine jetzige Stellung in so angenehmen Verhältnissen opfern
würde. — Kurzum," fuhr sie mit einem verächtlichen, prüden

Tone fort, — „weil ich mich vorerst zu gut bünkte für den jungen Herrn, der mir überall und selbst bei Albertinens Mutter
in den Weg trat, hat die Kleine in ihrer lieben Unbefangenheit
vielleicht diese Huldigungen auf sich bezogen und . . ."

„Merkt der junge Mann etwas von ihren Gefühlen? ist er
mit dem unfreiwilligen Tausch zufrieden?" fragte die Gräfin
nicht ohne einen leisen Zug von Ironie um den Mund über das
allzugroße Selbstvertrauen der Zofe.

„Je nun," meinte Manon wegwerfend, — „er scheint die
Nutzlosigkeit seiner Versuche bei mir nachgerade einzusehen, und,
um gute Miene zum bösen Spiele zu machen, oder vielleicht auch
aus Mitleid, sucht er sich an die Kleine zu attachiren."

„Und Sie kennen ihn als einen Mann von Charakter und
Ehre?" fragte Julie.

„Gewiß," — versetzte Manon, — „würde ich ihm sonst
erlaubt haben? . . ."

„So wollen wir die Kleine hier lassen!" sagte die Gräfin,
— „Sie können es ihr ankündigen! Ich habe nichts dagegen,
daß sie den Bewerbungen des jungen Mannes Gehör schenkt,
und ich werde — wenn sie den Ehestand meinen Diensten vor-
zieht, — ihr gerne eine entsprechende Mitgift aussetzen. Sie
dürfen ihr das bedeuten, Manon! . . . Ohnedieß ist es vielleicht
gut, wenn sie in Bälde unser Haus verläßt . . . die Bedienten,
der Attaché oben . . . man weiß nicht, ob so viele Nachstellungen
nicht endlich einem solchen Wesen den Kopf verrücken! . . . Also
sie bleibt hier, hören Sie, und wir werden uns freuen, bei unserer Rückkehr ihre Verlobung feiern lassen zu können . . . Aber
es muß ihr schonend beigebracht werden!"

Manon erblaßte fast sichtbar vor Zorn, als sie die nun an-
gekleidete Gräfin verließ. Ihr Gerede hatte das Gegentheil von

ihren Plänen bezweckt, und im Grunde hatte Frau Meyer nicht Unrecht, wenn sie der Mamsell Absichten auf Lücke zutraute — sie beneidete Albertinen wenigstens offenbar für den Vorzug, welchen ihr der junge Bewerber gab. Nur mühsam verhehlte sie ihren Zorn, als sie in Albertinen's Stübchen trat.

Diese flog ihr in der lebhaftesten Aufregung entgegen, den kleinen Brief in der Hand, — den ersten, den sie je erhalten hatte. „Ach ich warte schon lange mit Schmerzen auf Sie, liebe Manon!" rief sie ihr entgegen; — „ich brauche Ihren guten Rath! O, ich wußte gar nicht, was ich ihm darauf antworten sollte!" Und nun las sie ihr den Brief vor.

Manon schüttelte den Kopf beharrlich. „Es thut nicht gut," meinte sie, „wenn Sie der Einladung folgen; und warum gar an einen dritten Ort, wenn er Sie doch bei Ihrer Mutter sprechen könnte? Der Herr ist sehr feurig, aber je schneller so 'ne Flamme aufflackert, desto eher verlöscht sie wieder!"

Albertine war wie angedonnert. „Aber, mein Gott!" sagte sie, „ich habe ihm bereits zugesagt! die Mutter hat mich's geheißen."

Manon hatte tausenderlei Gründe, warum Tine nicht hingehen sollte. Lücke konnte nichts Anderes bezwecken wollen, als eine Werbung, eine Erklärung, und dieser sollte sie entweder ausweichen oder sie wenigstens noch zu verzögern suchen bis zur Rückkehr aus dem Bade, wohin sie mitgenommen zu werden sich von der Herrschaft erbitten sollte. Sie schwatzte wie ein Buch über den Ernst eines solchen Schrittes, von welchem das Glück eines ganzen Lebens abhänge, über die Nothwendigkeit einer sorgsamen Prüfung der gegenseitigen Charaktere und der eigenen Neigung, so daß am Ende Albertine vor Rührung weinend an

das falsche Herz der Französin sich warf, und diese bat, doch der
Herrschaft ihre Bitte vorzutragen.

Glücklicherweise hatte es keinen Erfolg, denn die Gräfin,
aus Albertinens Bitte neuen Argwohn und die Vermuthung
schöpfend, daß vielleicht Manon oder die Kleine von dem Grafen
zu einem solchen Schritt eingeschüchtert worden sey, beharrte jetzt
consequent auf ihrer Weigerung unter dem Vorwande, daß Paul
bereits mit den nöthigen Befehlen zur häuslichen Einrichtung
des Hotels abgegangen und es zu spät sey, den einmal gegebe-
nen Befehl abzuändern.

Als sie eine Stunde darauf zufällig in die Garderobe kam,
hörte die Gräfin Albertinen in ihrem Stübchen schluchzen; sie
schrieb in blinder Leidenschaft diesen Groll und Schmerz des
Mädchens der enttäuschten Hoffnung zu, Baden-Baden zu sehen.
Allein bei mehrfach wiederholten Besuchen der Garderobe schien
dieser stille Schmerz noch nicht gestillt, und die Gräfin ward
beinahe neugierig gemacht, den Grund einer so andauernden
schmerzlichen Aufregung zu erfahren. Nach einigem Zögern trat
sie in Albertinens Zimmer, und fragte nach dem Grunde dieser
Betrübniß, die sie mit einigen milden Worten leicht ermittelte.
Nun war Manon's Tücke verrathen, und die Gräfin enttäuschte
die Weinende.

„Manon hat Ihnen meine Befehle wohl nicht ausgerichtet, mein
Kind?" fragte sie, froh ihren peinigenden Argwohn dießmal ungegründet zu sehen; — „ich will Ihnen von Herzen wohl, und
gönne es Ihnen, daß Sie mit einem braven Manne Ihr Glück
machen, ehe das Joch der Dienstbarkeit und das böse Beispiel
Sie an Leib und Seele verdirbt. Ich würde mich freuen, bei
meiner Rückkehr zu erfahren, daß ich durch eine kleine Mitgift
Ihr Glück fördern und beschleunigen kann! Bleiben Sie dem

Manne Ihrer Liebe treu, machen Sie sich seiner würdig, wenn Sie seinen Charakter achten, und glauben Sie mir, daß Sie immer eine Gönnerin und Beschützerin an mir haben werden!"

Das Mädchen fand nicht Worte genug, seine Dankbarkeit auszudrücken, und vergaß vor Entzücken ganz, das Betragen und den Rath Manon's einer genauen Prüfung zu unterwerfen. Diese vornehme Frau däuchte ihr ein Engel des Himmels, und sie betete für sie, als sie sich allein sah. Sie freilich begriff die Motive nicht, welche das stolze Weib veranlaßten, das Glück zweier Armen zu gründen. — Gleichviel, dachte die Gräfin; ob der junge Mann die Kleine aus edlen Absichten oder nur in sinnlichem Aufglühen liebt, mein Zweck wird dennoch erreicht; flöße ich durch Begünstigung eines solchen Verhältnisses der Seele dieses unverdorbenen Wesens eine gewisse Inspiration für den Geliebten und eine warme Dankbarkeit für mich ein, so bin ich beruhigt und versichert, daß die Pläne des Grafen scheitern.

So sind die allerverborgensten und conträrsten Affekte oft die Triebfedern guter Handlungen unter uns, und in die Tiefe der Herzen schaut Keiner denn Gott.

Zehntes Kapitel.

Der schönste Abend von Albertinens Leben.

Warum vermißt sich wohl der Verstand so häufig, Vorgefühle und Ahnungen hinwegzuleugnen, welche wir vor irgend einem wichtigen Schritte unseres Lebens zuweilen empfinden, und an welche unser Herz so gerne glauben möchte? Können wir es hinwegdisputiren, daß solche Vorgefühle manchmal gewichtige Warnungen waren, deren Nichtbeachtung wir späterhin schwer bereuen und büßen mußten? Mag man es immerhin als Aberglauben verlachen, wenn das gläubige Gemüth in solchen inneren Stimmen den Rath oder die Mahnung eines Schutzgeistes zu vernehmen glaubt, — die Einkehr in uns selber, die innere Sammlung und der Trost der Religion, welche wir vielleicht in solchen Augenblicken suchen, sind jedenfalls Erleichterungen, welche unserem Gemüthe eine heilsame Kraft und eine erhabene Weihe geben! —

Der Abend dunkelte schon, als Albertine noch müssig und

sinnend an dem offenen Fenster saß. Ihr beengter Busen wogte, die scheuen Züge verriethen einen innern Kampf, und die gefalteten Hände und die bebenden Lippen deuteten auf ein stilles Gebet. In diesem Augenblicke trat die Gräfin in das Kabinet.

„Wie? Sie sind noch da?" fragte sie; — „ist das auch artig, einen Mann, den man liebt, so lange bei einem Rendezvous warten zu lassen?"

„Ach, gnädige Frau!" versetzte das Mädchen, — „ich bin so bange.... wir kennen einander noch gar nicht so lange, und nun soll ich ihn entweder allein oder vor fremden Leuten sprechen!... Was soll ich sagen? was wird er mir sagen?"

„Närrchen!" erwiderte die Gräfin, — „zweifeln Sie denn an ihm?"

„O nein, durchaus nicht!" rief Tine lebhaft, — „er ist so brav."

„So gehen Sie denn!" sagte die Gräfin; „lassen Sie mich dann hören, was er von Ihnen will und vielleicht ordnen wir noch vor unserer Abreise etwas zu Ihrem Besten an!"

„Ach," meinte Tine, — „ich bin noch so jung, so unerfahren!... Ich habe noch nie mit einem Mann allein gesprochen... ich werde mich so thöricht benehmen."

„Sie werden ihn aber beleidigen, wann Sie ihn lange warten lassen!... die Männer sind weniger ungehalten über eine Verlegenheit und Verschämtheit, die uns wortlos macht, als über eine Verzögerung, welche ihren Stolz kränkt!"

Das gab den Ausschlag. Albertine griff nach dem Hut, dem Umschlagetuche, konnte aber vor Zittern nicht in die Handschuhe kommen. Jetzt ging sie, begleitet von den Glückwünschen der Gräfin. Die Kniee schwankten ihr, als sie auf die Straße

trat und beim Umſehen gewahrte, daß die Gräfin ſie mit den
Blicken verfolge. Ihr Weg führte die lange breite Straße
hinauf, deren hohe Häuſerumfaſſung todt und ſchweigend im
dämmernden Mondlicht einen breiten Schatten auf das unbe-
lebte Pflaſter warf, — ſodann über die Promenade, und endlich über den Markt in ein anderes ebenſo unbelebtes Stadtviertel.

Oben an der Straßenecke, als ſie auf die Promenade ausbiegen wollte, kam ihr ein Mann mit raſchen Schritten entgegen; ſchüchtern, die Augen am Boden, das Geſicht vom Hut
überſchattet, wollte ſie nach der Seite ausbiegen; da flüſterte
eine bekannte Stimme: „Albertine, ſind Sie es?“

„Herr Lücke!...“ ſagte ſie aufblickend, und verſtummte wieder vor Verlegenheit; nicht ein Sterbenswörtchen hätte ſie zu
ihrer Entſchuldigung zu äußern vermocht.

„Ich wollte eben zu Ihnen gehen, und fragen, ob Ihnen
vielleicht ein Unglück zugeſtoßen ſey,“ ſagte er mit ernſter, faſt
bewegter Stimme; — „ſchon ſeit einer Stunde und darüber
warteten wir vergebens auf ſie — Franziska wollte zu Ihnen
ſenden, aber ich gab es nicht zu. Jetzt können wir nicht mehr
zu ihr, ſie hat Beſuch bekommen. — Wenn Sie aber,“ fügte
er faſt bittend hinzu, und ergriff ihren Arm, — „wenn Sie
aber Ihr Vertrauen gegen mich nicht bereuen, ſo laſſen Sie
uns in den Schloßgarten gehen, und mich dort über den Zweck
meines heutigen Briefes und meiner Bitte reden ... Wollen
Sie?“

„Gerne,“ erwiderte ſie leiſe und zitternd.

Er fühlte wie ihr Herz pochte, wie ihr Arm, der den ſeini-
gen nur leicht berührte, unaufhörlich zitterte, und er gewann es
ſelbſt nicht über ſich, durch gleichgültige Worte die feierliche

Stimmung zu verscheuchen. So traten sie denn schweigend in den Schloßgarten, und schlugen eine Seitenallee des Parks ein, die zu einem kleinen Hügel führte. Hier stand unter einer majestätischen Silberlinde eine Steinbank, von wo aus der Blick einen großen Theil des Parks überschaute, dessen Abwechslung von Boskets, Baumgruppen, Rasenstücken und langen Teichen im sanften Mondlicht einen magischen Effekt ausübte. Alles war menschenleer und ruhig; in den Büschen zu ihren Füßen klagte ein Sprosser, und das Geräusch der fernen belebten Landstraße erstarb im leisen Säuseln der Blätter, in denen der laue Abendwind scherzte.

„Hier!" sagte Franz und zog sie neben sich auf die Steinbank; der Vollmond goß gerade über ihre sanften Züge seinen vollen Silberschein aus, und zeigte die scheue verlegene Spannung und doch hinwiederum die gerne duldende stille Hingebung dieses holden Wesens an den Wunsch des Mannes, den sie liebte und achtete, wie man nur mit den ersten unvergällten Jugendempfindungen liebt.

Er schaute ihr eine Weile schweigend in's Antlitz, als ob er nicht geeignete Worte finde zum Beginn, oder als ob er sich erst sammeln wolle. Dann ergriff er ihre Hand.

„Albertine," hub er an, — „Sie wissen wie gut ich Ihnen bin, und ich weiß, daß Sie mich wenigstens nicht ungerne sehen. Mein Schicksal hat eine rasche Wendung genommen; unser seitheriger Faktor ist vorgestern Nacht auf- und davongegangen, und hat unsern Principal, Herrn Förderer, um eine große Summe bestohlen, und vermuthlich noch Unterschlagungen mancher Art verschuldet; dieser hat Zutrauen zu mir gefaßt, und mir diese Stelle angetragen. Sie trägt zwar nicht viel ein, aber es ist mehr, als ich mir bisher erschwingen konnte, und jeden-

falls hinreichend, um davon genügsam und bescheiden leben zu
können. Ich habe nun erreicht, was ich mir schon seit langer
Zeit wünschte — eine dauernde Versorgung. Des Wanderlebens
bin ich müde; eine Heimath habe ich nicht; Eltern und Verwandte binden mich an keine Scholle, und hier gefällt es mir
so gut, daß ich mir gerne hier einen Heerd gründen möchte.
Aber dazu bedarf ich Jemandes, der mich lieb hat, und der so
zu sagen mit Banden der Liebe mich an diesen Boden fesselt...
Ich habe Sie kennen gelernt, liebe Albertine, kennen gelernt auf
eine Weise, daß ich glauben möchte, die Vorsehung habe Sie
mir entgegengeführt. Ich habe Ihren Fleiß, Ihren sittlichen
Werth erkannt, und ich finde in Ihnen mit Einem Worte Alles,
worauf ich mein Glück gründen zu können hoffe. Was mich
anbelangt, so bin ich nicht besser und nicht schlimmer als ein
Anderer, und kann nur das versprechen, daß ich Ihr Vertrauen
nicht täuschen und in Ihrem Glück auch das meinige finden
würde.... Albertine, würden Sie einwilligen, mein Weib zu
werden?"

„Herr Lücke!" stammelte sie, stille weinend, — „es kommt
so überraschend... Sie kennen mich noch nicht genau... ich bin
so arm... und meine noch ärmere Mutter..."

„Ich habe das Alles erwartet," sagte er; — „ich hätte auch
nicht so fragen sollen, sondern vielmehr: Sind Sie mir gut,
Albertine? sind Sie es wirklich?"

Sie erröthete noch höher. „Wäre ich sonst gekommen?"
fragte sie entgegen; — „Sie wissen es ja längst!" — Er küßte
sie bescheiden, und sie wagte endlich, dieß zu erwidern. Es war
ihm, als meine sie jetzt heftiger.

„Nun kannst Du mir auch auf die andre Frage antworten,

liebes Kind!" fuhr Franz fort, — „willst Du meine Frau werden?"

„Ach," sagte sie, — „ich weiß nicht, was ich sagen soll! Wir sind so arm, wir beide haben nichts! Sie sind so gescheidt und gebildet, und ich weiß gar nichts. Und zudem, was verstehe ich vom Hauswesen? nicht einmal ein Gericht kann ich kochen, denn ich habe mein Lebtage nur genäht, und da passe ich denn gar nicht für Sie. Ach, in zwei Monaten werden Sie mich ganz satt haben, und dann..."

Er beschwichtigte sie mit Gründen, die sie gerne hinnahm, — liebte sie ihn ja doch so sehr! Was man nicht weiß, das kann man ja noch lernen, meinte er, und die Gemeinsamkeit der Armuth werde nur Beide gleich strebsam und fleißig machen, und einen desto größeren Reichthum von Liebe und Zärtlichkeit entwickeln. Ach, was glaubt man nicht leicht, wenn man es wünscht!

„Und zudem," sagte er, „was die Armuth anlangt, so sollst Du gleich sehen, daß wir lange nicht so arm sind, wie wir scheinen. Sind wir nicht gesund? sind wir nicht beide geschickt in unserem Gewerbe?... sind wir nicht noch beide jung, und haben eine reiche große Zukunft vor uns?.... Ueberdieß," setzte er lächelnd hinzu, — „habe ich schon im Stillen gesorgt. Schon vor zwei Monaten habe ich mich in eine Lebensversicherungsgesellschaft eingekauft; sterbe ich, so gehören meinen Erben blanke tausend Thaler, und auf dieses papierne Pfand hin gibt mir gerne ein Geldmann so viel als wir für die Einrichtung unseres kleinen Hauswesens bedürfen. Und was brauchen wir denn? Ein Stübchen, groß genug uns beide zu beherbergen — Raum ist in der kleinsten Hütte für ein glücklich liebend Paar!"

Albertine lächelte durch Thränen, und der Werth ihres Geliebten stieg in ihren Augen noch beträchtlich.

„Wir nehmen das kleine Kapital auf, und verdienen es nachher durch Sparsamkeit und Fleiß bald wieder ab!" fuhr Franz fort; — „das gewöhnt uns dann an eine solche Lebensweise schon von vornher herein, und hilft unsern Wohlstand gründen.... Wenn nur Du, mein liebes Kind, Dich wieder zu bescheiden weißt, nachdem Du die Ueppigkeit eines so vornehmen Hauses verschmeckt hast?... Das hat mir immer einige Sorge gemacht! Ich zweifelte überhaupt, ob ich Dir nicht zu gering sey!"

„Ei ei, Herr Lücke!" erwiderte Albertine in einem Tone, der zum Herzen sprach, — „wie konnten Sie so etwas benken!.... Ach, ich fürchte mich immer der Sünde, daß ich in einem solchen Reichthum und Wohlleben schwimme! es fallen mir immer wieder die Tausende von Armen ein, die kaum das Nöthige haben!.... O ich kann dieses Leben leicht vermissen!"

„Gutes Herz," sagte Franz, und küßte sie; — „nun mußt Du mich aber auch Du nennen! ich bin ja jetzt Dein Verlobter!"

Sie versprach es ihm und erwiderte mit einer holden Verlegenheit scheu seinen Kuß. Sie hätte ja ihr Herzblut für ihn hingegeben.

„Gottlob," hub sie nach einer Weile an, — „es wird nicht einmal nöthig sein, daß wir Schulden machen! benken Sie sich, Franz....

„Schon wieder Sie?" sagte er vorwurfsvoll, und strafte sie mit einem Kusse.

„Denke Dir," wiederholte sie in süßer Verwirrung, — „die Gräfin, der ich Alles sagen mußte, hat mir eine Mitgift ver-

sprochen. Der liebe Gott hat uns recht wackere Gönner geschenkt!"

„Ja das müssen wir mit Dank bekennen!" wandte Franz
begeistert ein; — „der Baron Schrewniz, mein freundlicher Beschützer, wird es auch nicht beim Versprechen bewenden lassen;
er wird mir gerne mit seiner Fürsprache helfen! Und wenn er
mir nichts gäbe, als seinen guten Rath, so wäre es schon genug! Er ist einer der klügsten Leute, die ich kenne!"

„Und die Gräfin ein wahrer Engel!" stimmte Tinchen
enthusiastisch ein. Und nun erzählte sie ihm von ihren Bangig-
keiten, von den schüchternen Bedenken, welche sie den Tag über
gequält hatten; Franz machte ihr sanfte Vorwürfe und bestrafte
sie mit Küssen. Kurzum Beide geriethen in jene Plauderstim-
mung hinein, welche nur Verliebte kennen, und deren Gespräch
nur für sie von Werth und Interesse ist, weßhalb wir ihm auch
nicht weiter folgen.

Die zehnte Glockenstunde schreckte beide aus ihrer süßen Ver-
gessenheit auf, und erfüllte Albertine mit unendlichem Entsetzen.
Sie war am Ende schon vor's Haus hinausgesperrt — ihr Ruf,
ihr Kredit bei der Gräfin, Alles war gefährdet, Alles stand auf
dem Spiele. Spornstreichs eilte sie heim, und der Abschied war
ein äußerst flüchtiger, — ja Tine konnte nicht einmal auf ein
Wiedersehen Hoffnung machen, ehe sie die Stimmung ihrer Herrschaft genau kannte.

Bebend huschte sie die Domestikentreppe hinauf, deren Thüre
glücklicherweise noch offen gestanden, mit besonderer Behutsamkeit öffnete sie die Thüre der Garderobe, damit sie von der
Glocke nicht verrathen werde. Aber kaum lärmte das kleine
Ding an seiner Feder, als die Thüre, welche nach der anstoßenden Antichambre führte, aufgerissen wurde, und Mamsell

Manon der Herrin in den Salon hineinrief: „Es ist Albertine, Excellenz!"

„Laß sie hereinkommen!" befahl die Gräfin. Dem Mädchen schwankten die Kniee, und sie hatte kaum die Kraft, Hut und Halstuch in ihr Stübchen hineinzuwerfen, um dem Rufe desto schneller Folge leisten zu können. Glücklicherweise war die Gräfin noch nicht ausgekleidet, sondern saß noch beim Thee. Auf ihren Zügen lag eine Spannung, ein Ernst, welche nicht auf günstige Laune deuteten. Manon blieb zögernd auf der Schwelle stehen, und es war zweifelhaft, ob sie aus Gehorsam gegen die Gräfin, welche sie noch nicht entlassen hatte, oder aus Neugier verweilte.

„Sie haben lange auf sich warten lassen, Albertine!" redete die Gräfin sie an, ohne sie eines Blickes zu würdigen.

„Vergebung, gnädige Frau!" rief Albertine, — „Vergebung, Excellenz!.... ich wußte nicht, daß es schon so spät war.... ich hatte den Kopf ganz verloren!"

Die Gräfin fixirte sie eine Weile, dann fragte sie: „Aus Freude oder aus Verzweiflung?"

„Je nun," meinte Tinchen, — „er hat mir einen Heiraths-antrag gemacht, Excellenz... und ich... ich bin ihm so gut!"

„Sie haben also eingewilligt?" fragte die Gräfin rasch.

„Wie Euer Excellenz befohlen haben!" war Albertinens Antwort, eine doppelt erfreuliche für ihre Herrin, die jetzt erst zu bemerken schien, daß Manon noch anwesend sey, und diese mit einer Handbewegung entließ.

„Kommen Sie hieher, mein Kind!" hub die Gräfin von Neuem an; — „Sie sind wohl recht glücklich? Sie sind wohl hoch erfreut, daß es sich so gefügt hat?" fuhr sie milde fort. Tinchen nickte bejahend und küßte voll dankbarer Rührung, die sie keines Wortes fähig machte, die Hand der gütigen Herrin. — „Begreifen

Sie nun aber auch, mein Kind, welche hehre Pflichten Ihrer warten? Sind Sie sich auch der nöthigen Kraft bewußt, um diesen Pflichten zu entsprechen? Alle Ihre Gedanken und Gefühle müssen fortan nur Ihrem Gatten angehören; keine Verführung, keine Lockung, kein Anerbieten darf Sie in diesen Empfindungen wankend machen. Selbst ein Gedanke schon, der Sie von dem Verlobten entfernte, wäre Frevel!"....

„O, Excellenz!" stammelte Albertine, — „ich fühle das wohl, und ich bin ihm zu sehr zugethan, um nur ein Unthätchen gegen ihn zu denken!" Sie schaute dabei mit ihren feuchten Augen die Gräfin so treuherzig und wie beschwörend an, daß diese ungewöhnlich weich und milde wurde.

„Sie sind ein gutes Kind," sagte sie, — „ich wünsche von Herzen, daß er Ihrer werth ist!... Es ist Sitte, daß Verlobte sich beschenken," fuhr sie fort; — „man will durch kleine Zeichen der Liebe sich die Erinnerung an solche Feierstunden des Lebens fixiren! Haben Sie schon auf ein passendes Angebinde für Ihren Verlobten gedacht?"

Verlegen mußte es Albertine verneinen; ach, sie wagte nicht zu gestehen, daß sie den Lohn, welchen sie von der Großmuth der Gräfin empfieng, erst vor einigen Tagen bis auf wenige Münze der Mutter zur Bestreitung ihrer Hausmiethe gegeben habe.

„Ich weiß, daß Sie eine gute Tochter sind," sagte die Gräfin, — „Sie theilen Ihren geringen Erwerb mit den Ihrigen... das ist edel! — So lassen Sie mich denn Ihnen etwas geben, womit Sie Ihren Verlobten beschenken können! Reichen Sie mir jene Schatulle dort!" Sie nahm ein kleines Etui von rothem Saffian heraus und händigte es Tinchen ein. — „Diese Uhr hier mögen Sie ihm geben," sagte sie, — „er soll Ihnen alsdann immer fagen, wann es Zeit ist, zum Dienst Ihrer Herrschaft wieder von dem der Liebe zurückzukehren!"

„Excellenz, wie viele Güte!" stammelte das Mädchen und sank vor Rührung in die Kniee, indem sie die Hand der Gönnerin mit heißen Thränen benetzte. — Die Gräfin wehrte diesen leidenschaftlichen Dank ab. „Lassen Sie es gut seyn, mein Kind!" erwiderte sie; — „bleiben Sie nur immer brav und sittsam, fliehen Sie vor den Verführungen, welche Ihnen die Arglist der Männer stellt, die Ihre Schönheit lüstern machen könnte. Ihr Mädchen seyd so schwach, und glaubt so leicht, was euch ein vornehmer Mann vorschwatzt. Ihr laßt euch bald durch Drohungen, bald durch Versprechen und Bestechungen ködern! In Ihrem eigenen Interesse lasse ich Sie hier, und erspare Ihnen die Verführungen, welche in einem Orte wie Baden-Baden Sie erwarten würden; wenn Ihnen ein Verführer naht, so denken Sie nur immer an Ihren Verlobten, und an den Glauben und das Vertrauen, welches er in Sie setzt! Ein einziger halber Schritt zur Unehre wird Sie um Ihre Selbstachtung bringen, und Sie immer tiefer sinken machen!"

Albertine gelobte mit den theuersten Eiden das Beste. — „Man sagt mir," fuhr Gräfin Julie leiser fort, „daß selbst mein Gemahl, der Graf, Ihnen schon Schlingen gestellt habe — ist dieß wahr?"

„Nein, bei Gott!" betheuerte Tine, — „ich müßte lügen, wenn ich hievon etwas wissen wollte!"

Die Spannung auf den Zügen der Herrin ließ augenblicks nach, und wich einer frohen Milde. — „Ich habe es nie geglaubt," fuhr sie fort; — „ich kannte ihn zu gut, und hatte zu viel Vertrauen in Sie. Ich wollte es Ihnen nur sagen, damit Sie nicht vor sich selbst erschrecken, wenn es fremde Zungen wiederholen!... Sie sind zu dankbar, um so tief zu fallen! Bleiben Sie stets bei diesen Grundsätzen und Sie werden immer eine Gönnerin an mir haben!" Mit einer Handbewegung entließ sie das überraschte, verwirrte, freudetrunkene Kind.

„Aha," murmelte Manon, die Alles belauscht hatte, — „es ist also nur Eifersucht, welche diese Gunst hervorruft! — Und diese einfältige, bettelarme Dirne konnte er mir vorziehen?"....

––––––––––

Eilftes Kapitel.

―――

Ein schleichendes Gift — der erste Argwohn.

Graf Arnesco war schon einen Tag abgereist, und zwar als einer der letzten, welche die todte Residenz verließen, die der Hof schon seit zwei Monaten mied. Was nur irgend zur haute volée zählte, war diesem Beispiele gefolgt oder im Begriffe es zu thun, und die Herrenhäuser und Paläste standen veröbet; die Läden waren geschlossen, und nur im Erdgeschoß und hoch oben unter dem Dache war's noch lebendig von den wenigen Domestiken, welchen die Sorge um das Hauswesen überlassen worden war.

Im Hotel des Grafen war es gar öde. Nur eine alte Köchin, ein paar Lakaien, und die weiblichen Dienstboten waren hier und der Oberaufsicht Albertinens untergeordnet, welche von der Gräfin selbst in Abwesenheit des Intendanten mit diesem wichtigen Posten bekleidet worden war. Gräfin Julie hatte beim Frühstück ihrem Gemahl Mittheilung gemacht von der neuen Lebensphase, in welche Albertine seit dem gestrigen Abende ein-

getreten war, und ihn aufgefordert, sich mit ihr bei dem edlen
Werke der Ausstattung dieses Mädchens zu betheiligen. Natürlich machte der Graf gute Miene zum bösen Spiel, denn er
durfte ja beinahe nicht anders, obwohl er die Motive der Gräfin
durchschaute. Er war überhaupt ein seltsamer Charakter, mehr
passiv und lenksam, als energisch. Sein kalter Stolz war eher
Resultat seiner Erziehung als seines Willens. Seinem guten
Herzen ließ er gerne den Zügel schießen, wenn ihn jemand lenkte.
Seiner ersten Gemahlin, die er innigst geliebt haben sollte, wie sogar
die Lästerzungen behaupteten, durch einen frühen Tod derselben beraubt, hatte er drei trübe langweilige Jahre des Wittwenstandes
in freiwilliger Einsamkeit und nur mit seinen Pferdeliebhabereien ?c.
beschäftigt verlebt, dann seine gegenwärtige Gemahlin kennen gelernt, gefreit und nach kurzem Brautstande heimgeführt, als er
den diplomatischen Posten hier antrat. Die Flitterwochen, ja
sogar zwölf Honigmonde hinburch hatte er sie auf den Händen
getragen, abgöttisch verehrt, ihren eifrigsten blindesten Sklaven
gespielt, bis ihm die vereitelte Hoffnung auf Kindersegen seinen
Enthusiasmus allmählig benahm, und die Gewohnheit auch die
Opfer der Liebe und den Lohn dieser eifrigen Bemühungen
langweilig machte, und er allmählig nicht mehr die Glorie der
Verlobten und den Nimbus der jungen Gattin um ihre schöne
Gestalt erblickte, sondern nur eine gewöhnliche reizende Frau von
Stande in ihr sah. Nur Gewohnheit war es, oder Mangel an Thatkraft, oder endlich eine gewisse Gutmüthigkeit, was ihn noch jetzt
so dienstfertig gegen jeden Wunsch Juliens machte: — er wollte
sie vielleicht für die ausgeglühte Liebe durch solche kleine Aufmerksamkeiten entschädigen. — Kurzum, er willigte in den Vorschlag seiner Gemahlin, und gab sich der Vollziehung desselben
mit einem anscheinend so uneigennützigen Eifer hin, daß Julie

beinahe von ihrem eifersüchtigen Argwohn ganz zurückgekommen
wäre. Mit dem ihm eigenen Scharfsinn ermaß er auf Einen
Blick nicht nur seine eigene Stellung, sondern auch bie des be-
vorzugten Mädchens. Er rieth, sich in der Größe der Aussteuer
nur nach den Standesverhältnissen und Bedürfnissen des Paares
zu bescheiden, um nicht von vornherein die beiden Leutchen an
künstliche Bedürfnisse zu gewöhnen, ihnen lieber eine kleine Rente
zuweisen, als baare Mittel in bie Hand zu geben, da nichts ver-
lockender zu thörichten Speculationen oder Plänen für den Armen
sey, als rascher Glückswechsel oder unvermutheter Besitz größerer
Geldmittel. Seiner Ansicht nach sollte Albertine während der
Abwesenheit der Herrschaft selbst und mit Hülfe der weiblichen
Dienerschaft ihre Ausstattung anfertigen, sich der Leitung des
Küchendepartements unterziehen und bie Börse führen, damit es
ihr leicht werbe, sich an Verwaltung eines Hauswesens und den
Werth des Geldes zu gewöhnen, — mit Einem Worte, er erfaßte mit Blitzesschnelle den kaum gebornen Gedanken Juliens
und verwirklichte ihn auf eine auffallend praktische Weise. Der
Gräfin war biese Erscheinung höchst befremdlich, und sie fand
sich baburch auf's neue in einen Strudel von Zweifeln und Ge-
banken geschleudert. War es Politik, welche bem Grafen dieses
Verfahren eingab, um baburch ihren Argwohn zu bekämpfen?
War es eine edle, rein uneigennützige Regung der Theilnahme
für bieses Stiefkind des Glückes, oder lagen seinem Benehmen
vielleicht andre Motive zu Grunde: etwa Reue über seine Absichten auf Albertinen, oder Hoffnungen, ben Dank von der Be-
glückten selbst einzuheimsen?... Sie kam mit sich selbst nicht
in's Klare, ersah aber ben praktischen Werth seines Rathes,
traf ihre Anordnungen in seinem Sinne, befahl ber Zukunft bie

Lösung dieses Räthfels an, dem Mädchen aber die Beforgung des Hauswesens, und reiste zur bestimmten Frist ab.

Albertine stand am Morgen nach der Abreise der Herrschaft sinnend vor ihrem Tische im kleinen Stübchen, den verschiedene Leinwandrollen bedeckten; sie sollte jetzt die Ausstattung zu fertigen beginnen, so schnell, so übereilt, daß sie Alles nur geträumt zu haben glaubte. Da trat Lücke in's Zimmer, die Erlaubniß, die Verlobte zu besuchen, zum ersten Mal benützend. Auf seiner klaren, heiter glänzenden Stirn las Albertine ein frohes Ereigniß, das er denn auch nach dem ersten Kusse nicht länger verschweigen konnte.

„Denke Dir, liebes Kind," sagte er, „der Baron Schrewniß, mein Gönner, läßt mich so eben selber rufen!"

„Gottlob!" rief Tinchen; — „nun darfst Du ihm schon nicht schreiben. Ach, wie man überhaupt nur einem solchen Herrn etwas Derartiges schreiben kann! ich meine, da müßte jedes Wort in der Feder stecken bleiben, weil man nicht weiß, wie man es setzen muß!"

„'s ist leider wahr!" meinte Franz, — „ich hab' wohl sechsmal einen Brief begonnen, und jeden wieder zerrissen, weil er mir nicht zu Danke gelang. Das eine Mal war ich zu steif, das andere Mal zu vertraulich oder zu unterthänig, und nun bin ich froh, daß ich jetzt meine Worte wählen darf, wie es Angesichts des guten Herrn die Umstände gestatten!"

„Weiß er schon, daß Du jetzt Geschäftsführer bist?" fragte sie.

„Wie sollte er nicht?" versetzte Franz, — „hab' ich ja nun in Erfahrung gebracht, daß er selbst mich dem Principal vorschlug und empfahl? — Gewiß läßt er's dabei nicht bewenden, sondern hat noch eine andere Aufbesserung meiner Lage im Rückhalt."

„Vielleicht eine Heirath?" warf Albertine hin und verſuchte zu ſcherzen, allein die erbleichenden Roſen ihrer bräutlich verſchämten Wangen und der unſichere Ton verriethen, daß ihr der Scherz nicht gelingen wollte. — „Er will Dich ja immer verkuppeln."

„Bah, ſorge nicht!" erwiderte er, — „würde er Dich kennen, ſo machte er keinen ſolchen Verſuch mehr."

So plauderten ſie eine Weile, bis der vorrückende Morgen den Verlobten zum Aufbruch mahnte, und Albertine ihn mit Segenswünſchen entließ.

Ein Reiſewagen ſtand vor der Villa, welche Schrewniz bewohnte, und die Diener ſchleppten Koffer und Kiſten zum Aufpacken heran. Die herrlichen Gemälde waren ſchon mit Perkalſäcken überzogen, die koſtbaren Möbel überdeckt, die Vaſen, die Gefäße von Kryſtall und Porcellan abgeräumt, die Wände geleert von den Waffentrophäen ꝛc. Alles deutet auf die Abreiſe, ſelbſt des Baron's Reiſekoſtüm.

„Ah, endlich kommen Sie?" rief dieſer mit ſeiner gewöhnlichen Lebhaftigkeit Franz entgegen, — „und ſo geſetzt auf einmal? der runde Hut, die dunkle Weſte, die ſteife Kravatte? Hat die neue Charge dieſes Traveſtiſſement hervorgebracht? A la bonne heure! es ſteht Ihnen nicht übel, Sie gewinnen dadurch an Sicherheit und einer gewiſſen Würde, die einen künftigen Schwiegervater ködern wird!"

Franz lehnte den Scherz beſcheiden ab, und verband mit ſeinem Danke für des Barons Protektion die Nachricht ſeiner Verlobung.

„Schon?" rief Schrewniz, — „und wer hat denn in die Angel gebiſſen?"

„Ein recht braves Kind — das Mädchen, welches auf jenem

Balle, welchen ich nur durch Ihr Wohlwollen besuchen konnte, an meinem Arm gieng!" erwiderte Lücke stolz.

„Die große Blondine?" fragte Schrewnitz, — „die Soubrette der Gräfin Arnesco?" Auf Lücke's Bejahen brach er in ein lautes Lachen aus. — „Die Wahl zeugt für Ihren Geschmack mehr als für Ihren Verstand," sagte er, — „ich gebe zu, daß man zu einer bonne amie nicht leicht ein pikanteres Mädchen finden kann — diese junonische Taille, diese Ueppigkeit der For- men!.... Ich hätte Sie nicht für einen so geheimen Sünder, für einen solchen Kenner gehalten!" setzte er mit dem Finger drohend hinzu. — „Nun ja, für eine equivoque Verlobung, die zu nichts verbindet, ist der Scherz ganz am Platze, allein ich halte Sie für zu klug, um Ernst zu machen!"

„Es ist aber mein voller Ernst, gnädiger Herr!" erwiderte Franz fest, dem während der Reden des Barons das Blut in heftige Wallung gekommen war, so daß bald dunkle Gluth auf seinem Gesichte aufleuchtete, dann wieder die erbleichenden Lippen bebten.

„Ta-ta-ta!" rief Schrewnitz und begegnete dem zürnenden Blicke Lücke's mit kalter Festigkeit, während ein kaltes Lächeln des Hohns um seine Mundwinkel spielte, — „ich traue Ihnen zuviel Verstand und Menschenkenntniß zu, um im Ernste eine solche Wahl zu treffen. Wissen Sie, was für Geschöpfe solche Mägde großer Häuser sind? Kennen Sie die Verworfenheit der Bedientenklasse, die unersättliche Wollust der Herren, die ihre Befriedigung durch jedes Mittel sucht und durch die Hülfsmittel des Reichthums in tiefes Geheimniß zu verschleiern weiß?"

„Meine Verlobte ist keine dieser Dirnen, die Sie meinen, Herr Baron!" sagte der junge Mann fast knirschend. „Es ist ein reines arglofes Kind, das die Gräfin aus Mitleid zu sich nahm und jetzt aussteuert!"

„Ausfteuert?" fragte Schrewnitz in einem Tone, daß Lüde kalter Schauer über seinen Rücken rieseln fühlte; — „dann gebe Gott, daß diese arme Blume nicht in der Umgebung dieser Giftpflanzen inficirt worden ist. Glauben Sie mir, junger Mann!" sagte er mit einem Mark und Bein durchdringenden Nachdruck, — „Herrendienst ist giftiger und langsamwirkender als die Acqua Tofana. — Je nun, des Menschen Wille ist sein Himmelreich! — — Sie sind gewarnt! äußere Reize können bethören, so lange man jung ist, so lange die Säfte noch gähren und das Blut mit dem Herzen davon geht. Aber für den kälteren Beobachter, für den besonnenen Skeptiker — und das ist ein jeder wahre Menschenkenner und Weltweise — gibt es keine Illusionen mehr. Ehe ist ein nothwendiges Uebel, ein Vertrag, dessen Basis die Wohlfahrt seyn muß. Diese aber gründet sich im modernen Staate auf Besitz. Hinter dem Armen jagt die Pest der Entbehrung und vergällt allen Frieden. Ich hatte mir vorgespiegelt, wenn ich Sie Stufe für Stufe aus Ihrem Proletariat erhöbe, wenn ich Ihnen unter nicht sehr fernen Auspicien selbst eine ehrenvolle Selbständigkeit eröffne, nach welcher Sie so sehr verlangten, — Sie am Ende zu den Principien zu belehren, welche im Leben fördern, und dem Strebsamen helfen.... Sie haben noch nicht ausgetobt, wie die Holländer sagen — Sie sind einen Ueberschuß von Jugendschwärmerei, von Sentimentalität zu Ihrem Nachtheil noch nicht los geworden; Sie haben noch nicht erkannt, daß nur der Standpunkt des Egoisten derjenige eines jeden Talents oder Genies seyn muß... Allein was schwatze ich da in's Blaue hinein? Sie haben ja schon gewählt!"

Lüde stand wie angedonnert: es wirbelte und gährte ihm im

Kopf und Herzen. „Ich täusche mich nicht in meiner Wahl,“ sagte er melancholisch; — „Albertine ist eine unverdorbene Blüthe!“

„Um so besser für Sie,“ versetzte Schrewnitz plötzlich ganz kühl; — „der Grund, weßhalb ich Sie rufen ließ, ist ein geschäftlicher. Die beiden ersten Bücher meines Werks sind total umgearbeitet, und müssen neu gedruckt werden, — die frühere Auflage wird kassirt — man muß seine Lorbeeren nicht selbst zerpflücken. Hier ist das Manuscript, ich vertraue es Ihnen an, dessen Pünktlichkeit ich kenne. Bei meiner Rückkehr von einem kleinen Ausfluge über Salzburg und Steiermark nach Venedig lassen Sie uns mehr über Ihre Zukunft reden; seyn Sie meines Dankes für Ihre Bemühungen gewiß. Ich schätze und liebe Sie trotz Ihrer Ungelehrigkeit... Da Sie nun einmal verlobt sind,“ setzte er ernster hinzu, — „verlobt und verloren, so nehmen Sie hier etwas für die Ringe!

Ein beschwertes Billet fiel in Lücke's Hand, und mit einem Scheidegruß verließ der Baron das Zimmer, ohne den Dank des Ueberraschten, Verwirrten abzuwarten. Bevor er sich noch recht fassen konnte, sah er den Baron in die Postchaise steigen, der Schwager blies, der Kammerdiener sprang auf den Rücksitz, die Domestiken verneigten sich, und husch! eilte unter Peitschenknall und Staubwirbeln die leichte Berline davon.

Gedankenvoll stieg Lücke zur Stadt herab; er hatte dem Baron soviel sagen wollen und in Wahrheit so wenig sagen können. Er hatte auf Theilnahme gehofft und Tadel gefunden, der ihn unruhig machte, obwohl er mit seinem Gewissen einig war. Er empfand ein Grauen vor diesem Menschen, und doch fühlte er sich wie an ihn gebannt, überwältigt von einer unbegreiflichen Eigenschaft, die er sich nicht entziffern konnte. Der Basilisk der Fabel soll ja auch die Eigenschaft haben, kleinern

Thieren Grauen und Entsetzen zu erwecken und sie dennoch mit seinem Blicke bannend in den Bereich seiner Fänge hereinzuziehen.

„Ich wollte Tinchen Nachricht von meiner Zusammenkunft mit dem Baron geben," murmelte er, — „allein sie ist nicht so ausgefallen wie ich wünschen möchte, — ich kann sie unmöglich jetzt sehen!" Und er blieb den ganzen Tag ungewöhnlich zerstreut und einsylbig.

Zwölftes Kapitel.

Die Qualen der Eifersucht erhöht!

„Sehen Sie, Vetter! die dicke Mumie dort mit ihren falschen Locken und dem verdächtigen Incarnat ihrer ganzen Beauté
du diable!" rief der Graf Senzalone dem Grafen Arnesco zu,
als sie eines Morgens mit einander in den Spielsaal des Con-
versationshauses traten, und deutete auf eine sehr beleibte Dame,
die vor der Roulette Platz genommen hatte. — „Seit den acht
Tagen, welche ich hier in Baden-Baden verlebe, treffe ich sie
schon zum fünften Male zu verschiedenen Tageszeiten hier am
Spieltische, um Benazet zu plündern?"

„Eine Dame, die Benazet plündert?... Meiner Treu, ein
Phänomen!" rief Arnesco, und folgte mit der Lorgnette der
Richtung von Senzalone's Reitpeitsche. Die Dame war gut gekleidet, nicht mehr jung und trug wahrscheinlich absichtlich einen
reichgarnirten Hut mit Schleier, der nebst ihrer blauen Brille sie
vermuthlich unkenntlich machen sollte. Vor der dichten Gallerie

der Zuschauer, in deren Mitte sie mit einer, für eine Frau von Stande wunderbaren Zuversicht und „Desinvolture", spielte, wie Senzalone sagte, war wenig mehr von ihr zu sehen.

„Sie hat Glück, die Alte," fuhr Senzalone fort, als er den Banquier in die Kassette greifen sah, — „dem Alter nach hat das Glück in der Liebe für sie aufgehört, und so erwährt sich das Sprüchwort an ihr!"

„Wir wollen sie näher in's Auge fassen," sagte Arnesco, und zog seinen Vetter dem Spieltische zu. Die Spielerin verließ diesen eben, und der sammtne Beutel, welchen sie am Arme trug, wog sichtlich schwer. Sie eilte, so schnell es ihr Embonpoint erlaubte, der Thüre zu, und sie sah sich um, ob ihr Niemand folge. Glücklicherweise bemerkte sie den Grafen und seinen Vetter nicht, die ihr aus einem der Fenster nachblickten. Als sie die Brille abnahm, und sich noch einmal umdrehte, rief Arnesco überrascht: „Alle Wetter! es ist Manon!"

„Sie kennen sie?" fragte Senzalone.

„Wie sollte ich nicht?" war die Antwort; — „es ist die Kammerfrau der Gräfin, meiner Gemahlin!" Beide lachten überlaut, und eilten ebenfalls hinaus.

„Ein Abenteuer, das uns vielen Spaß machen wird!" rief Senzalone; — „kommen Sie, Graf; wir wollen es sogleich meiner Cousine erzählen, die wir, denke ich, noch auf der Promenade treffen werden!" Dabei mengten sie sich unter die Reihen der lustwandelnden Damen, und ließen Manon ungestört ihren kleinen Schatz auf das Comptoir des Hauses Haber und Söhne tragen, und von dort schnell nach dem Hotel zurückeilen, da jeden Augenblick die Gräfin zum Wechsel der Toilette zurückerwartet werden mußte.

Die Gräfin lachte noch herzlich aber ungläubig über die

Neuigkeit, welche man ihr hinsichtlich ihrer Kammerfrau über-
bracht hatte, als sie in ihr Toilettenzimmer trat; sie fixirte die
Französin, die aber keinerlei Gemüthsbewegung, ja nicht einmal
einen Widerschein von Freude verrieth, sondern lustig und sorgen-
los drein blickte, wie alle Tage.

„Excellenz scheinen heute sehr gut gelaunt!" hub Manon
endlich an, — „Sie scheinen Ihren Vormittag sehr gut verbracht zu haben!"

„Gewiß, Manon," versetzte die Gräfin; — „ach wie haben
wir gelacht; mein Vetter erzählte mir, daß er einige Frauenzimmer habe spielen sehen, und zwar mit Gewinn — nun bitte
ich Sie. Damen von Stande können sich doch nicht so weit vergessen, daß sie sich einem solchen Affront aussetzen!"

„Und warum nicht?" rief Manon, ohne in Verlegenheit zu
gerathen; — „ich sah schon Engländerinnen und Russinnen dort
spielen. Ja war ich doch neulich dabei, als die schöne polnische
Gräfin Lapielska an einem Abende 2000 Napoleonsd'or von der
Roulette hinwegtrug, — freilich behauptete man, sie spiele à deux
mains, und sey von Mr. Benazet zum Lockvogel aufgestellt,
um . . ."

„Ah, Sie gehen also auch zuweilen an die Spielbank,
Schelmin?" rief die Gräfin.

„Ich gehe nicht allein hin, sondern ich spiele sogar auch,
und zwar fast alle Tage," entgegnete Manon trocken; — „Was
wollen Sie, Madame? Was für Aussichten hat eine arme Frau
wie ich für ihre spätern Tage, wenn sie nicht schön oder talent-
voll oder reich ist? Wird sich je ein Mann finden, der sich nur
um ihrer Verdienste willen über sie erbarmt?"

„Lieber Gott! Sie wollen also auch noch heirathen, Manon?"
rief Julie muthwillig.

„Nichts andres," gab die Zofe ernst und trocken zur Antwort; — „ich habe lange genug gedient, um mich nun auch
einmal nach dem Befehlen zu sehnen. Und bekommt nicht am
Ende jede Frau noch einen Mann, wenn sie nur noch einen
goldenen Köder aushängen kann? . . . Hat ja doch selbst diese
kleine gueuse Albertine um ihres Lärvchens willen einen Mann
bekommen und zwar einen recht braven?! Glauben Sie mir,
Excellenz, hätte ich vor vier Wochen besessen, was ich seit einigen
Tagen gottlob von der Spielbank bescheert erhalten habe, er
hätte mich sicher dem jungen Gänschen vorgezogen?"

Die Gräfin lächelte boshaft. „Der junge Mann scheint
etwa achtundzwanzig Jahre alt zu seyn, und Sie, Manon, . . .
sind, glaube ich, — achtunddreißig?"

„Sechsunddreißig," corrigirte Manon.

„Laß sehen," sagte die Gräfin, — „ich bin jetzt sechsund-
zwanzig; ich zählte sechs Jahre, als Sie in das Haus meiner
Mutter kamen; Sie waren zuvor sechs Jahre bei einer englischen
Familie, zwei Jahre bei einem russischen Grafen gewesen . . .
armes Geschöpf, schon im zehnten Jahre Ihr Brod unter Fremden suchen zu müssen!" Sie lachte überlaut.

Manon war hievon sehr wenig erbaut, ja sogar sichtlich
verstimmt. Warte, dachte sie, ich will Dir's heimgeben. —
„Was thut's am Ende, wie alt ich auch bin!" sagte sie trocken;
„die Hauptsache ist's, daß er mit mir wohl besser gefahren wäre,
als mit seinem Gänschen. Ich habe Erfahrung, habe Bildung,
hätte ihn vor jeder eifersüchtigen Furcht sicher gestellt. Aber sie?
hat sie Bildung, hat sie Charakter genug, um hernach noch tugendhaft zu bleiben, wenn sie der Name einer Gattin vor Schande
schützt? Bah, die vornehmen Herren und besonders gewisse Leute
darunter, die das pikante Kind schon jetzt mit den Augen ver-

schlingen, werden in eigenem Interesse die Hochzeit beschleunigen, denn sie werden hernach um so leichteres Spiel haben. Die Armuth, die Eitelkeit, die Sehnsucht nach einer gewissen Aisance — mein Gott, man weiß ja, wie schnell ein solches Geschöpf fällt und wie mächtig die Verführung wirkt!"

„Aber der Mann, der Ehrgefühl hat, wird hierin auch ein Wort mitsprechen, und seine Schwelle rein erhalten," sagte die Gräfin verdüstert.

„Um so eher wird er betrogen werden!" rief Manon höhnisch lachend; — „wo wäre ein Mann im Stande, alle Ränke eines lüsternen Weibes zu durchschauen und zu umgehen? ... Und zudem ist er arm, wenn auch brav; er wird Familiensorgen haben, wird durch sein Tagewerk dem Geschick eine bescheidene Nahrung abringen müssen. Wird er nicht am Ende den Sündenlohn eines treulosen Weibes lieber theilen und sich durch Wohlleben einlullen, als sich durch Kummer und Zank noch mehr beschweren?"

Jetzt war die Gräfin finster und verstimmt, und in sichtlich unangenehme Gedanken vertieft. — „Ich glaube nicht, daß das Alles möglich ist!" rief sie endlich.

„Excellenz kennen das Volk nicht," fuhr Manon, noch mit der Toilette der Gräfin beschäftigt, schadenfroh fort; — „diese Kleine wird nicht besser seyn als die Andern! sie wird schneller fallen als eine Andere, denn man stellt ihr mehr nach. — Das Alles hätte der junge Mann mit mir nicht riskirt; wer sollte mir nachstellen? wer würde überhaupt unser Glück getrübt haben? Ich hätte ihn geliebt, wie man einen Bruder, einen Sohn liebt, und er hätte mir aus Dankbarkeit wenigstens Achtung, wo nicht Liebe bewiesen. Wäre ich gestorben, so hätte er mit meinem kleinen Vermögen nach Neigung heirathen können, nachdem die

Vernunftheirath sein Glück gegründet. — Aber mein Gott! ich konnte ihm nicht die Protektion meiner Herrschaft versprechen, noch eine Mitgift in Aussicht stellen! Meine vieljährigen Dienste sind ja bereits bezahlt!"

„Sie sind sehr ungerecht, Manon!" sagte die Gräfin empfindlich; — „nie äußerten Sie die Absicht, unser Haus zu verlassen, und zudem wußten Sie, daß die Ausstattung unser Domestiken eine althergebrachte Maxime unseres Hauses ist!"

„Ich habe mir während meiner Dienstzeit nur wenig ersparen können, — pierre qui roule, n'amasse point de mousse! — Die Geschenke meiner Herrschaften sind das Einzige, was ich mir erübrigen konnte," fuhr Manon fort, — „allein was bedeutet das? Es ist zu wenig, um meine Jahre aufzuwiegen; also habe ich mein Heil im Hazard versucht, habe gewonnen und werde nun unter allen Umständen mir einen braven Mann suchen!"

„Wie hoch beläuft sich Ihr Gewinn, Manon?" fragte die Gräfin.

„Bis jetzt auf sechshundert Napoleons!" sagte diese; „ich hätte tausend Napoleons voll, wenn ich nicht auch Verluste erlitten haben würde!"

„Ich werde Ihnen zeigen, daß wir gegen Sie nicht minder freigebig seyn werden, als gegen diese Kleine, obwohl ich Sie nur ungern entbehre!" versetzte die Gräfin; — „seyn Sie nur behutsam in Ihrer Wahl, daß Sie nicht aus übel ärger machen. Nicht jeder Ehestand ist ein Glücksloos in der Lebenslotterie!" setzte sie seufzend hinzu, — „gehen Sie nun, Manon! vor Tische bin ich für Niemand zu Hause!"

Als die Kammerfrau sich bedankt und entfernt hatte, erwachte bei der Gräfin auf's neue das alte Gespenst der Eifersucht und des Argwohns. Sie versank in ein dumpfes Hin-

brüten, aus dem sie nur zuweilen erwachte, um ihrer Leiden-
schaftlichkeit Worte zu geben. „Verwünscht sey der Regen, der
den Grafen in jene Hütte führte!" murmelte sie; — „verwünscht
der Zufall, welcher das Wiederfinden im Theater und jene
Wette veranlassen mußte! verwünscht endlich meine eigene Gutmüthigkeit, welche die Natter an den Busen nahm! . . . Und
nicht einmal fremden Rath begehren zu dürfen, aus Furcht sich
selber und den Gemahl zu beschimpfen! Das ist entsetzlich, unerträglich! Lieber tausend Tode als ein solches Leben! Diese
Manon wäre intriguant genug, mir dieses Geschöpf vom Halse
zu schaffen, aber darf ich sie in diese peinlichen Befürchtungen
einweihen?"

Dreizehntes Kapitel.

Manon's Aktien steigen.

Etliche Tage später trat Franz mit Einbruch der Dämmerung durch die Domestikenthüre in's Palais des Grafen und gleich darauf in Albertinens Stübchen; aber nicht mit derselben frohen Stirne, mit denselben leuchtenden Augen und jenem elastischen Gange, der ihn sonst so rasch zu ihr getragen. Es lag etwas Düsteres, Trübes auf seinen Zügen, eine schwere Sorge auf seinem Herzen. Das kleine Tischchen war mit einer schneeweißen Serviette gedeckt, zeigte zwei Gedecke, zwei Gläser, eine Weinflasche und verschiedene Zurüstungen zu einem Abendbrobe, Zeichen einer zärtlichen Aufmerksamkeit von Seiten Albertinen's, die offenbar ihr eigenes Abendbrob mit ihm theilen wollte. Und doch machten diese Zurüstungen, wenig Eindruck auf ihn, ließen sein Auge trübe, seine Stirn umwöllt? Verschlossen lehnte er sich in die Ecke des Fensters und schaute in den stillen Abend hinaus.

Da trat Tinchen mit einem Lichte ein, und flog ihm froh überrascht entgegen, bemerkte aber troß seiner Mühe, es zu verbergen, seine Verschlossenheit und die stumme Verstimmung. Von ihrem kleinen Mahle hoffte sie das Beste; gewiß war es im Stande, jene mürrischen Wolken zu verscheuchen.

„Komm', Franz!" sagte sie, und rückte ihm den Stuhl zurecht, — „komm', Du sollst nun sehen, was für Fortschritte ich im Kochen mache! Sieh', das Alles hier habe ich selbst zubereitet: hier den jungen Hahn, hier die Beefsteaks, dieses junge Gemüse, — kurzum Alles bis auf die kleinen Pastetchen!"

„Es ist Alles sehr appetitlich," sagte er einsylbig, „aber es dünkt mich fast zu kostbar für unsere späteren Bedürfnisse!"

„Ei," meinte sie, „wir werden uns dann auch in wenigeres und geringeres schicken!" Und so plauderte sie fort: er mußte Alles wissen, die Zubereitung, den Ankaufspreis, die Dauer der Bereitung, Alles vom A bis Z. Halb zerstreut hörte er zu, bemühte sich zu lächeln, und nickte hie und da mit dem Kopfe; aber offenbar war sein Geist mit ganz andern Dingen beschäftigt. Ihr entging das nicht, und es erfüllte sie mit ziemlicher Unruhe, die sich immer mehr steigerte, je länger sie sprach. Endlich brach sie auch ab, schaute ihn forschend an, ohne daß er beides zu bemerken schien, und fragte endlich: „Franz, was ist Dir?"

Er fuhr zusammen. „Nichts," sagte er, „ich habe Kopfschmerz; ich bin unwohl!" Aber sie glaubte das nicht; sie drang in ihn, so ängstlich, so zitternd, daß er unwillkürlich nachgeben mußte.

„Du kannst mir doch nicht helfen, liebes Kind!" sagte er endlich; — „es sind Sorgen, die mich drücken! Ich fühle erst jetzt, was es heißt arm zu seyn; es ist ein Fluch, der sich

zwischen uns und unsere liebsten Pläne drängt ... ich sehe gar
keine Rettung, gar keine Hülfe mehr ..." — Ihre Angst stieg
bei diesen zweideutigen Klagen, und sie ruhte nicht eher als bis
er Alles zu erzählen versprach und also zu erzählen anhub: —
„Heute Mittag ließ mich Herr Föderer auf sein Zimmer rufen;
er habe mit mir privatim zu sprechen, hieß es. — ‚Herr Lücke,'
begann er ohne viele Umstände, ‚Sie wissen, daß das Etablissement nicht ganz mein Eigenthum ist; ich habe noch stille Theil-
haber, deren Kapitalien in meinem Geschäfte laufen, und denen
ich dafür Einsicht in die Verwaltung gestatten muß. Nun stehe
ich im Begriff, eine Reise nach England zu machen, um die
neueren Erfindungen in unserem Fache kennen zu lernen, und sie
dann zu uns zu verpflanzen, was meiner Officin neuen Krebit
und Aufschwung geben muß. Während dieser meiner Abwesenheit von etwa zwei Monaten sollen Sie das Geschäft überwachen
und leiten, das ich Ihnen unbedingt anvertraue. Allein wir
kennen uns noch nicht lange genug, als daß ich nicht — gewitzigt
durch den letzten Vorfall mit meinem Faktor, und um meine
Associés zufrieden zu stellen — eine Kaution von Ihnen verlangen müßte. Sie deponiren eine Summe von vierhundert Thalern bei meinem Banquier, und erhalten von mir Vollmacht,
während meiner Abwesenheit das zum Betrieb nöthige Geld dort
zu erheben! Wenn Sie freilich diese lumpigen vierhundert Thaler
nicht auftreiben könnten, müßte ich — so sehr ich auch Sie hoch-
schätze und mit Ihren Leistungen zufrieden bin — auf ein anderes Offert reflektiren, welches mir von einer andern Seite her
gemacht worden ist.' — Ich fand das ganz billig und getraute
mir, auf meine Lebensversicherungs-Police hin Geld entlehnen
zu können. Den ganzen Nachmittag lief ich herum von einem
Geldmäkler zum Andern, aber überall fand ich nur abschlägige

Antworten, Achselzucken, höfliches Bedauern, Kanzleitrost. Ich weiß nicht, was ich davon denken soll . . . im Hamburg ginge das gewiß sehr leicht, aber hier? wer kennt mich? wer soll am Ende auch einem Landfremden vertrauen? . . ."

„Vierhundert Thaler sind eine starke Summe!" sagte Albertine mit unsicherer wehmüthiger Stimme; — „wer wird uns so viel Geld leihen?"

„Es ist eine Bagatelle für einen Reichen," sagte Franz, — „Mancher rückt an die Befriedigung einer flüchtigen Laune mehr, verspielt und verpraßt an einem einzigen Abende das Doppelte; — aber für uns arme Narren bleibt es ein unerschwinglicher Schatz!"

Albertine zitterte, eine halbzerdrückte Thräne in der Wimper, als sie fragte: „Hast Du denn dem Herrn Deinen Schein nicht angeboten?"

„Freilich that ich's," versetzte Franz; „aber er lachte mich fast damit aus: er will durchaus baares Geld oder eine andere ihm mehr entsprechende Sicherung. Das verwünschte Offert meines Nebenbuhlers! Wir haben heute Montag und noch vor Ende dieser Woche muß ich das Geld beibringen oder meine Stelle abgeben, und wieder simpler Setzer werden. — Ich weiß nicht, was die Leute hatten: mir schien fast, Förderer genieße weniger Vertrauen als ich. Die Herren hörten mich immer ruhig an, bis ich mit meiner Auseinandersetzung auf die Reise des Principals nach England zu sprechen kam; dann zuckten sie die Achseln und bedauerten ungemein u. dgl. m. Die Elenden!... O wenn ich wüßte, wo der Baron Schrewnitz dermalen sich aufhält, oder wenn die Angelegenheit Verzug hätte bis zu seiner Rückkehr!... Aber so drängt jetzt die Sache, und ich leide darunter ...

ich habe Niemanden hier, der mir hilft, den ich kenne, dem ich mich anvertrauen kann!..." Er schwieg düster.

„Ei was!" sagte Tine, — „laß ihm seine Stelle, wenn er Dir nicht ohne das Geld sein Zutrauen schenken will! Hast Du nicht auch zuvor leben können?... Ich weiß nicht, ich traue dem Herrn auch nicht: ich wollte, Du ließest Dich nicht mit ihm ein, sicherlich steckt etwas dahinter. Was macht's, wenn Du wieder Setzer wirst? Ich bin Dir darum nicht weniger gut, und der liebe Gott wird einstweilen schon etwas Anderes und vielleicht Besseres für uns ausfindig machen. Wer weiß überhaupt, wozu es gut ist, wenn wir unsre Hochzeit noch einige Zeit verschieben! Wir sind Beide noch so jung!"

„O es ist nicht dieß, was mich drückt!" sagte er, — „aber eine Schande ist's, wieder zurückdienen zu müssen!"

„Schande?" fragte sie; — „wer kann Dir's zum Vorwurf machen, daß Du arm bist?"

„Ihr Weiber wißt gar nicht, was das Ehrgefühl eines Mannes ist!" gab Franz traurig zur Antwort; — „Ihr wißt nicht, was es heißt, den Spott gemeiner Naturen über sich ergehen lassen zu müssen, die Einen beneideten, daß man sie überflügelte, und nun frohlocken, daß man wieder herabsteigen muß! Und zudem ist es ein Rückschritt, der mich um einige Jahre in meinem Streben zurückwerfen wird, — um ein Paar Stufen, die ich wieder mühevoll mir erkämpfen muß!" Unmuthig stürzte er das Glas hinunter, das sie ihm so eben eingeschenkt hatte, und versank in ein melancholisches peinliches Schweigen.

Sie hatte ihn nicht ganz verstanden, aber der Ausdruck der Schwermuth und des Schmerzes, der in seinen Zügen lag, erschreckte sie, und sein Verstummen regte auch ihr Nachdenken auf. — —

„Warum weinst Du, liebes Tinchen?" fragte er endlich, als er, über die Pause selbst erschreckend, sie plötzlich in's Auge gefaßt hatte. Sie schluchzte jetzt noch lauter, und er mußte seine Frage in noch zärtlicherem Tone wiederholen.

„Ach," sagte sie, „ich weiß, was Dich unglücklich macht! Ich bin so arm, so blutarm; jedes andere Mädchen hätte Verwandte, an die Du Dich wenden könntest, aber ich habe nichts, gar nichts. Ich kann Dir nichts versprechen, als daß ich Dir recht gut bin ... Ach, mir ist, als denkest Du jetzt: wenn ich nur nicht so weit mit Albertinen wäre; da könnte ich mich anderswo umthun, oder im schlimmsten Fall meinen Tornister wieder auf den Rücken nehmen, und weiter wandern in eine andere Stadt, wo mich die Mitgesellen nicht mehr verspotten könnten!"

„Aber, Tinchen, wie magst Du so etwas denken?" rief Lücke verblüfft, denn es fehlte in der That wenig, so hatten Albertinens Ahnungen sie nicht betrogen; — „Du thust mir wahrlich weh mit solchen Vorwürfen!"

„Ach," sagte sie, — „verzeih' mir's; ich meine es so gut mit Dir! Aber wenn Du um meinetwillen unglücklich werden solltest, Franz, lieber wollte ich sterben. Geh', verlaß mich, wenn ich Dir zu arm bin, — ich kann's leichter tragen, daß Du mich wegen einer Ursache verlassen hast, an welcher ich keine Schuld trage, als wenn ich denken müßte, ich habe Dich auf immer unglücklich gemacht."

O wie betheuerte er nun, daß dieß nicht der Fall sey, wie bewunderte er ihre Resignation, ihr wahrhaft kindliches liebevolles Wesen! wie schwur er ihr, daß er nun ganz zufrieden sey und nun gewiß nicht mehr auf die ehrgeizigen Pläne zurückkommen wolle, und wie schnell vergaß er dieses Versprechen wieder, als er im andern Augenblick Albertinen auf seine Kniee zog und sich mit ihr aussöhnte und sie wieder lächeln machte, und von Neuem anhub:

„Ich hatte mir im Stillen die Hoffnung gemacht, Dich veranlassen zu können, daß Du an Deine Herrschaft schreibest, denn dem Grafen, bei seinen Reichthümern, wäre es eine Kleinigkeit . . . ."

„Nein, nein!" rief sie, ihn unterbrechend; — „das dürften wir nicht wagen! Ach, der Graf ist darin gar eigen; er hat ein Mal einem ehemaligen Haushofmeister Geld geborgt, der in M. einen Gasthof gründete; der hat ihn um etliche tausend Gulden gebracht, und seither darf man es nicht wagen . . . ich weiß es von den andern Domestiken!"

„Aber die Gräfin?"

„Noch weniger!" rief Tine; — „bei dieser vollends würde ich es gar nicht wagen! Sie macht mir immer bange, wenn sie mich so stechend anschaut mit ihren schwarzen rollenden Augen! Ach, wenn man von diesen launischen Leuten zu viel verlangt, verdirbt man sich am Ende das Spiel ganz!"

„Je nun, so bin ich wieder um eine Hoffnung ärmer!" murmelte Lücke.

„Aber da fällt mir bei," rief Albertine plötzlich, — „wie wär's, wenn Du an Mamsell Manon schriebest? Sie würde es noch am ehesten thun! Sie hat sich schon so viel erspart!"

„Du hast recht!" rief Franz lebhaft; — „ja, sie ist eine gutmüthige dicke Person! Wie thöricht, daß ich nicht früher an sie dachte! Dein Einfall ist Goldes werth, mein liebes, liebes Kind. Ein Paar Fleuretten bei der Alten, das macht viel aus! . . . Wenn sie nur reich genug ist!"

„O sie ist's," versetzte Tine; — „sie erzählte mir von ihren

Kapitalien, etliche tausend Gulden im Werthe; sie hat viel geerbt von der Mutter der Gräfin!"

„Nur rasch Papier und Tinte her, mein Kind!" drängte Franz, — „wir haben keine Zeit zu verlieren!" Geschäftig eilte Albertine fort, das Verlangte herbeizuschaffen. Franz stürzte noch einen Römer Wein hinunter und schrieb dann hastig und in der Inspiration des Augenblicks einen ebenso galanten als dringenden Brief, worin er ihr seine Lage auseinandersetzte und sie bat, sein Vertrauen in ihre Freundschaft nicht Lügen zu strafen u. s. w.

Mittlerweile war es spät geworden: er empfahl die Besorgung des Briefes Tinchen noch auf das bringendste für den folgenden Morgen, und nahm, sichtlich fröhlicher gestimmt und seiner Sorgen ledig, von ihr Abschied.

Vierzehntes Kapitel.

Domestiken-Ränke.

Wer beschreibt Manon's Freude als sie diesen Brief empfing! Sie legte ihm eine ganz andre Deutung unter, und dachte nichts Anderes, als der junge Mann habe auf irgend eine Weise — sey es nun durch reiflichere Ueberlegung, sey es durch das Gerücht von ihrem Gewinn — sich auf eine andere Meinung bringen lassen. Was lag ihr daran, daß er erst so spät zu dieser besseren Ueberzeugung kam! Lieber später als gar nie! Und wie sie sich auch besinnen und umsehen mochte, einen so hübschen, klugen, gebildeten jungen Mann fand sie gewiß so leicht nicht wieder! Seine Gutmüthigkeit sicherte ihr die Herrschaft im Hause, ihr Vermögen seine Abhängigkeit zu — das war nicht trefflicher zu wünschen. Halt! sagte sie, — das Nächste, was ich jetzt zu thun habe, ist, nach Hause zurückzukehren, ihn zu sprechen, mit ihm zu verkehren, ihm seine Aussichten auf mein Vermögen zu zeigen, — dann mag sich Alles schon von selbst ergeben! —

Aber, sprach dann eine andre Stimme in ihrem Inneren, dazu
gehört, daß ich so schnell wie möglich Albertinen aus dem Hause
entferne. Ha, wenn ich es z. B. dahin brächte, daß sie mit mir
tauschen müßte! Ein Mittel dazu wäre zu finden!...

Die Glocke, welche sie zur Herren rief, um deren Brunnen-
toilette zu beginnen, störte diesen Ideengang. Gräfin Julie war
seit etlichen Tagen auffallend verstimmt, sie klagte über Migraine
und fuhr meist ganz allein oder in Begleitung ihres Cousin
Senzalone nach Lichtenthal hinaus, dessen idyllischer Frieden sie
jedoch nicht zu beruhigen vermochte. Heute Morgen war sie
besonders gallicht und reizbar, und Manon hatte ihre liebe Noth,
ihr Alles recht zu machen. — „Ich habe heute Nacht keine
Stunde geschlafen," sagte sie unter Anderem; „die abscheuliche
Glocke des Vorsaals hat mich zweimal im ersten Schlummer
aufgeschreckt und ich konnte nicht wieder einschlafen; Paul soll sie
abnehmen lassen!"

„Der Herr Graf kam erst gegen Morgen nach Hause wie
gewöhnlich!" warf Manon hin; „die Glocke ist zu groß, allein
man sollte sie doch nicht ganz beseitigen! Es gibt hier so viele
Chevaliers d'Industrie!.... Apropos do ces chevaliers," fuhr
sie fort, — „so hat mir einer derselben gestern Abend einen
großen Schreck bereitet. Ich besorgte die Commissionen Eurer
Excellenz bei dem Pariser Schuhmacher, der auf der Promenade
feilhält; allein er war bereits in seiner Wohnung im Stern,
wie mir der Garçon de boutique sagte, ich eile dorthin, spreche
den Meister, richte meine Commissionen aus, und will das Haus
eben verlassen — es ist ein gewöhnlicher Gasthof, Madame,
kaum für die bonne bourgeoisie gut genug — als mir zwischen
Thor und Treppe ein Paar begegnet, — der Herr unserm Herrn
Grafen so ähnlich wie ein Ei dem andern, in eine weite dunkle

Capote gehüllt, den Hut tief in's Gesicht gedrückt, — die Dame
aber, oder vielmehr die sehr zweideutige Person an seinem Arme
von frappanter Aehnlichkeit mit . . . rathen Sie, Excellenz, mit
wem?"

Die Gräfin erblaßte und ihre Lippen bebten, als sie antwortete: „Wie kann ich das wissen?"

„Mit Albertinen," versetzte Manon rasch; — „es war ganz
ihr Wuchs, ihre Stimme, ihr Gang, Alles so ähnlich wie unter
Zwillingsschwestern. Es war schon Dämmerung, und die Laterne
des Hausganges noch nicht angezündet, ich konnte also die Gesichter nicht erkennen, und mich von der Thorheit meiner Ver-
gleichung überzeugen. Albertine ist ja zu Hause, viele Meilen
von hier, und der Herr Graf, wie sollte er sich in ein solches
Haus verirren? Gleichwohl aber war die Aehnlichkeit so auffallend, so frappant! . . . ."

Die Gräfin war einer Ohnmacht nahe. Albertine heimlich
in Baden-Baden, in einem Winkelwirthshause versteckt, durch
Furcht im Schach, vielleicht durch einen frevelhaften Helfershelfer
des Grafen im engsten Zwang gehalten, vielleicht auch freiwillig
oder von Offerten verlockt dem Winke des Grafen gefolgt? das
war nichts so Unmögliches oder Unwahrscheinliches! — „Es
waren freilich thörichte Vermuthungen, Manon," sagte sie endlich; — „allein Sie hätten sich doch näher überzeugen sollen, ob
Ihre Ansicht so ganz ungegründet sey?"

„Ich?" rief Manon, — „um keine Welt! Es hätte sich gar
nicht für mich geschickt! — Und dann, wenn es wirklich der
Herr Graf gewesen wäre, oder wenn ich wegen Beider Recht
gehabt hätte, wie bittern Haß müßte Se. Excellenz gegen mich
fassen! . . . Ueberhaupt, glauben Sie denn, Madame, ich würde
Ihnen dieß erzählt haben, wenn ich nicht zum Voraus wüßte,

daß es eine alberne Täuschung war, bie mir burch ben Kopf
schoß!"

Sie hält es also boch für möglich, baß es ber Graf unb
Albertine gewesen sein könnten? bachte Julie; sie ist schon halb
in bem Geheimniß; es wird bas Beste seyn, ich führe sie vollends
ein. — „Halten Sie es für möglich, Manon, auf behutsame unb
schonenbe Weise Erkunbigungen einzuziehen, ob es boch nicht
vielleicht Albertine war, welche . . .?" hub bie Gräfin nach einer
Pause an; — „wenn Sie etwa mit gehöriger Vorsicht in jenem Gasthof Erkunbigungen anstellten? Man könnte boch etwas Gewisseres
in Erfahrung bringen!"

„Es würbe nicht schwierig seyn, aber gefährlich," meinte
Manon; „wenn es wahr wäre, was Sie selbst zu argwöhnen
scheinen, Mabame, baß ber Herr Graf eine Schwachheit für bas
Mäbchen hätte... wenn er erführe, baß ich es gewesen, bie auf
bie Entbeckung geführt, er würbe mich aus bem Hause jagen."

„Ich nehme alle Verantwortung auf mich!" rief bie Gräfin;
— „lieber Gewißheit unb wäre es bie empörenbste, als noch
länger biese Folter, bie mir unerträglich ist! ... Halten Sie
es überhaupt für möglich, Manon, baß bieses Geschöpf, bas ich
aus bem Schlamme gezogen, bem ich eine sichere bequeme Zukunft bereiten wollte, unbankbar unb pflichtvergessen genug seyn
könnte? . . ."

„Sie haben allerbings viel gethan, Mabame," erwiberte
Manon anscheinenb ausweichenb, — „allein wie, wenn ber Herr
Graf biesem thörichten Mäbchen noch mehr geboten hätte, um
sie zu veranlassen, heimlich hieher zu kommen? ... Jebenfalls
könnte man auf bieß letztere schließen, inbem Albertine mir bis
heute noch keine Zeile geschrieben hat! Von wann batirt sich ber
letzte Brief, ben Sie erhalten haben, Mabame?"

„Ich habe ebenfalls noch keinen," gab diese zur Antwort;
— „es hat Wahrscheinlichkeit für sich, daß sie hier ist. Was
wird sie riskiren? Der Befehl des Grafen schüchtert die andern
Domestiken ein, und bindet ihnen die Zunge, und hier gibt es
Mittel genug, sie vor den Augen der Leute zu verbergen!"

„Wie wäre es, Excellenz, wenn wir eine Contremine an-
legten?" fragte Manon.

„Was verstehen Sie darunter?" forschte die Gräfin haftig.

„Gesetzt, unser Verdacht, daß das Mädchen hier sey, bestä-
tige sich," versetzte Manon, — „so würde es kein einfacheres
und zweckmäßigeres Mittel geben, über Alles Gewißheit zu erhalten, als wenn Sie eine vertraute Person mit Extrapost nach
Hause senden und dort Nachfrage halten laffen würden! Wäre
Albertine nicht zu Hause oder abwesend gewesen, so hätte man
Gewißheit, und könnte ebenso im andern Falle vielleicht Maßregeln ergreifen, einem derartigen Versuche vorzubeugen!"

„Sie haben Recht," sagte Gräfin Julie nachsinnend, —
„aber wen sollte ich wählen? Wem darf ich vertrauen?"

„Zweifeln Sie denn auch an mir, Excellenz?" fragte Manon
fast mit leisem Vorwurf; — „wenn Sie mich wählen würden,
so bliebe Alles im tiefsten Geheimniß begraben, und Ihr Auftrag würde gewiß auf's Beste besorgt."

„Ich danke Ihnen für Ihren Eifer und werde ihn zu würdigen wissen!" sagte die Gräfin; „allein ich kann Sie nicht ent-
behren, bevor sich eine Stellvertreterin gefunden hat, und das
dürfte hier schwer fallen . . ."

„Keineswegs, sie dürfte vielmehr schon gefunden seyn," versetzte Manon; — „eine meiner Landsmänninnen, welche bei der
Gemahlin des englischen Obersten Campbell gewesen und erkrankt

ift, als die Herrschaft abreiste, ift dermalen außer Dienst und
würde . . .“

„Der Herr Graf!“ rief der Lakai, und Arnesco erschien mit
der heiterften unbefangenften Miene von der Welt, um seine
Gemahlin zur Morgenpromenade abzuholen.

„Wie schön Sie heute sind! wie frisch und rosig!“ sagte er,
als er ihr die Hand küßte; — „die Kur schlägt sichtbar an!“

„Wie bei Ihnen, Hugo! ich finde Sie kräftiger und heiterer
als je,“ sagte sie, und lächelte ihm freundlich zu; sie wollte ihn
heute doppelt freundlich behandeln, um jeden — auch den lei-
festen Argwohn in ihm zu erstiden. Als ihr Manon die Handschuhe zuknöpfte, flüsterte sie dieser noch den Befehl zu, ihre
Nachfragen im ‚Stern‘ unverweilt, aber mit gehöriger Vorsicht
zu beginnen, und die Kammerfrau der Lady Campbell herzu-
befcheiden. Dann eilte sie auf den Grafen zu, legte ihren Arm
in den seinigen, und hüpfte neben ihm hinaus wie das unbefan-
genfte Kind. Er erinnerte sich kaum, sie je so lustig, lebhaft
und witzig gesehen zu haben.

Fünfzehntes Kapitel.

Der Anschlag gelingt.

„Ich bin gerüstet, Excellenz!" sagte Manon, in der Dämmerung in den Salon der Gräfin tretend; — „sobald es vollends
Nacht ist, werde ich mit Postpferden nach Carlsruhe und von da
mit der Diligence nach Hause fahren." (Diese Geschichte ereig-
nete sich nämlich zu Anfang der vierziger Jahre, noch vor der
Erbauung der badischen Eisenbahn.)

„Ich habe nachgedacht, wie wir unsre Maßregeln nehmen
werden," versetzte die Gräfin, „um dieses Mädchen am schnellsten
los zu werden. Wäre diese übereilte Verlobung nicht zu Stande
gekommen, so hätte ich ein sehr wirksames Mittel: ich würde
sie in eine Erziehungsanstalt im Herzen von Frankreich rc.
bringen, wo sie gewissen Leuten ganz aus den Zähnen gerückt
wäre . . . ."

„Aber diese Verbindung ist ja nicht unauflöslich," warf
Manon ein; — „es bedarf vielleicht nichts als einer Trennung
der beiden jungen Leutchen, um sie wieder aus einander zu bringen.
Wenn Sie Albertinen hieher riefen, wollte ich den Verlobten
schon auf mich nehmen. Ueberhaupt, wer weiß was geschieht,

denn wenn auch unſre Nachforſchungen zu keinem andern Zwecke geführt haben als um zu erfahren, daß in jenem Gaſthofe eine verdächtige, zweideutige Perſon logirte, welche bei Tage ſich verborgen hielt und Abends die Beſuche eines vornehmen Herrn annahm, ſo finde ich vielleicht entweder einen Anknüpfungspunkt zu Hauſe, oder Sie, Madame, ſehen am beſten, wenn Sie das Mädchen hier haben, ob es möglich iſt, daß Albertine ſchon hier gelebt hat, und können wenigſtens eine Aufſicht führen, welche vielleicht ſonſt irgendwie den Anſtoß gibt, Ihre Hand von einer Unwürdigen abzuziehen...."

„Ja, ich will Ihren Rath befolgen, meine gute Manon," ſagte die Gräfin, — „es wird mir faſt kein anderes Mittel übrig bleiben, als dieſe überläſtige Perſon um mich zu haben. — Vielleicht," ſetzte ſie leiſer hinzu, „gewinne ich dadurch eine günſtige Gelegenheit, mich mit Einem Male ihrer zu entledigen; — geſchehe, was da wolle, wenn ich nur meine Ruhe oder eine Gewißheit erlange!.... Es bleibt dabei," hub ſie nach einer Pauſe von Neuem an, „Sie ſenden mir die Creatur hieher, Manon, wenn Sie ſie anders zu Hauſe antreffen. Sie gelten hier für krank, bis Albertine da iſt. Iſt dieß geſchehen, ſo geben wir an, Sie ſeyen heimgereist. Die neue Kammerfrau ſoll mir ein wachſames Auge auf ſie haben, und Sie mögen inzwiſchen dem Verlobten des Mädchens zuſetzen, bis er abſpringt, und wir uns das Geſchöpf auf etliche Jahre aus dem Geſicht rücken können!"

Dabei blieb es denn und nachdem der Plan noch nach allen Seiten hin reiflich überlegt und verfolgt war, ſchied Manon, und warf ſich in die Poſtchaiſe, welche ſie zu Carlsruhe am Morgen mit der Diligence vertauſchte, die ſie heimbrachte. ——

Sechszehntes Kapitel.

Die Sonne dringt durch's Gewölke.

Mittlerweile hatten Albertine und Lüde mit fieberischer Spannung dem Eintreffen von Manon's Antwort entgegenge-harrt; ein trüber Unmuth, eine zuckende Angst hatte sich des jungen Mannes bemächtigt, der sich durchaus nicht mit dem Ge-danken befreunden konnte, von der Stufe eines Aufsehers wie-der herabzusteigen in den Kreis der Beaufsichtigten, der simplen Arbeiter. Seine Stimmung machte Albertinen viele Sorge; sie hatte den Tag über der einsamen Stunden so viele, in welchen sie sich ausschließlich mit ihm beschäftigen konnte, der ihr nun beinahe mehr war als Mutter und Geschwister. Wie ein peinigender Wurm nagte in ihrem Herzen der Gedanke, daß sie ihren Franz verlieren werde, wenn die Hoffnung auf Manon's Unterstützung fehlschlüge, daß er eine stille Reue, einen natürlichen Groll hegen werde, durch ihre gemeinschaftliche Armuth in seinen Hoffnungen sich getäuscht, in seiner Laufbahn sich aufgehalten zu sehen. Ach,

warum war er so stolz auf diesen armseligen Titel, auf diesen
unerheblichen Fortschritt, auf den sie gar keinen Werth legte?
Warum sind überhaupt die Männer in solchen Dingen noch
eitler und ehrgeiziger als die Weiber? — Tag und Nacht war
es ihr Gebet, die Vorsehung möge doch das Herz der Französin
lenken!

So war es Samstag Abend geworden: die Antwort konnte
schon seit vierundzwanzig Stunden zurückseyn, und noch hatte
Albertine keinen Streifen Papier gesehen, der einem Briefe von
Manon glich. Morgen Mittag — das wußte sie — war der
letzte Termin; dann war Lücke's Absetzung entschieden. In un-
säglicher Aufregung sah sie den Abend herniedersinken, und bangte
vor der Stunde, wo Er kommen würde, den sie sonst mit dem
sehnlichsten Herzpochen erwartet hatte: — heute pochte ihr Herz-
chen auch, aber vor Angst. Noch hegte sie Hoffnung, war ja
doch der Lakai noch nicht von der Post zurück; vielleicht brachte
er dießmal die Antwort von Manon; ein Zufall, ein Unglück
konnte ja die Ankunft des Briefs verzögert haben. — Die Hausglocke tönte; der Lakai sprang die Treppe herauf, um dem Ge-
sandtschafts-Kanzler die Briefe zu bringen. Sie eilte hinaus in
die Flur. „Nun, Leopold!" rief sie ihm zu, „haben Sie mir
dießmal einen Brief?" —

„Abermals nichts!" gab er zur Antwort..

Jetzt sank ihr Muth, und sie brach in Thränen aus, die sie
nicht einmal vor dem Mädchen zu verbergen mußte, das soeben
das Abendbrod hereinbrachte. Noch schwebte ihr ein Schimmer
von Hoffnung vor: vielleicht hatte Manon ihre Antwort direkt
an Lücke gerichtet! Sie ersann sich allerhand Gründe, um
diese Möglichkeit zu unterstützen; aber sie sollte bald enttäuscht
werden.

Ernst, ja faſt traurig erſchien Lücke nach einer Weile auf
der Schwelle. Sie ſchauten ſich beide forſchend an, und die
gleiche Frage brannte auf beider Lippen. — „Nichts," flüſter-
ten beide, und ſetzten ſich zu Tiſche, keines wagte zuerſt zuzu-
greifen.

„Es iſt möglich, daß Dein Brief verloren gegangen iſt,"
hub Albertine endlich an; — „hätte Manon ihn erhalten, ſie
hätte uns wenigſtens eine Antwort darauf gegeben. Oder hat
ſie an Dich geſchrieben, und der Brief trifft Dich erſt morgen
frühe!"

Er ſchüttelte traurig den Kopf. — „Bah!" ſagte er, — „ſie
will nicht helfen. Alle haben uns verlaſſen; alles thürmt
Schwierigkeiten jeder Art auf meinem Wege auf. Selbſt Franziska hat mir's rund abgeſchlagen, bei ihrem Baron eine Für-
bitte für mich einzulegen!.... Es iſt ein wahrer Fluch, der
mich in dieſer Sache verfolgt: ſelbſt Wucherer wollten ſich nicht
damit befaſſen."

Sie tröſtete ihn; ſie hatte ſo einfache Worte des Herzens,
der Religion, des Gottvertrauens, einer Reſignation, die ihn
herausforderte, nicht hinter ihr zurückzubleiben, ſich nicht von
einem weiblichen Charakter an Energie übertreffen zu laſſen, und
das wirkte allmählig ſänftigend auf ihn ein. Er ließ ſich eine
unbewölktere Stirn, ein freieres Auge abſchmeicheln, aß die
ausgeſuchten Biſſen, die ſie ihm vorlegte, und lächelte zu ihren
Troſtworten.

Da tönte plötzlich die große Hausglocke, im Bedientenzimmer
des Erdgeſchoſſes ward es lebendig, Stimmen riefen durch einander. Erſchrocken eilte Albertine hinaus, und rief augenblicklich: „Mamſell Manon! iſt es möglich?"

„Manon?" rief Lücke und eilte ebenfalls auf den Flur hinaus.

Ja, da war sie, in bestaubten Reisekleidern just von Baden-Baden kommend.

„Ja, meine Kinder! ich bin's!" rief sie in ihrem gerade-brechten Deutsch, „und das ist Euretwegen, warum ich komme!"... O Gott, wie müde bin ich doch! ich bin unwohl, — ich bin er-krankt in Baden-Baden, und habe mir die Gelegenheit zu Nuße gemacht, um hieher zu kommen!"

„Und unsern Brief?" fragte Lücke besorgt.

„Erhalten," sagte sie; — „o ich willfahre von Herzen gerne; Sie sollen noch mehr haben, wenn Sie wollen!"

Das klärte die Gesichter plötzlich auf, und des Dankes war gar kein Ende; man vergaß darüber ganz, sich nach der Krank-heit Manon's zu erkundigen, man vergaß das Essen, bis sich Manon selbst dazu einlud.

Und nun erzählte sie von den Herrlichkeiten Baden-Badens, von der Frequenz der Saison, von den rauschenden Festen, zu welchen der so zahlreiche Besuch Veranlassung gegeben, von den vielen Sorgen und Geschäften, welche ihr dadurch aufgebürdet worden seyen, daß sie am Ende davon erkrankt sey, indem ein altes Rheuma sich wieder bei ihr eingestellt habe u. s. w. —

„In Baden hätte ich mich nicht wieder erholt," sagte sie schließlich; „darum kam mir Ihr Brief ganz willkommen, und gab mir doppelte Veranlassung zur Rückkehr. Aber Sie müssen nun meinen Platz ausfüllen, Albertine, und das ist ein Opfer, das ich Ihnen auferlege, wenn ich Ihnen in der andern Sache helfen soll!"

„Ach Gott, wie gerne bringe ich dieses kleine Opfer!" rief das Mädchen. „Verlangen Sie noch mehr, und ich leiste Alles mit Vergnügen. Sie wissen nicht, wie glücklich Sie uns machen!"

Auch Lücke wußte des Dankes kein Ende.

„Ich habe in Baden an der Spielbank gewonnen," sagte Manon; — „ich besitze jetzt vieles baare Geld; — wenn Sie noch mehr nöthig haben, mein Herr, befehlen Sie!"

„Sagte ich Dir nicht, daß sie das beste Herz hat?" rief Albertine triumphirend. Sie wäre jetzt für Manon durch's Feuer gegangen. Ach, es war eine schöne glückliche Stunde, welche nun folgte; auch Manon nahm daran Antheil, und tröstete Lücke für den Eintrag, den sie seinem Glücke that. Diese Trennung, meinte sie, werde die Liebe nur noch steigern, und ein Prüfstein für beide Theile werden. Endlich brach sie auf. „Ich bin so müde," sagte sie; — „morgen früh können Sie das Geld auf meinem Zimmer abholen, mein Herr! Aber ich knüpfe auch für Sie eine Bedingung daran: Sie müssen alle Briefe von Albertinen selbst bei mir abholen, Sie müssen mich je um den andern Abend besuchen, daß wir von Albertinen plaudern, Sie müssen mich unterhalten, da ich während meiner Genesung sehr viele Langeweile haben werde, und niemand kenne, der mich für Albertinens Abwesenheit entschädigt! Wollen Sie das? Albertinchen wird es erlauben! Sie darf ja nicht eifersüchtig auf mich seyn!"

Was hätte Albertine nicht Alles erlaubt in einem Augenblicke, wo sie sich und ihrem Verlobten so unerwartet und so großmüthig geholfen sah.

„Nehmt noch einen zärtlichen Abschied von einander, meine Kinder!" sagte sie auf der Schwelle; — „Albertine muß morgen Mittag zur Post fort. Ich werde kaum noch Zeit gewinnen, ihr einen Brief für die Gräfin zu schreiben! Monsieur Lücke," fügte sie französisch hinzu, — „nützen Sie noch die paar Augenblicke, welche Ihnen vergönnt sind. Von morgen an sind Sie für einige Wochen von ihr getrennt!" . . .

„Albertine! mein liebes gutes Kind!" rief Lücke tief gerührt, und schloß sie in die Arme, als sie allein waren, — „gib Acht, welch eine schöne Zukunft sich nun vor uns aufthut. Wenn es der Mamsell anders Ernst ist mit ihren Offerten, so mag es wohl bald kommen, daß ich mich gar noch zum Miteigenthümer der Förderer'schen Offizin emporarbeite!"

„O geh'," sagte sie und schloß ihm den Mund mit Küssen, — „wir wollen Gott danken, daß er uns so weit gebracht hat! Man muß nicht zu begehrlich seyn; Hochmuth kommt vor dem Fall!"

„Närrchen!" rief er, — „wer nicht wagt, wer nicht strebt, wird nie etwas erringen!"

Siebenzehntes Kapitel.

Ein junger Baum ohne Stütze.

Es war ein prachtvoller Abend, als die Diligence unsre hübsche Albertine dem berühmten Badeorte zutrug, den man nicht umsonst das Eden Süd-Deutschlands nennt. Ueber Stadt und Thal lag ein himmlischer Friede hingebreitet, und über ihr glühte im Abendschimmer von Sonnenpurpur umstrahlt, das Schloß wie ein goldener Hort. Noch nie hatte sie etwas Aehnliches gesehen gehabt, und um so mächtiger wirkte das herrliche Naturschauspiel jetzt auf sie ein, und verscheuchte die letzten Nachtlänge von Sehnsucht und Heimweh, welche noch nicht den wechselvollen versöhnlichen Reise-Eindrücken gewichen waren. — „Ach, wenn Franz hier wäre!" dachte sie im Stillen, denn es däuchte ihr nur ein halber Genuß, wenn sie ihn nicht mit ihm theilen konnte; aber dann fiel ihr wieder ein, daß er gewiß schon Schöneres auf seinen weiten Reisen gesehen habe, und sie fühlte sich hinwiederum recht stolz, einen so weitgereisten geschickten

Verlobten zu besitzen. Unter Gedanken an ihn — denn das ist
ja eben das Wesen echter Liebe, daß sie Freud und Leid getheilt
wissen, und im Mitgenusse des Glückes von Seiten des andern
Theils das eigene erhöhen will, und auch Ungemach leichter tragen
kann, wenn es gemeinschaftlich getragen wird — fuhr sie in die
Stadt an, deren neuere Straßen und Plätze mit den palastähn-
lichen Hotels xc. von Spaziergängern wimmelten, und überall
Wohlstand und Wohlleben an den Tag legten, und gelangte
bald darauf in das Hotel des Grafen.

Gräfin Julie kehrte so eben am Arme des Gemahls von
einer Spazierfahrt zurück, als Albertine aus dem Zimmer des
Intendanten trat. Sie erblaßte sichtbar, als sie das Mädchen
erblickte, und ihre dunklen Augen warfen einen Blick voll Argwohn und tief durchbohrender Forschung auf die Ankömmlingin.
Der Graf schien wohlthuend überrascht. „Kommen Sie sogleich
auf mein Zimmer, Albertine!" herrschte ihr die Gräfin nach der
ersten Begrüßung zu; — „Sie haben mir wohl einen Brief von
Manon mitgebracht?"

„Zu dienen, Excellenz!" versetzte das Mädchen, von einer
unerklärlichen Angst ergriffen, welche sogar ihre Stimme erbeben
machte. Die Gräfin schritt an ihr vorüber.

„Wie?" fragte der Graf; „ist Manon nicht mehr hier?"

„Sollten Sie das nicht erfahren haben, Hugo?" erwiderte
die Gräfin; — „die Französin hat uns in den Mund der Leute
gebracht, indem sie im Conversationshause spielte; mir war das
fatal, höchst fatal. Wohin ich kam, hieß es: ‚Ist es wahr,
Comtesse! hat Ihre Kammerfrau so viel gewonnen? Man
spricht von zwanzigtausend Napoleons?' und so ging es fort.
Das war mir widerlich, und ich habe ihr bedeutet, diesem Affront
und dem wohlfeilen Ruhm ihres Spielerglücks dadurch auszu-

weichen, daß sie so schnell als möglich und unter dem Vorwand einer Erkrankung nach Hause zurückkehre! Das geschah vor einigen Tagen und nun kömmt die Kleine, um sie zu ersetzen. — Die Klatschsucht ist hier unter der beau monde größer, als im kleinsten Krähwinkel Deutschlands!"

„Sie haben recht gethan, Julie!" versetzte der Graf, „und es ist mir lieb für die Kleine wie für Sie, denn diese Manon ist denn doch wahrlich nachgerade allzuträge und bequem!"

„Aber sie frisirt sehr gut," gab die Gräfin zur Antwort, — „sie hat sehr viel Geschmack. Indessen mögen Sie immerhin Recht haben: ich büße nicht viel ein, wenn ich sie verliere. Fände sich nur erst eine Person, welche sie zu ersetzen im Stande wäre; Manon hat Heirathsgedanken, und wird über kurz oder lang selbst aus meinem Dienste treten!"

„Sie können sich ja Albertinen zustutzen," meinte der Graf, „das Mädchen ist gelehrig, geschickt, hat Geschmack, wie Sie selbst zugestanden haben..."

„Und ist verlobt, und scheint nichts eifriger zu wünschen, als gleichfalls so rasch wie möglich unter die Haube zu kommen," fiel ihm die Gräfin in's Wort.

„Dieses Hinderniß ist weniger zu fürchten, dächte ich," wandte der Graf ein, — „dieses Geschöpf ohne alle Lebenserfahrung kann nur bei dem Tausch verlieren, wenn es das gesicherte angenehme Leben unserer Domestiken für die Drangsalen, Mühen und Gefahren der Selbständigkeit und des Hauswesens verläßt! Es käme vermuthlich nur darauf an, ihr das Alles im rechten Lichte zu zeigen."

Die Gräfin schaute ihren Gemahl fest an und sagte mit besonderem Ernste und Nachdruck: „Mag seyn, aber vielleicht hat das Mädchen auch besondere triftige Gründe, seine Heirath zu beschleunigen!"

Arnesco ward unwillkürlich einigermaßen betreten. „Ich weiß nicht, was Sie damit sagen wollen," gab er zur Antwort. Eben erschien Albertine unter der Thüre.

„Verweilen Sie nur noch einige Augenblicke," flüsterte sie ihm französisch zu, — „und Sie werden mich eher begreifen!"

Schüchtern, verlegen und von einem unerklärlichen Beben befangen, überreichte Albertine der Gräfin Manon's Brief. „Warten Sie ein Wenig!" sagte diese, und legte ihn unerbrochen vor sich hin; — „es ist mir lieb, daß die zufällige Erkrankung Manon's mich genöthigt hat, Sie hieher zu rufen!" hub sie in strengem verweisendem Tone an; — „Ihre Aufführung in der letzten Zeit war nicht so, wie sie um Ihrer selbst, um der Ehre unseres Hauses, und noch mehr schon um des wohlwollenden Vertrauens willen hätte seyn sollen, welches wir in Sie gesetzt haben?"

„Meine Aufführung? Um Gottes Willen, Excellenz!... was habe ich gethan? womit habe ich das verdient?" rief Tinchen wie von Blut übergossen, stotternd, mit unsicherer Stimme und fast ohnmächtig, denn die Gräfin hatte absichtlich eine Pause eintreten lassen.

„Ehe wir abreißten," fuhr die Gräfin fort, — „gab ich Ihnen die Erlaubniß, Ihren Verlobten zuweilen in Ihrem Zimmer sehen zu dürfen; ich erwartete von Ihrem Schicklichkeitsgefühle, daß dieß nie unter vier Augen, wenigstens bei Tage und in passend gewählten Stunden geschehen würde. Statt dessen seyd Ihr fast stets allein gewesen, Ihr Verlobter ist bis in die späte Nacht bei Ihnen geblieben, und Sie haben nicht nur sich selbst in den Augen der übrigen Domestiken herabgewürdigt und ihnen ein böses Beispiel gegeben, sondern auch die Ordnung unseres Hauses sehr blosgestellt!"

„Sie sind zu streng, Julie! ich kann das unmöglich glauben!" flüsterte ihr der Graf auf Französisch zu.

Albertine brach in lautes Weinen aus und erhob die Hände bittend zu ihrer Gebieterin. „Ach, gnädige Frau, beste Excellenz, beschämen Sie mich nicht so tief vor dem Herrn Grafen!" rief sie in den tiefsten Schmerzenstönen; „so wahr ein Gott im Himmel ist, man hat Sie belogen, — wenigstens dem größten Theile nach. Es ist allerdings wahr, daß Franz allein bei mir war, und daß er meistens Abends kam, und erst spät wieder gieng. Aber er konnte bei Tage nicht abkommen, wegen seines Berufes, und ich... hätte mich geschämt, ihm vor andern Leuten so gut zu seyn wie ich ihm bin...und dann...wußten wir nie, wenn es Zeit war, daß er gieng... Wir hatten uns so lieb... aber wie konnten Sie glauben, daß wir vergessen hätten, was wir uns selber schuldig sind... O gnädige Frau, glauben Sie das nicht von mir! Wenn Sie mich darum ansehen könnten, lieber würde ich mir einen Tod anthun!... Gewiß, so wahr Gott im Himmel ist..." — Die Stimme erstarb ihr vor Weinen und sie bedeckte das Gesicht mit den Händen.

„Schweigen Sie, versündigen Sie sich nicht!" erwiderte die Gräfin strenge; — „ich will nicht näher untersuchen, in wie weit meine Quellen recht haben! Die Zukunft wird es lehren. Ich wenigstens glaubte nach allen Richtungen hin das meinige thun zu müssen, um Ihren Ruf zu wahren und Sie der Verführung zu entreißen!... Sie sind beschämt, Mädchen, Sie sind wie vernichtet! ich will glauben, daß Sie nicht mit Willen, sondern aus Schwäche, aus Irrthum, aus Mangel an energischer Tugend gefallen sind, daß die Nachtlänge des frühern Kreises, worin Sie lebten, die laxe Moral Eurer Kaste in dieser Hinsicht auf Sie einwirkten... genug, ich mußte zu Ihrem eigenen Besten Sie aus dem Umgang dieses Menschen entfernen...“

„O, Excellenz, schonen Sie mich! bringen Sie mich nicht zur Verzweiflung!“ rief Albertine, — „ach, warum glauben Sie das von mir!“...

„Gehen Sie in sich, bessern Sie sich! werden Sie unseres Wohlwollens würdig durch ernste Reue!“ sagte die Gräfin minder hart; — „nun gehen Sie!... es ist mir selbst unangenehm, hievon zu reden, aber meine Pflicht als Ihre Gönnerin, als Ihre andre Mutter und wahre Freundin gebot es mir!“ Laut weinend, ganz vernichtet wankte Albertine hinaus; lieber wäre sie gestorben, als daß sie sich so vor dem Grafen gedemüthigt gesehen hätte.

„Ich kannte Sie gar nicht mehr, Julie,“ sagte der Graf erstaunt, als das Mädchen hinausgegangen war; — „Sie donnerten das arme Kind zu Boden wegen eines Fehltritts, der so leicht, so entschuldbar, so gewöhnlich ist!“

· „Ihr Männer sprechet frivol über diese Gegenstände,“ entgegnete die Gräfin, „aber das Gefühl weiblicher Würde empört sich gegen dieses Vergehen auf eine so gewaltsame Weise, daß die Milde vergebens ihre Stimme erhebt. Bei diesen Creaturen ohne Bildung, die nur dem thierischen Instinkte folgen, muß man starke Worte wählen, um den Instinkt der Zucht wachzurufen!“

„Hätten Sie der Armen nur wenigstens die Demüthigung erspart, in meiner Gegenwart so abgekanzelt zu werden!“ sagte der Graf; — „mir schnitt es in die Seele, sehen zu müssen, wie fürchterlich das dieses schwache Geschöpf anregte! — doch vergessen wir das! Darf ich Sie in einer Viertelstunde zu Thalberg's Concert abholen?“

Sie bejahte, und blickte ihm befriedigt nach. „Mein Zweck ist erreicht," murmelte sie; — „sein Stolz wird sich dagegen empören, ein solches Wesen mit einem Proletarier zu theilen. Sie wird nichts von ihm zu fürchten haben. Ich habe nur auf den Busch geschlagen und dem Mädchen vielleicht unrecht gethan, aber was schadet's? Sie soll die Wohlthaten, welche sie von uns empfängt, auch erkaufen!" — Alsdann schellte sie der Kammerfrau, und erbrach Manon's Brief, der sie einigermaßen beruhigte, obwohl Manon, die doch nicht wohl so frech lügen konnte, um zu behaupten, daß Albertine bereits insgeheim in Baden-Baden gewesen sey, die zweideutige Angabe eingeschoben hatte: es seyen in Abwesenheit der Herrschaft verschiedene und auffallend häufige Briefe einer bekannten Hand an das Mädchen eingelaufen!

Als der Graf sich nach seinen Zimmern begab, sah er Albertinen bleich und wie ohnmächtig über den Gang nach dem Hinterbau schwanken, wo sie ihr Zimmerchen angewiesen erhalten hatte. Ehe sie diesen erreichte, mußte sie ein paar Stufen hinansteigen, welche hinaufführten, aber die Kraft verließ sie und sie brach auf den Stufen mit einem tiefen kläglichen Seufzer zusammen. Erschreckt, verwirrt, eilte der Graf ihr nach; sie schien das Bewußtseyn verloren zu haben — todtenähnlich lag sie da. Er wollte die Diener herbeirufen, allein er bedachte und berücksichtigte den Gemüthszustand des Mädchens, und einen Affront, eine Gelegenheit zu zweideutigen Muthmaßungen fürchtend, hob er sie auf und trug sie die Stufen hinan und in's Stübchen hinein, wo er sie auf's Bett legte. Sie zeigte kaum noch eine Spur des Lebens; Verzug war vielleicht Tod; die Besprengung mit etwas Eau de Lavande, das unter den wenigen Toilettenmitteln der Armen just ausgepackt auf dem Tischchen stund, half nichts; er zerschnitt mit einem Scheerchen die straffen

Nestel des Schnürleibs, nachdem er das leichte Kleidchen gelöst hatte.

Dieser Zwischenfall, diese wenigen Minuten vereitelten alle
Pläne, welche die Gräfin so mühsam, so künstlich und so scharf-
sinnig sich aufgebaut hatte. Graf Arnesco war jetzt nicht nur
geneigt, den Verlobten zu entschuldigen, sondern beneidete ihn
sogar........ Albertine erholte sich langsam aus ihrer Ohnmacht, und erschrack von neuem, als sie sich mit dem Grafen
allein sah und die Abendluft durch das geöffnete Fenster auf
die entblößten Schultern hereinströmen fühlte. Sie sprang auf
und griff nach einem Tuche.... Die Besinnung schwand ihr beinahe auf's neue vor Beschämung. Der Graf aber tröstete sie.

„Sey ruhig, mein Kind!“ sagte er, — „ich glaube nicht,
was die Gräfin sagte; Du bist allzu schön, zu gut dazu. Zürne
ihr nicht deßhalb; sie ist vielleicht neidisch auf Deine Reize, die
in der That einer Königin würdig sind!“

„Herr Graf, verlassen Sie mich! um Gotteswillen!“ bat
Albertine; — „wenn Jemand käme.... meine Ehre, mein guter
Ruf.... Ach Sie sind ja so gütig gegen mich gewesen, Sie
werden mich nicht noch unglücklicher machen wollen! ich leide schon
genug!“

„Sey ruhig, Deine Ohnmacht entschuldigt Alles!“ gab er
zur Antwort, — „Du hättest Dich schwer verletzen können bei
dem Falle.“

„Ach, gnädigster Herr! o, Excellenz! ich habe nichts als
meinen guten Ruf!“ stammelte sie. Er umarmte sie und
drückte der Widerstrebenden gewaltsam einen heißen Kuß auf die
Wange.

„Ich will Dir wohl,“ sagte er, — „ich werde die Gräfin
versöhnen, und wenn dieß nicht möglich ist, Dich vor ihrer Hef-

tigkeit schützen! Dafür aber erwarte ich auch einen Dank von Dir!...."

So schwach sie war, riß sich Albertine doch los und entsprang seinen zitternden heißen Händen auf den Gang. Die angebotene Hülfe däuchte ihr noch demüthigender als die Verunglimpfung durch die Herrin.

———————

Achtzehntes Kapitel.

Der Argwohn ist des Teufels Kupplerin.

Inzwischen wirthschaftete Manon zu Hause im Hotel des Grafen, und hatte Muße genug, ihre Absichten auf Lücke mit aller Schlauheit und aller kalten Ueberlegung zu verfolgen, welche ihr so reichlich zu Gebote standen. Bei Tage war sie äußerst rege im Hauswesen, durchstöberte und durchmusterte Alles, und trug von da und dort ein Stück Wäsche, Leinwand, Stoffe aller Art, und mancherlei andere Dinge, die zu einem künftigen Hauswesen erforderlich waren, in ihre Kästen und Koffer zusammen, — Dinge, die sie sonst gar keiner Aufmerksamkeit gewürbigt hatte, däuchten ihr jetzt von Werth, seit sie auf eine eigene Wirthschaft dachte. Sie ordnete ihre Geldgeschäfte bei dem ersten Bankier der Residenz mit Hülfe eines Advokaten mit äußerster Umsicht und Behutsamkeit, und trug Sorge, es in Staatspapieren au porteur anzulegen, die ihr jeden Augenblick eine Verfügung darüber erlaubten; sie verbesserte und erneuerte

ihre reiche Garderobe Stück für Stück, und legte selbst in ihrem
Anzuge eine ungewöhnliche Sorgfalt an den Tag. Kam aber
der Abend, so war sie auf einmal die Leidende; in einem geschmackvollen Negligé blieb sie halb sitzend, halb liegend auf
einem kleinen Divan in ihrem Zimmer und wartete auf den Besuch des jungen Buchdruckers; seine Aufmerksamkeit und Theilnahme mußte sie auf die verbindlichste Weise dadurch anzuer-
kennen, daß ihn das eine Mal ein ausgesuchtes Abendbrod, das
andre Mal Thee oder Punsch, oder feines Geflügel oder irgend
ein Leckerbissen nebst feinen fremden Weinen erwartete, die er
seither kaum dem Namen nach und vom Hörensagen gekannt
hatte.

Seltsamerweise, ja zu Lücke's größter Beunruhigung waren
schon mehr als acht Tage vergangen, ohne daß ein Brief von
Albertinen eingetroffen war. Den ganzen Tag hindurch sah er
mit Spannung der Ankunft eines solchen entgegen, zählte Stunde
um Stunde bis zum Abende, und hatte selbst dann, wenn er zu
Manon kam, schon seit mehreren Tagen die bittere Täuschung
erlebt, daß auch Manon ihm keine Zeile von ihr einhändigte.
Er schöpfte Argwohn gegen diese, sie möchte vielleicht den einen
oder den andern unterschlagen haben; er bereute, daß er sich zu
dem thörichten Versprechen hatte bewegen lassen, alle Mittheilun-
gen zwischen ihm und Albertinen der Besorgung der Französin
anzuvertrauen. Aber was für Motive hätte sie zu einem solchen
Zwecke haben können? war sie ja doch sonst so freundlich, so voll
Mitgefühl an dem Loose ihrer kleinen Gefährtin, und so erbötig
zu jedem guten Rath, zu jeder Unterstützung! Er schämte sich
jedesmal wieder seines Argwohns, wenn er sie erst scherzen, und
dann sich in Trostgründen und Entschuldigungen Albertinens er-
schöpfen hörte!

Endlich am zwölften Abend nach der Trennung trat er kaum in Manon's Zimmer, als sie ihm einen Brief entgegenstreckte. Sie war heute blässer als sonst, und auch ihre Stimme nicht mehr kräftig. — „Endlich," sagte sie, „bin ich Ihnen die Taube mit dem Oelzweig. Aber ich sollte Ihnen recht zürnen, daß Sie mir die Freude so sehr vergällen, indem Sie Schuld sind, daß mir Albertine beinahe nichts schreibt! Da lesen Sie nur selbst, oder vielmehr verdolmetschen Sie mir den Brief, denn ich verstehe Eure deutschen Hahnenfüße nicht." — Albertine schrieb der Freundin nur in wenigen Worten, daß sie sich wohl befinde und in Baden gefallen würde, wenn nicht die Gebieterin so fürchterlich übel gelaunt und offenbar durch böse Zungen gegen sie aufgebracht wäre, und jede Gelegenheit ergriffe, ihr mit ungerechten Vorwürfen beinahe wehe zu thun. —

„Ja, ja, das ist ihre Art," sagte Manon; „es gibt kein launischeres Geschöpf als sie; ihre Mutter hat sie ganz und gar verzogen. Aber geben Sie Acht, ein ander Mal wird sie Albertinen beinahe auf den Händen tragen und ihr Alles wieder vergessen machen, was sie ihr je zugefügt hat. — O es ist ein hartes Ding um die Dienstbarkeit, zumal in solchen schlimmen Stunden! Aber was schreibt sie Ihnen?"

Er erbrach den kurzen Brief. Er enthielt wenig von Belang; sie gestand ihm ihre stete Sehnsucht nach ihm, rühmte die Schönheiten Baden-Badens, und versicherte ihn, Alles wäre noch weit schöner, wenn er da wäre, um es mitzugenießen. Sonst sey sie zufrieden, und habe es nicht schlecht. — Die Gute! sie wollte ihn also nicht unruhig machen durch die Erwähnung des Betragens der Gräfin.

Halt! da kam noch ein Postscript, zweimal länger als der

Brief! Wo wäre auch ein Brief eines Frauenzimmers, dem nicht ein Postscript als Schweif angehängt wäre?

„Ach, lieber Franz!" schrieb sie, „ich habe den Brief schon „vier Tage geschrieben und ich habe nicht das Herz gehabt, „ihn abzuschicken. Ich muß Dir noch etwas schreiben, allein „ich kann vor lauter Weinen und Beschämung gar keine Worte „dazu finden. Eine böse Person, die mir schaden will, hat „meiner Gräfin geschrieben, daß Du immer bis spät in die „Nacht bei mir geblieben seyst, und nun meint sie, es sey etwas „Unrechtes geschehen. Ich habe es zwar wegläugnen wollen, „aber ich konnte es doch nicht, wenn ich an die Nacht vor „meiner Abreise dachte! Ach, Franz, warum warst Du so „grausam gegen mich, und ich so schwach? Ach, wenn ich mich „auch blind weine, kann ich es nicht ungeschehen machen! Und „die Herrschaft sieht mich darum an, und ich habe offenbar „sehr in ihren Augen eingebüßt. Der Herr Graf ist zwar „gütig gegen mich und hat mir versprochen, die Excellenz zu „versöhnen, aber er hat keine Achtung mehr vor mir. Ach, „Franz, Franz! was hast Du gethan? Ich kann Dir's nie-„mals verzeihen."

„Aber," war als zweite Nachschrift noch weiter unten zu lesen, „glaube ja nicht, daß uns Mamsell Manon verrathen „hat; es ist gewiß eine von den Mägden oder einer der Lakaien „gewesen!"

Auf Lücke's Wangen wechselten Glut und Blässe, als er die Nachschrift las, und das Papier zitterte in seinen Händen.

„Nun? was schreibt sie?" fragte die Mamsell.

„O nichts, nichts von Bedeutung!" erwiderte Franz; — „sie spricht nur die Vermuthung aus, irgend eine heimtückische Person müsse ihr hinter ihrem Rücken bei der Gräfin geschabet haben. Die Gräfin soll es nicht gerne sehen, daß ich in's Haus komme!"

„Ei behüte," rief Manon, erschrocken über die Aussicht, selbst das vereitelt zu haben, was sie hatte anbahnen wollen, — „das ist eine Laune der Comtesse; woher hätte sie es erfahren haben sollen? das geht vorüber. Ich hoffe nicht, daß Sie mich deßhalb weniger oft besuchen werden!"

„Aber die Gräfin scheint genau unterrichtet gewesen zu seyn," sagte Franz; — „sie machte Albertinen Vorwürfe mit Thatsachen, die ... zu schlagend waren, um auf blosem Zufall zu beruhen. Sie wußte beinahe die Stunde, in welcher ich Abends von ihr fortgieng!"

„Es ist möglich," sagte Manon nach langem Besinnen, — „es ist möglich, daß Sie belauert und verrathen worden sind; das Bedientenvolk ist so schlimm. Indeß," fügte sie zögernd hinzu, — „indeß ist es gewiß nicht ohne Auftrag geschehen. Wenn ich Sie nicht zu kränken fürchtete," fuhr sie leiser fort und schaute sich mißtrauisch um, — „so wüßte ich Ihnen vielleicht die Quelle zu nennen!"

Franz fühlte sich ganz unbehaglich zu Muthe. — „Sagen Sie mir's immerhin!" versetzte er; „ich bin sonst in einer steten Spannung."

„Nun gut?" sagte Manon; — „ich meine, es ist die Eifersucht im Spiele!"

„Eifersucht?" fragte Franz erblassend.

„Allerdings," fuhr Manon fort, — „ich habe meine Gründe dieß zu vermuthen. Aber wohlgemerkt: was ich Ihnen jetzt aus reiner Freundschaft anvertraue, sind nur Muthmaßungen, auf gelegentliche Bemerkungen und meine Bekanntschaft mit dem Charakter meiner Herrschaft gestützt, und ich möchte es nicht wagen, irgend Wen dadurch verdächtigen, oder Ihnen ein Mißtrauen einzuflößen!"

„Zur Sache! zur Sache! ich bitte Sie, beste Mademoiselle!" sagte Franz, im höchsten Grade beunruhigt; — „Sie legen mich ordentlich auf die Folter! — Wer sollte denn auf mich eifersüchtig seyn?"

„Ach, ich wage es kaum zu sagen! ich bereue fast, schon so viel gesagt zu haben!" sagte Manon; „indessen — ich habe Ihr Wort, Sie mißdeuten mir nichts, und schonen mich durch Discretion! — indessen sey es gesagt: vielleicht hat der Graf Auftrag gegeben, Sie zu belauern, hat die Gräfin unterrichtet, hat ihr einen solchen Floh in's Ohr gesetzt, um desto gewisser zu seinem Zweck zu kommen, der einzig dahin gieng, Ihre gute Tinette nach Baden zu bringen... denn... schon acht Tage vor meinem Erkranken — ich hatte damals noch gar keine Lust nach Hause zurückzukehren, und wäre ohne Ihren Brief gar nie zu dem Entschluß gekommen, des Grafen Wünsche zu fördern — ja, ja, schon acht Tage vor meinem Erkranken hörte ich den Grafen davon sprechen, daß Madame eine zweite Kammerfrau unumgänglich nothwendig habe, und am klügsten thäte, Albertinen kommen zu lassen..."

Manon beobachtete mit stillem Entzücken, wie Lücke sich immer mehr entfärbte und sein Auge sich verfinsterte. Sie beobachtete aber auch zugleich eine weise Mäßigung in ihren Aeußerungen und wollte den Bogen nur langsam spannen. — „Der Graf?" murmelte Lücke; — „ach beste Mademoiselle, warum haben Sie mir nicht früher einen Wink davon gegeben?"

„Ich?"... flüsterte sie; — „o wo denken Sie hin? Riskire ich nicht schon zuviel, indem ich Ihnen dieß sage? Sie wissen

nicht, in welcher Abhängigkeit wir für Lebenszeit stehen! — Und
zubem," fügte sie noch leiser hinzu, — „zubem wäre es gar nicht
gerathen und schicklich gewesen, wenn ich Ihnen von Albertinen
einen derartigen Wink gegeben hätte!"

„Haben Sie denn am Grafen irgend Absichten bemerkt,
welche... welche Albertinen angingen?"

„Kitzliche Frage!" meinte Manon geheimnißvoll; — „wer
kann einem Menschen in's Herz sehen? Der Herr Graf brachte
bas Mädchen in's Haus — erst als Nähterin, wie Sie wissen,
bann als Garderobemädchen. Die Gräfin schien wenig erbaut
bavon, aber es sind Gründe ba, warum sie schweigen muß...
Ich darf nicht indiscret seyn mit den Geheimnissen meiner Herrschaft. — Wenn ich den Charakter der Gräfin auch nicht so genau
kennen würde, wie ich ihn kenne, so würde ich boch aus gewissen
zufällig gemachten Bemerkungen schließen, baß weder der Graf,
noch bie Gräfin so freigebig mit einer Mitgift ꝛc. gegen Albertine
gewesen wären, — wenn nicht jebes von ihnen besondere Gründe
baju gehabt hätte; — bie Gräfin war froh, einer gefürchteten
Nebenbuhlerin so rasch entlebigt zu werben, und der Herr Minister..."

Lücke sprang auf, und ging unruhig im Zimmer auf und
ab. — „Ich Thor!" sagte er; — „ja, Baron Schrewnitz hat
Recht; ich kenne bie Welt noch nicht; jeder wohlthätigen Handlung liegt am Enbe ein eigennütziger Zweck zu Grunde, und ich
war ungeschickt genug, biesen Grafen für einen ber ebelsten Menschen zu halten? Ich Stümper in der Menschenkenntniß!"

„Der Graf ist ein sehr ebler Mann," fuhr Manon noch
leiser und sehr ernst fort, — „sehr ebel, ein Mann von Ehre
und Charakter. Aber bas hindert nicht, baß er nicht auch menschli-
liche Schwächen habe, gegen welche man nachsichtig seyn muß.

Seine Ehe ist kinderlos, und Madame trägt wahrscheinlich die
Schuld ... eine unheilbare Krankheit, die Folge eines Unglücks-
falls unter besonderen Umständen ... Sie verstehen mich! —
kurzum, sie ist klug und drückt zuweilen ein Auge zu, — ich könnte
Ihnen Beispiele davon geben, aber besser, man spricht so wenig
als möglich davon!"

„Was würde ich darum geben, wenn Albertine niemals in
dieses Haus gekommen wäre!" sagte Lücke; „aber noch ist es ja
Zeit, ich werde an sie schreiben, werde ihr die Augen öffnen
über die Absichten des Grafen, der sich ihr neulich zum Beschützer angetragen, ich werde ihr befehlen, den Dienst zu verlassen und ..."

„Damit ich zum Danke für meine Theilnahme den meinigen
ebenfalls verliere?" fiel ihm Manon herb in's Wort. — „Wie das
gleich sprudelt und aufwallt bei Euch Männern! Bis jetzt war
nur vom Grafen die Rede, und noch nicht der mindeste Argwohn
traf Albertinen; nun wollen Sie ihr gleich die Selbstachtung
nehmen, wollen ihr drohen, Sie zwingen? Ei, Monsieur Lücke!
fängt man nicht mehr Fliegen mit Honig als mit Essig? Wollen
Sie ihr die Augen öffnen, damit sie — verführt und umgarnt
von den süßen Worten des Grafen — Vergleichungen anstellt,
die am Ende sehr zu Gunsten des Grafen ausfallen?! Sie
wissen nicht, wie sehr Einen Reichthum und Wohlleben und süße
Worte locken, so lange man noch jung ist! Sie wissen nicht, was
die liebe Eitelkeit thut! ..."

„Aber wozu rathen Sie mir?" fragte Lücke tief bewegt; —
„Tinchen schreibt mir selbst, daß ihr der Graf seinen Schutz angeboten habe, daß er aber keine Achtung vor ihr zeige? ... Was
heißt das anders als ..."

„Sie sehen schon wieder zu schwarz! Ei wenn man so

eiferſüchtig iſt und kein vornehmer Herr, da muß man keine
Schönheit heirathen, und noch weniger Eine, die in einem ſolchen
Hauſe gelebt hat und in Baden-Baden in einem vornehmen
Hotel wohnt, wo Hunderte von ſchönen, reichen, jungen Leuten
ſie ſehen!" ſagte Manon; — „ſchreiben Sie ihr nur einfach, ſie
ſolle ſich vor dem Grafen hüten, ihm nie allein begegnen,
und... die Unvorſichtigkeiten vermeiden, welche ſie früher hier
beging..."

„Unvorſichtigkeiten?" fragte Franz lauernd. — Manon ſchlug
ſich auf den Mund.

„Es iſt nun einmal geſagt," fuhr ſie fort; „auch war es
am Ende von keinem Belang; nur hätte ſie ſich anders benehmen ſollen, aber die liebe Unſchuld — was konnte ſie auch
wiſſen?... der Graf, wenn er einem hübſchen Kinde begegnet,
hat die üble Gewohnheit, es mit einem wahren Baſiliskenblicke
anzuſehen — ſo etwa, wie ich Sie jetzt anſehe... dann kneift
er ein Mädchen zuweilen in die Wangen, in den Arm, ja er
küßt ſie wohl gar..."

„Küßt ſie?" murrte Franz.

„Das ſind üble Gewohnheiten, die übrigens wenig zu bedeuten haben," fuhr Manon fort, „denn er macht es Allen ohne
Ausnahme ſo — ſogar zuweilen mir, die ich denn doch über die
Zeit der Huldigungen hinaus bin!" fügte ſie lächelnd hinzu; —
„aber dagegen muß man ſich nicht ſträuben, nicht zittern, nicht
erröthen... das macht ja die Männer erſt lüſtern. Man nimmt
das kaltblütig hin wie eine Statue, geht weiter und ſagt ſpöt-
tiſch: ‚Fidone, Excellenz! ſparen Sie das für die Gräfin! Schade
um dieſen verſchwendeten Kuß!' — dann erwacht der Stolz in
ihm und er geht... Albertine aber erröthete, keuchte, ſträubte
ſich, bat, flehte, ſtammelte — das macht ſie immer reizender,

tiese holde Verwirrung, und ehe man sich's versieht, wird aus
dem Spaß eines solchen Herrn Ernst."

Lücke's Augen rollten fürchterlich. — „Warum haben Sie
ihr das nicht bemerklich gemacht, Mademoiselle Manon? das
arme Kind ist noch so arglos..."

„Und eben darum um so reizender," meinte die Französin;
— „so etwas läßt sich schwer sagen, zumal einem so unerfahrenen
Wesen! Albertine hätte gegen mich einen falschen Verdacht gefaßt. — Ach, ich bemitleide Sie oft aufrichtig, Sie und Ihre
Verlobte, mein Freund! Albertine ist nicht für diesen Stand
geschaffen... für dieses fürchterliche Loos, das nur der kennt,
der es seit mehr als fünfundzwanzig Jahren an sich erprobt hat
wie ich!" — Sie senkte den Kopf schwermüthig auf die Hand,
stemmte den Ellbogen auf die Lehne des kleinen Divans und
reichte ihm mit wehmüthiger Freundlichkeit die Hand, ihn näher
ziehend bis er auf dem Stuhle Platz nahm, worauf noch so eben
ihre Füße geruht hatten.

„Ich weiß, was in Ihnen jetzt vorgeht," hub sie mit weicher
Stimme an, die ihrem Französisch einen um so einschmeicheln-
deren Accent verlieh; — „ich begriff Ihre Natur vom ersten
Tage an, wo ich Sie sah. Sie haben den gerechten Stolz des
Mannes, der seiner Talente und seines Werthes sich bewußt ist
Sie haben Ehrgeiz und streben vorwärts; Sie haben aber auch
ein Bedürfniß nach Theilnahme und Aufmunterung durch ein
weibliches Wesen, und haben es in dem unverdorbenen Mädchen
zu finden geglaubt... Ach, Sie hätten fürwahr ein besseres
Loos verdient!... Sie hätten verdient, daß Ihnen dieser Irrthum erspart geblieben wäre!..."

„Welcher Irrthum?" fragte Lücke betreten.

„Ich nenne es Irrthum," versetzte Manon, „daß Sie Ihr

ganzes Vertrauen und Ihre volle Liebe auf ein Mädchen ohne
Lebenserfahrung setzten, welches der Zufall in eine solche Lage
versetzte, daß ihm Gefahren nahen, ehe Albertine noch sicher und
gewandt genug ist, denselben auszuweichen."

„Albertine ist allerdings noch unerfahren, aber so treu und
rein, so fest in ihren Grundsätzen, daß ich für sie nicht fürchte,"
entgegnete Lücke, und suchte sich selber Vertrauen einzureden, obschon er es nicht hatte. „Ich werde sie warnen!"

Manon schüttelte mit einem Seufzer den Kopf. „Wovor
wollen Sie sie warnen? Ist sie schlau und besonnen genug, die
Listen zu durchschauen, womit man sie umgarnen will, so bedarf
es Ihrer Warnung nicht. Im entgegengesetzten Fall öffnen Sie
ihr vielleicht nur die Augen für die verbotene Frucht. O, die
Frauen sind so schwach! Zärtliche Worte und Blicke und
Schmeicheleien von einem Höherstehenden erwecken auch in der
kältesten Frau einen flüchtigen Rausch, denn die Eitelkeit ist die
Erbsünde unseres Geschlechts. Und welche Mittel werden nicht
aufgewendet, um die Phantasie und das Herz eines unerfahrenen
warmfühlenden Herzens zu bestricken? Leise Liebesworte, Liebkosungen, Geschenke! Auch Albertine wird erfahren, daß mit
großen Herren schlecht Kirschen essen ist, und daß man am aller-
besten thut, wenn man ihnen ganz aus dem Wege geht, oder sich
so weit resignirt, um zu ihren stillen Passionen ein Auge zuzu-
drücken. Das Geld, das sie nicht sparen, ist eine fürchterliche
Waffe gegen die Armuth, und hat schon mehr Leid verschuldet,
als alle Leidenschaften sammt und sonders!"

„Das Geld," sagte Lücke verächtlich, — „das fürchte ich
am allerwenigsten, denn ich kenne Albertinens frommen Sinn,
aber die Obergewalt des Dienstherrn, der Zwang, die Drang-

sale, die gehässigen Mittel alle, welche einem feigen gewissenlosen Menschen in solcher Lage zu Gebot stehen.."

„Lassen Sie uns das Beste hoffen!" sagte Manon; — „ein jeder Mensch hat seinen Schutzengel, und über der Unschuld wacht er ganz besonders!"

Lücke pflichtete diesem Wunsche bei, und schickte sich, da es schon spät war, zum Weggehen an, nachdem er Manon eine baldige Antwort zu geben versprochen. — Die Nacht draußen war schwül und dunkel, ganz im Einklang mit seiner Stim= mung; zuweilen zog der Blitz eine rasch verschwindende Feuer= furche durch das Nachtgefild. Franz ging noch spazieren; im Blättersäuseln der Bäume auf der Promenade ging er auf und nieder, und hing seinen wechselvollen und doch immer wieder demselben Ziele zustrebenden Gedanken nach. Fast wandelte ihn die Reue an, sich mit Albertinen verlobt zu ha= ben, er fühlte sich plötzlich kälter gestimmt für sie, sah Mängel in denjenigen Eigenschaften, die er zuvor für Vorzüge erachtet hatte.

„Schrewnitz hatte Recht," murmelte er vor sich hin, — „nicht die leibliche Schönheit macht die Liebe fest, sondern Bil= dung, Verstand, Liebenswürdigkeit, vor Allem aber Wohlstand, bedingen ein glückliches Familienleben. Welche Grundsätze kann Tine in diesem Hause lernen? wie schnell wird der züchtige Nimbus dem verzehrenden Gift des Beispiels und der Verfüh= rung weichen? und kein flüchtigerer, ätherischerer Reiz als die jungfräuliche Züchtigkeit! Dann, wenn sie tiefer und tiefer sinkt, wird sie nicht einmal die Grazie und den Geist dieser Französin haben, die trotz ihres Alters doch noch lebhafter, lei= denschaftlicher, empfänglicher, ergiebiger an Liebe ist, als Tine!

O Mädchen! Mädchen! warum mußtest Du in dieses Haus
gerathen?!"...

Er war eifersüchtig, und doch liebte er jetzt kaum mehr so
tief. Welch' ein Widerspruch, welch' ein Räthsel! der Neid be-
ginnt, wo das Himmlische der Liebe, die Erhabenheit des Glaubens und Vertrauens aufhört!

Neunzehntes Kapitel.

Ein eheliches Glück in der vornehmen Welt.

Was sollen wir inzwischen von Albertinens Leben in Baden-Baden sagen? Wir glauben genug anzudeuten, wenn wir sagen: sie diente. Die Gräfin schien es darauf abgesehen zu haben, ihr gar keine Freiheit zu gönnen, ja sie schien beinahe ihre eigene aufzuopfern, um nur ja Albertinen keine solche zu lassen. Tag und Nacht stand sie unter Aufsicht, denn wandte auch Gräfin Julie den Rücken, so war Mamsell Justine, die französische Kammerfrau, da, um sie keinen Augenblick aus den Augen zu lassen. Mamsell Justine schien ganz besonders dazu befähigt und geschaffen, ein armes Mädchen zur Verzweiflung zu bringen, das einmal dem Fluch der Dienstbarkeit und dem Haß einer leiden-schaftlichen Gebieterin zum Opfer vorgeworfen war. Und dennoch war sie nicht schlimmer als jede andere dienende Natur, deren Herz und Wille in langem Dienstzwang so sehr aller freieren Regung sich begeben haben, daß es für sie keine höhere Macht mehr gibt, als den Wink der Herrschaft. Da that das arme Kind keinen Schritt, der nicht belauert, keine noch so geringe Handlung, die nicht erforscht, da verlor sie kein ungeschicktes Wort, das nicht erhascht und mißdeutet worden wäre, und Justine war vielleicht um so blinder und eifriger im Gehorsam, als sie die Motive der Gräfin aus dem verschiedenen Betragen der beiden Ehegatten gegenüber von dem Garderobemädchen ohne Mühe durchschaute, und vielleicht um so eifersüchtiger darauf war, weil sie selbst noch unzweideutige Ansprüche auf Huldigung oder Anerkennung ihrer hübschen Figur und Koketterie machte, und elastischere Grundsätze in diesem Stück besaß als die glücklichere Albertine.

Zwischen der Gräfin und ihrem Gemahl war es noch nie zu einer Erklärung gekommen, aber Eines durchschaute und begriff das Andere ohne viele Worte. Man begegnete sich wechselsweise und vor der Welt nur um so artiger und höflicher, aber gerade diese Höflichkeit war ein um so sicherer Maßstab der Kälte. So stolz der Graf auch sonst war und so wenig er im Privatleben seine Leidenschaften und Ansichten verhehlte, so war er doch in diesem Stücke schon zum Heuchler geworden, und diese Stufe der Erniedrigung eines Mannes führt hart an den Rand des Abgrunds und des Falles. Vor der Gräfin war er gegen Albertinen der stolze Herr, der gegen die Untergebenen nur höflich war, um seiner Ansprüche auf Bildung sich nicht zu begeben; sah er sich ihr aber einen Augenblick allein gegenüber, so war er ein Ausbund von Höflichkeit und Zärtlichkeit, und manches andere Mädchen würde sich von dieser Maske haben täuschen lassen. Nicht so Albertine: in demselben Verhältnisse als Gräfin Julie ihren Gemahl wegen dieser Tartüfferie hassen und verachten lernte, überkam das Mädchen eine geheime Furcht

vor diesem Menschen, der seine Leidenschaften und Mienen so
unter seinen Willen gebeugt hatte, und sie verglich damit das
einfache offene und bescheidene Wesen ihres Verlobten, zu dessen
Gunsten denn auch immer vor dem Richterstuhle des Gefühls
und Verstandes die Wagschaale sank.

Unter diesen Umständen konnte sie den Moment nicht erwarten, wo die Familie nach Hause zurückkehren und eine andere
Ordnung der Dinge und der Tage im Hause wiederkehren würde;
ihr zog die Zeit mit ebenso peinlicher Trägheit vorüber, als sie
Justinen zu schleppend und langsam däuchte für den geringen
Erfolg, welchen ihre Bemühungen um die Gunst der Gräfin
brachten, denn ihre vornehmste Absicht war, sich in diesem Hause,
dessen hoher Ton ebenso ihrer Eitelkeit schmeichelte als den schönsten Hoffnungen des Eigennutzes Raum gab, festzusetzen und
dazu däuchte ihr nichts zweckdienlicher, als ihre Schicksalsgenossin
Albertine zu vertreiben. Diese wäre ihr gerne gewichen, hätte sie
nur den Muth in sich finden können, der zu einem solchen Schritte
nöthig war; aber mit einer Herrin zu brechen, welche ihr eine
Mitgift verheißen hatte, dadurch vielleicht Lüde und ganz gewiß
Manon zu kränken, der sie jetzt doppelt verpflichtet war, — das
erschien ihr als der äußerste Undank. Mußte nicht Lüde glauben,
sie liebe ihn zu wenig, um ihm ein Opfer bringen zu können,
wenn sie auf einmal die lästige, fast erniedrigende Fessel ab-
warf? Mußte nicht am Ende Manon darunter leiden und der
Gräfin Vorwürfe sich zuziehen, weil Manon Veranlassung geworden
war, daß sie in den Dienst der Gräfin gekommen war?

Zu unerfahren und zu offen, um zu heucheln, war sie hinwiederum zu wohlwollend und zu liebreich, zu dankbar und zu
resignirt, um durch eine Schilderung ihrer wahren Lage dem
theuren Verlobten zu beunruhigen, und da es ihr unendlich

schwer fiel, in ihren Briefen voll Einfalt und Herzlichkeit die Wahrheit zu umgehen oder den aufwallenden Ton der Wehmuth ganz zu unterdrücken, so schrieb sie lieber nur höchst selten und stets nur so kurz wie möglich, auf die Gefahr hin, liebloser und kälter zu erscheinen, als sie wirklich war, und machte ihrem gepreßten Herzen in stillen schlummerlosen Nächten durch Weinen Luft, oder betete zu Gott um Kraft, die doppelte Pein der Trennung von ihrem lieben Franz und der vielen Anfechtungen ihres gegenwärtigen Lebens ertragen zu können.

Das weibliche Leben in unseren Tagen ist ein so passives, ereignißleeres, daß uns unendliche Schätze der Liebe in guten Herzen verloren gehen oder von uns Männern übersehen werden aus Mangel an Gelegenheit zur Aeußerung. Fehlte nicht dem deutschen Mädchen jene Willenskraft der Französin oder der Frauen südlicherer Länder, — diese Kraft der Tugend und dieser Instinkt zum Guten hätte längst eine ganze Umwandlung und Aufbesserung der sittlichen und öffentlichen Zustände bei uns zur Folge gehabt, und der Tartüfferie der Männer längst ein Ende gemacht, denn jeder Mann ist am Ende Tartüffe, und auch Lüde war Einer, nur hatte ihm seither noch die Gelegenheit dazu gefehlt. Aber nun war sie gekommen — über den Häuptern beider Verlobten hing eine drohende Wolke, wie wir bald sehen werden. —

Je mehr Graf Arnesco sich von Julien entfernte, desto schöner blühten Ihrem Cousin Senzalone die Hoffnungen wieder auf, welche er seit der Heirath Juliens fast zu Grabe gelegt hatte. Luigi hatte einst seine Cousine geliebt, aber der Ambassadeur Arnesco hatte den einfachen, nicht sehr reichen Uhlanenoffizier ausgestochen, den die gefeierte Gräfin vielleicht nur mit Vorbehalt geliebt hatte; Genug, ein Jahr nach Juliens Heirath hatte Senzalone den Dienst quittirt, sich auf Reisen begeben, und enblich bei der Rückkehr von denselben sich in Paris niedergelassen, um unter dem anspruchslosen Titel eines Attaché der Gesandtschaft eines kleinern italienischen Hofes sich mit regen Armen in den Strudel des Modelebens der vornehmen Welt zu werfen. Er war, von Glück und äußeren Vorzügen gehoben, auch bald einer jener Löwen geworden, die in Paris so schöne Kräfte an den eitelsten Tand der Welt, an Frauengunst und Ostentation, vergeuden. Diesen Sommer war er nach Baden-Baden gekommen, um die Derangements, welche seine Gesundheit und seine Finanzen erlitten hatten, wieder einigermaßen aufzubessern. Ein schöner Mann, umgeben von dem Nimbus seines eitlen Ruhmes, war er der Gräfin hier wieder zu Gesicht gekommen, und Beide glaubten sich nun verpflichtet, in Jugenderinnerungen schwärmen und die Fügung des Schicksals, das sie beide so auseinander geschleudert hatte, gleich sehr beklagen zu müssen. Luigi war übersättigt vom Strudel des Pariser Lebens, und trat aus verschiedenen Gründen in Baden sehr bescheiden auf; aus seinen Schwelgereien wie aus einem bösen Traume erwacht, ernüchtert, haschte er nach einem geistigen Reize, und glaubte ihn zu finden in dem Cultus einer Jugendneigung, deren Gegenstand ihm so plötzlich wieder vor die Augen gerückt worden war, und zwar fast in gleicher Stimmung mit ihm, denn Julie fühlte aus anderen Gründen eine gewisse Antipathie gegen das Leben der Standesgenossen in Baden-Baden, und fand keinen unwillkommenen Triumph darin, die Huldigung ihres Vetters, der von den schönsten und vornehmsten Damen von Paris bewundert und gehätschelt worden war, auf sich gerichtet zu sehen. Liebe aber war es nicht mehr, was Beide einander näherte, sondern ein beiderseitiges Haschen nach einem Zeitvertreib.

Es war ein herrlicher Abend in den letzten Tagen des

August. Eine kleine Cavalcade von drei Reiterinnen und etlichen Cavalieren ritt langsam die Allee nach Lichtenthal hinauf. Den Zug eröffnete Graf Arnesco an der Seite der Lady Vane, die kurz zuvor aus dem Orient zurückgekehrt war, und nun eben mit dem graphischen Talente, das den englischen Damen von Stande durchaus eigen ist, ihrem Begleiter die interessantesten Schilderungen eines Rittes durch die Wüste und eines Besuchs bei der excentrischen Lady Hester Stanhope machte. Arnesco hatte einige Jugendjahre im Oriente verlebt und horchte mit doppeltem Vergnügen, einmal um des Stoffes und dann noch mehr um der höchst anmuthigen Erzählerin willen. Hinter ihnen ritt Luigi Senzalone an der Seite seiner Cousine, und um die schöne Herzogin von Ricci, welche hinter ihnen ritt, drängten sich ein paar junge Herren von Stande aus Paris und London.

Am tiefsten in ihre Conversation versenkt, die im wohlklingenden Idiom ihrer Heimath geführt wurde, schienen Julie und ihr Vetter. — „Erinnern Sie sich noch der Abende," flüsterte er ihr zu, „wo wir vor zehn Jahren in Florenz dieselben zauberischen Stunden damit verbrachten, den späten Corso auf dem Lungarno und in den schönen Alleen zu besuchen? Sie, Giulia, waren kaum aus der Pension gekommen, ich noch ein träumerischer schwärmender Musensohn der Pisaner Hochschule… Wie lebendig erinnere ich mich noch jener gestirnten Abende, denen so schöne Stunden fröhlichen heitern Geplauders auf dem Balkon, Musik und Spiele unter den Augen unserer Mütter folgten!"

„Wir waren noch Kinder, glückliche Kinder!" sagte Julie mit einem leichten Seufzer; „unser Horizont war noch eng, unsere Welterfahrung gering, und die Schlange, welche unter den

Blumenkränzen des Lebens lauert — sie hatte uns noch nicht gestochen!"

„Und dann das Landleben auf der Villa Boschina!" fuhr Luigi fort; — „die abendlichen Spaziergänge zum Kloster San Onofrio, die Rückkehr in der Nacht, wo die Lucciolen in den Büschen glühten, und die Sterne auf uns herablachten, und Sie mein Wissen auf die Proben setzten, indem Sie mich nach dem Namen eines jeden Sternes, nach seinen Verhältnissen zum Weltall, nach den Eigenthümlichkeiten jeder Pflanze fragten!... Ach, um Ihnen zu gefallen, um Ihr Lehrer werden zu können, saß ich manchmal halbe Nächte hinter meinen Büchern...."

„Und die andere Hälfte brauchten Sie zu den kleinen Serenaden, die Sie mir in den Lorbeergebüschen an der Cascabella brachten!" wandte Giulia ein.

„Ah, Sie erinnern sich ihrer noch?" fragte Luigi fröhlich; „nun ja, Sie liebten ja die Musik so, und ich wußte damals, daß ich einen schönen Bariton sang. — Ei, fällt Ihnen noch bei, zu welch artigem Qui-pro-quo meine Serenaden damals Anlaß gaben? wie Lauretta, die Tochter des Intendanten Ihrer Frau Mutter, es von dem geizigen Vater erzwang, daß sie Giacomo, den Gärtner, heirathen durfte, der sich mit fremden Federn geschmückt und ihr glauben gemacht hatte, daß er der Sänger gewesen, und daß die Serenaden ihr gegolten?...."

„Und wie Sie mich damals veranlaßten, Luigi, die Ausstattung des Paares zu übernehmen, und wie wir die Hochzeit mitfeierten," fiel ihm Julia mit feuchten Augen in's Wort; — „und wie wir das kleine Festin zu einem Volksfeste machten, an wem die halbe Gegend Theil nahm, und wie Sie ein Feuerwerk zubereitet hatten, an dessen Schlusse die verschlungenen Namen G und L in Brillantfeuer brannten .... Und wie das junge

Paar hernach Ihnen mit Freudethränen für diese Ehre dankte,
weil die Närrchen nicht ahnten, daß diese Buchstaben Giulia e
Luigi heißen sollten? . . . O Sie waren ein erfinderischer
Schelm, Vetter! Niemand ahnte das Geheimniß als ich!"

„Und meine Mutter!" entgegnete Luigi; — „sie errieth
Alles wohl, denn was man wünscht und hofft, muthmaßt man
auch! . . . . Wer hätte damals gedacht, daß ich just an demselben Tage fünf Jahre später die Nachricht von Ihrer Verlobung
in feingestochenen Karten empfangen würde!" fuhr er schwermüthig fort; „Alles ist eitel, sogar die Gelübbe unserer schönsten
Jugendstunden!"

„Meine Familie hat es so gewollt!" sagte Julie; — „Sie
wissen, welchen Einfluß der Kardinal Fierra auf meine Mutter
ausübte!"

„Und ich hatte ihn mir in einer knabenhaft muthwilligen
Laune zum Feinde gemacht, als ich ihm jene Verse Lord Byron's
an die Thüre schrieb!"

„Ach, warum räumt man uns nicht freie Wahl ein! warum
zwingt man uns, den Rücksichten der Welt und der Eitelkeit so
viel zu opfern?" klagte Julie; „kann mir meine Familie die ent-
flohenen Tage des Glückes heraufbeschwören? kann mich der
Glanz meiner Stellung für die gebrachten Opfer entschädigen?"

Luigi schaute sie verwundert und mit der freudigsten Ueberraschung an. — „Diese hölzernen Knechte des Vorurtheils können
es nicht, Giulia?" sagte er, — „aber wir können es: wer hindert
Sie, jene schwärmerischen Ideale der Jugend jetzt zu realisiren?
Oder ist Arnesco eifersüchtig?"

„Er?" flüsterte sie halb zürnend, — „er hat mich nie geliebt! Ich war seine Puppe, sein Schooskind, das Spielzeug
einer wohlwollenden Laune; meine Zeit ist vorüber, ich bin ihm

O. Mylius, Ausgewählte Erzählungen. I.   14

jetzt gleichgültig, und er — sucht sich vielleicht eben ein anderes Spielzeug! . . . Geht! Ihr Männer seyd Alle falsch!" Damit sprengte sie ihr Pferd an, ritt bei Seite und tummelte es vor dem Eingang des Klosters, bis die Diener herbeigesprengt kamen, um es in Empfang zu nehmen.

Nichtsdestoweniger behielt sie doch den Vetter beim Thee, sang mit ihm, unterhielt sich mit ihm, und überließ den Grafen seinen Journalen und seinen Gedanken. Ein Zwischenfall unterbrach die Unterhaltung, die immer schleppender und schaler werden mußte, je länger der Zwang, den sich diese beiden Menschen auferlegen mußten, andauerte. Luigi konnte nicht immer von seinen Reisen erzählen, und die Schilderungen, welche er ihr von seinen Jagden in den Pyrenäen, bei einem frühern Badeaufenthalte daselbst, und besonders von einer Besteigung des Canigou in stürmischem Wetter gemacht hatte, waren allzu erschütternd, zu nervenreizend für eine so zarte Dame, obwohl sie ein ganz besonderes Vergnügen darin fand, diesen tollen Muth des interessanten Mannes zu bewundern.

Der Zwischenfall war einfach folgender. Albertine trat herein, und überreichte der Gräfin auf einem silbernen Präsentirteller einen Brief von Manon, aber ihre Hand zitterte so sehr, daß das glatte Papier der glatten Fläche entglitt und zu Boden fiel. Die Gräfin heftete einen drohenden Blick auf die Ungeschickte, die sich nun nicht länger bemeistern konnte, und in lautes Weinen ausbrach.

„Vergebung, Gnade, Excellenz!" rief sie; — „ach ich zittere so fürchterlich . . . ich bin so entsetzlich unglücklich!"

„Was hast Du?" riefen die Gräfin und Arnesco aus Einem Munde.

„O mein Gott!" jammerte Albertine trostlos, — „wer hätte

das gedacht! womit haben wir das verdient? Ach, wie können die Menschen auch so schlecht seyn!"

„Was soll das heißen?" fragte die Gräfin milder, — „Du hast ja alle Besinnung verloren!"

„Sie werden es hier in diesem Briefe lesen, Excellenz!" entgegnete Albertine.

Erschrocken wie sie war, erbrach die Gräfin hastig den Brief und hieß das Mädchen warten. Unterdessen firirten Senzalone und Arnesco sie wechselsweise, und der Erstere faßte dann den Letztern mit einem kalten Lächeln in's Auge. Eben diesen zwei= deutigen Blick gewahrte die Gräfin, als sie einen Augenblick über den Brief hinwegschielte, und er machte ihr das Blut fast in den Adern gerinnen. Der Brief enthielt nichts Besonderes; es war das gewöhnliche Bulletin Manon's über das Hauswesen, und nur am Schlusse eine Bemerkung, wie der Verlobte Alber= tinens dermalen sehr eifersüchtig auf den Grafen sey, von wel= chem Albertine beständig schreibe, und wie er allmälig sich selbst so sehr steigere, daß sie, Manon, einen Bruch beinahe für unver= meidlich halte.

„Nun, was ist Dir begegnet?" fragte Julie; „dieser Brief gibt mir keinen Aufschluß! Rede!"

„Weiß es am Ende Mamsell Manon selbst noch nicht?" stammelte Albertine.

„Rede!" herrschte ihr die Gräfin von Neuem zu, — „die= ser Herr hier versteht Dich nicht, er spricht nicht deutsch!"

„Wir sind unglücklich auf Zeitlebens!" sagte das Mädchen; „der Druckerherr, bei welchem mein Franz in Arbeit stand, ist durchgegangen, und hat ihn um achthundert Gulden betrogen, die er von Mamsell Manon geborgt hat, damit man ihm seine

Stelle lasse! . . . Ach, ich hatte Recht, als ich ihm widerrieth, das viele Geld hinzugeben!"

„Nun? und Dein Verlobter?" fragte der Graf.

„Er ist jetzt broblos, das hat er mir so eben geschrieben!" jammerte Albertine; „er hat gar keinen Beweis für sein Guthaben in Händen und die Advokaten haben ihm gesagt, er bekomme keinen Heller wieder!"

„Bah! Das wird grundlose Angst seyn!" meinte Arnesco.

„Die arme Manon! sie hat sich lange abquälen müssen, bis sie sich das Geld erspart hatte!" sagte die Gräfin französisch; — „wie konnte sie auch thöricht genug seyn, sich nicht besser zu versichern!"

„Was hat denn das hübsche Kind?" fragte Senzalone.

Die Gräfin theilte ihm in wenigen Worten die Thatsache mit. — „Mir ist es unklar," sagte Arnesco, „wie diesem Menschen in einem Rechtsstaate und bei so ausgezeichneter Justiz nicht sollte geholfen werden können. Hast Du den Brief Deines Verlobten hier?"

„Hier," sagte Albertine und reichte ihn hin. Der Graf las ihn, und sah, daß das Mädchen im Wesentlichen Recht hatte. Herr Förderer war ein Schwindler und dabei ein abgefeimter Betrüger gewesen; sein Geschäft war überschuldet, sein Kredit erschöpft gewesen, er hatte einem Concurs mit Zuversicht entgegensehen müssen und diesem Unheil sich durch Flucht entzogen. Um aber die Mittel dazu zu erhalten, hatte er nicht nur Wucherer in Contribution gesetzt, sondern auch den arglosen Lücke bestohlen, denn er war abgereist, ohne diesem auch nur einen Empfangsschein über die als Caution deponirte Summe auszustellen. Manchmal, gestand Lücke, hatte dieß ihn unruhig gemacht, aber nichtsdestoweniger hatte er alle Kräfte aufgeboten, das Geschäft mit der größten Umsicht zu betreiben. Nach mehr als Monatsfrist schon mußten aber Wechsel eingelöst werden, und die Gläubiger drohten mit Execution; im Interesse des Geschäfts deckte Lücke diese Summen mit der beim Bankier deponirten und ihm zur Leitung angewiesenen Summe, schrieb an Förderer unter der aufgegebenen Adresse nach London und wartete auf Antwort; zwei, drei Wochen vergiengen, zwei, drei weitere Briefe an Förderer giengen ab — es erfolgte aber keine Antwort. Der Kredit bei dem Bankier war erschöpft, flüssige Ausstände eingetrieben, aber diese Mittel reichten nicht zu, die Arbeitslöhne des Personals zu bezahlen, und schon zweimal hatte Lücke auf eigene Rechnung und Gefahr bei Manon Geld hiezu geholt; — da kamen auf einmal alle seine Briefe zurück mit der niederschmetternden Botschaft, daß ein solcher Herr nicht dort bekannt noch zu erfragen, und gleichzeitig verbreitete sich die Nachricht, daß Förderer bereits in New=York angekommen sey. Die Nachricht fand Bestätigung in den Briefen, welche der Flüchtige an seine jammernde Gattin geschrieben — der Concurs brach aus, und die bange Furcht dessen, was Lücke seither schon zuweilen als Möglichkeit vorgeschwebt hatte, war nun auf einmal Wirklichkeit geworden. Lücke hatte bei der totalen Ueberschuldung des Geschäfts und dem Mangel an allen gesetzlich gültigen Ansprüchen von seiner Seite keine Restitution mehr zu erwarten, und sah nur dem Hohn der herzlosen Welt entgegen. Der Schluß seines Briefes war rührend.

„Das Glück hat uns den Rücken gekehrt, liebe Albertine; aber ich habe mich nun selbst wiedergefunden und bin zum Bewußtseyn meiner Pflicht gekommen," schrieb er. — „Ich wollte zu hoch hinaus und mochte mich nicht bescheiden mit dem sichtlichen Segen Gottes, den er mir in Dir zugedacht

hat. Nun stehe ich da, wo ich zuvor war, nur noch weit ärmer — aber ich will meinen Verbindlichkeiten gerecht werden,
wie es auch für mich fallen möge. Auf dich und den lieben
Gott setze ich meine Hoffnung; Du wirst treu bei mir aus-
halten und mir wie er helfen, im Lauf der Zeit unserer Wohl-
thäterin das wieder heimbezahlen zu können, was sie uns so
großmüthig dargeliehen hat. Dieses Unglück wird uns ein
Sporn zu verdoppeltem Fleiße und eine Aufmunterung seyn,
in Zukunft uns mit Wenigem zu bescheiden. Mit Sehnsucht
erwarte ich die Rückkehr des Barons Schrewnitz, der mir
sicherlich besser als alle Advokaten rathen und mir seinen
ebelmüthigen Schutz nicht entziehen wird. Nicht wahr, Albertine? ich täusche mich nicht, wenn ich dasselbe von Dir
voraussetze? 2c. 2c."

Der Graf fühlte Mitleid mit dem armen Teufel, dessen
Unerfahrenheit ihn in einen so bedeutenden Schaden gestürzt
hatte; aber er hatte eigensüchtige Zwecke, um deren willen er
seine Gesinnungen nicht offen aussprach. — „Hier, mein Kind!"
sagte er zu Albertine, den Brief zurückgebend, — „ich bemitleide
Dich, und werde mir angelegen seyn lassen, Dir zu helfen; Deinem Verlobten aber widerfährt diese Witzigung mit Recht: welche
Vermessenheit, einen solchen Schritt mit fremden Mitteln zu wagen, und welche Kurzsichtigkeit, ihn so leichtsinnig auszuführen!
Dieser Mensch ist ein geborner Träumer und Verschwender, sonst
hätte er fremdes Eigenthum noch sorglicher gewahrt, als das
seinige. Geh', laß den Gewissenlosen laufen: es sind Hirnge-
spinnste, eine solche Summe von dem Tagelohne eines Arbeiters
abverdienen zu wollen!"

Bis zum Tode betrübt und entmuthigt verließ Albertine

das Gemach und ein unheimlicher Geist des Nachdenkens lastete
auf den drei Inhabern des Salons.

„Ich werde die arme Manon zu entschädigen suchen," sagte
die Gräfin; „obwohl sie es um ihrer Thorheit willen nicht verdient hätte."

„Was ich morgen am Spieltische gewinne, will ich Ihnen
zum gleichen Zwecke überantworten, Cousine!" sagte Senzalone.

„Man muß diese Heirath zu hintertreiben suchen," sagte
Arnesco, „sonst ruht auf uns die Verantwortung, dieses Geschöpf
unglücklich gemacht zu haben; ein solch unbesonnener Mensch wird
nie im Leben reussiren!"

„Ueberhaupt scheint sie ja zu gut für ihn zu seyn!" warf
die Gräfin doppelsinnig ein.

Bald darauf trennte man sich, und Senzalone erinnerte noch
Arnesco, doch ja das Frühstück nicht zu vergessen, wozu er ihn
geladen habe. — „Sie müssen ihn für morgen seiner süßen
Pflichten entbinden, Cousine," sagte er zur Gräfin; — „er soll
morgen seinen Wunsch erfüllt sehen, und einem echten Pariser
Junggesellen-Frühstück anwohnen!"

„Schonen Sie mir ihn aber, Cousin," versetzte die Gräfin;
— „er ist an die kleinen Orgien der Herren Pariser Löwen nicht
gewöhnt!"

Die vier Hauptpersonen dieses Abends entbehrten lange des
Schlummers: Albertine vor Kummer und Schmerz, Gräfin Julie
getheilt zwischen Sorgen wegen der Treue ihres Gemahls und
und der frohen Ueberzeugung, daß Luigi sie an Treue beschämt
habe; Arnesco sich abarbeitend um Anschläge auf Albertinen,
und Senzalone, weil er die Freude über die gemachte Wieder-
eroberung in einem fröhlichen Männercirkel mit Champagner
besiegeln wollte.

Zwanzigstes Kapitel.

Geheime Anschläge.

Das Dejeuner beim Grafen Senzalone war lukullisch: was nur Haud's Küche vermochte, was nur die Phantasie eines Carême zu schaffen im Stande wäre, war vorhanden; die feinsten Gerichte, die edelsten Weine, die lustigsten Gäste. Die Unterhaltung war auch nicht die von Karthäusern, und Faublas's Jovialität hätte vor derjenigen des Prinzen b'Orion die Segel streichen müssen. Man sprach von Weibern natürlich in erster Instanz: man rubricirte und rühmte alle Schönheiten der gegenwärtigen Saison Badens, und ballotirte nach lebhafter Diskussion fast über jede. Nur bei Wenigen waren die Meinungen getheilt, und unter diese gehörte auch — natürlich aus Artigkeit gegen den Grafen — die Gräfin Arnesco:

„Ja," rief Senzalone, — „wenn ich frei reden dürfte, Cousin, ohne Sie und Julien zu beleidigen, so wüßte ich Ihnen noch

ein Wesen zu nennen, das ich — beinahe ihr an die Seite setzen
möchte!"

„Reden Sie!" rief Arnesco, vom Wein inspirirt; — „hier
bin ich Junggeselle, hier darf ich Alles hören!"

„Seht mir doch diesen Tartüffe an!" rief nun Luigi, muthwillig die angebotene Erlaubniß ausbeutend; — „er findet einen
wahren Triumph darin, heute Garçon seyn zu dürfen, und doch
hat er die liebenswürdigste, reizendste, vollendetste Dame zur
Frau — ja, meine Freunde! ein Wunder von Geist und Gemüth
— gründlich genug gebildet, um ein Mitglied des Pariser Insti-
tuts aus dem Felde schlagen zu können, und dabei naiv und
anspruchslos, — schön wie ein Engel und dabei sittsam wie eine
Nonne, — in ihn verliebt wie in der ersten Honigwoche, und dabei so unbefangen — so kindlich treuherzig, daß sie gar nicht
merkt, welche eine gefährliche Nebenbuhlerin sie am eigenen
Busen nährt!"

„Wie? was? eine Geliebte?" rief's im Chore; Arnesco
wehrte lächelnd ab.

„Bah! ich habe Alles mit eigenen Augen gesehen!" rief
Senzalone lachend; „Sie sind nun Garçon und als solcher dürfen
Sie keine Geheimnisse vor uns haben. Gestern Abend war ich
zu einem familiären Thee bei der Gräfin; sie war bezaubernd
wie immer, aber der Gemahl, aus Gewohnheit stumpf für die
brillante Conversationsgabe Juliens, liest den Moniteur. Auf
einmal erscheint eine Soubrette, ein Mädchen, strahlend wie ein
Erzengel, — so schön, daß ich sie ohne Uebertreibung seiner Gemahlin nahezu an die Seite setzen möchte, — ich möchte sie malen
können, allein Arnesco könnte eifersüchtig werden!"

„Bah! schildern Sie!" riefen die Andern.

„Nein, ich vermag es nicht!" rief Senzalone lachend, „aber

ein Gleichniß wage ich: die Soubrette ist die Pfirsche, wie man
sie frisch, reif, voll Duft und Aroma, mit dem gesunden hübschen
Sammt der Wangen vom Baume pflückt; die Gräfin aber ist
eine ähnliche Pfirsche, nur von der Kunst des Confiseurs ihres
anmuthigen Pflaums beraubt, und dem Feinschmecker in Zucker
und Gewürzen vorgesetzt!"

„Er hat Recht," rief Arnesco und lachte mit den Anderen.

„Kurzum, kaum tritt das Kind der Natur ein, und beklagt
sich über einen sehr prosaischen Unglücksfall, der ihren Liebhaber
— irgend einen bonhomme des Grafen — betroffen, so wird
unser Freund Feuer und Flamme, die Unruhe schlägt ihm aus
allen Pulsen, und Giulia sitzt dabei und sieht nichts, merkt nichts ...
die liebe Unschuld!"

„Sie kennt mich besser als Sie," versetzte Arnesco lächelnd;
— „sie weiß gewiß, daß an den Vorurtheilen — der Tugend
meinethalben, wenn Sie so wollen, — dieses Mädchens alle Versuche scheitern würden!"

„Ah!" rief d'Orion, — „Sie haben also doch schon Versuche
gemacht?"

„Er wäre zu bemitleiden, wenn er es nicht gethan hätte!"
rief Senzalone; — „das Kind ist so schön, daß man — eine
Thorheit darum begehen könnte, von ihr wirklich geliebt zu werden. Diese Augen so blau wie der Meeresspiegel von Sorrent
— diese Formen einer Bacchantin unter dem Gesicht einer Mu-
rillo'schen ernsten Madonna ... diese ... Nicht wahr, Cousin,
Sie sind eifersüchtiger auf sie als auf Giulia? ..."

„Weder das Eine noch das Andere," versetzte dieser; —
„ich kann nur auf Ehre versichern, Cousin, daß jeder Schritt,
auch nur die mindeste Gunst von diesem Mädchen zu erringen,

rein umsonst ist, da sie sich mit consequentem Eigensinn für ihren Verlobten aufbewahrt!"

„Eine solche Aufopferung ist nur in Deutschland noch möglich!" lachte d'Orion; — „ich bemitleide eine solche launenhafte Tugend oder tugendhafte Laune, die das Köstlichste, was sie hat, dem brutalen Instinkte irgend eines Lümmels aufbewahrt, der ihr überdieß noch mit Schlägen dankt! . . ."

„Einem Lümmel, der es gar nicht zu würdigen weiß," fuhr Senzalone fort, — „einem Bengel, dessen platte Thorheit schon jetzt dem Mädchen nur Aussicht auf Elend und den Schuldthurm eröffnet! . . . Opfern Sie dem Zeus einen Hahn, Arnesco! Ihre Saat reift! Man braucht kein diplomatisches Genie zu seyn wie Sie, um den dummen Tölpel nach dieser Ungeschicklichkeit aus dem Sattel zu heben, und mittelst eines freundlichen Gesichts und einiger Freigebigkeit den letzten Rest von Vorurtheilen bei dem Mädchen aus dem Feld zu schlagen. Meine Herren: es lebe die Tartüfferie! Die edle uneigennützige Großmuth, die dem Verlobten hilft und die Wucherzinse der Verlobten auf's Kerbholz schneidet!"

Die anderen Gäste zollten lauten Beifall und Arnesco stieß gutmüthig auf den Toast mit an.

*　　*　　*

„Ist die Gräfin ausgefahren?" fragte der Graf den Kammerdiener, als er mit Einbruch des Abends in seine Gemächer zurückkehrte, und bei den schwimmenden Augen und dem hastigen Gange nicht leugnen konnte, daß er an Auftritte und gastronomische Strapazen dieser Art nicht mehr gewöhnt sey.

„Excellenz diniren bei der Lady Vane, Herr Graf!" war die Antwort.

„Das Haus ist so stille," sagte Arnesco; — „wo ist die Dienerschaft?

„Mamsell Justine ist mit Herrn Paul zum Feuerwerk auf die Promenade," versetzte Joseph; „die Bedienten sind ausgegangen bis auf mich und Franz, und Mamsell Albertine, die vor einer Viertelstunde wieder heimgekommen ist!"

„Albertine!" murmelte der Graf; — „geh', schaff' mir frisches Wasser und Karten zum Feuerwerk! ... Albertine?" murmelte er, — „Julie bei Lady Bane ... Justine fort ... Paul fort?" ...

Er ging hastig im Zimmer auf und nieder, sank in einen Stuhl und schien sich zu besinnen. — Der Diener brachte das Wasser. — „Joseph hole mir — die Karten zum Feuerwerk!" murmelte er, und stand auf. Der Glockenton von der Flurthüre ertönte, und gab Nachricht, daß Joseph fort war. Er trat auf den Vorplatz hinaus, zögerte, schwankte, endlich trat er in den Gang, der zu Albertinens Stübchen führte. Aber auf der Hälfte des Weges kehrte er wieder um, und verschloß die Thüre des Vorsaals. — „Thor, der ich bin!" flüsterte er, — „wozu diese thörichten Vorsichtsmaßregeln? sind denn diese Diener Menschen? dürfen sie je etwas sehen?" Er zögerte abermals und wollte wieder aufschließen; allein er besann sich wieder eines Andern. Mit hastigen Schritten durchmaß er den Corridor, und stand vor der Treppe, als Albertine die Thüre öffnete, um zu sehen, wer sie rufe. Sie wähnte vielleicht, es sey ein Diener, der sie zur Gräfin entbiete, und wollte ihre verweinten Augen zuvor reinigen, aber sie erschrack unsäglich, als sie den Nahenden erkannte, stieß einen Schrei aus, schlug die Thüre wieder zu und riegelte sich ein.

„Albertine, kommen Sie auf mein Zimmer!" gebot er ihr.

„O Herr Graf!" jammerte diese drinnen, um Gotteswillen erbarmen Sie sich!"

„Kommen Sie auf mein Zimmer und bringen Sie den Brief Ihres Verlobten mit!" wiederholte er. Keine Antwort: sie hatte Fürchterliches in seinen Augen gelesen, und war unfähig, sich zu bewegen; schluchzend, auf den Knieen betete sie. Er wiederholte noch etliche Male seinen Befehl, aber sie hatte nur Flehen für ihn. Der Zorn verdunkelte seine Stirne; er pochte, sie gab keine Antwort mehr.

„Oeffne, Mädchen!" herrschte er ihr zu. — „Nein!" tönte heraus. — „Es ist ein Mann bei Dir," hub der Graf von Neuem an, — „Du hast ein böses Gewissen! — Oeffne oder ich lasse die Thüre durch die Diener sprengen und Dich mit Gewalt herauszerren!" Er hörte nicht auf die Jammerworte, welche sie ihm zuflüsterte, nicht auf die Beschwörungen, womit sie ihn bat, ihres Rufes als ihres einzigen Kleinods zu schonen.

Er drohte von Neuem; welcher Mißbrauch kann nicht getrieben werden mit dem Prädikat des Herrn! wie ist nicht die ganze Zukunft, das ganze Lebensglück eines Menschen in die Hand eines Schwächlings, eines Gewissenlosen gelegt, der es zur gewaltigsten Waffe gegen die wehrlose Unschuld machen kann! Der Graf war sonst nicht böse oder heimtückisch; allein Wein und Leidenschaft und die freche Sprache jener Libertins, in deren Kreise er den halben Tag verbracht, hatten sein Blut erhitzt und ihn mit einer thierischen Wuth erfüllt, gegen welche die Vernunft gar häufig nur eine Strohhalmwaffe bietet!

Endlich flog der Riegel zurück und die Thüre auf — der Graf hatte eine Melodramenscene erwartet — entweder das Mädchen am offenen Fenster, drohend hinunterzuspringen, oder mit einem Messerchen gegen den Busen gerichtet — allein nichts von alledem. Albertine saß auf einem Stuhle, und war einer Ohnmacht nahe; aber sie fühlte noch Kraft zum Widerstand.

„Komm', folge mir!" sagte er.

„Nein!" versetzte sie.

„So mußt Du!" Er zerrte sie am Arme, der Aermel blieb ihm in der Hand, und der runde weiße Arm, die rechte Schulter, die er mit vom Kleide abgerissen hatte, wurden entblößt.

„Es gibt einen Gott im Himmel!" murmelte sie; „er sieht Alles, was die Menschen thun! — Ich könnte schreien, aber ich schäme mich für Sie!"

Er lachte wild, und zerrte sie von Neuem. Da stand sie selber auf und trat in den Corridor hinaus. „Wohin soll ich gehen?" fragte sie; „es bedarf Ihrer Rohheit nicht!" Er stutzte zwar über diese Bereitwilligkeit, nahm sie aber doch in seinen Arm, und führte sie in sein Zimmer.

„Was wollen Sie jetzt von mir?" fragte sie stolz. Er war verblüfft und schaute sie stier an: sie war so schön in dieser Stellung, — stolz wie eine Königin, stark und drohend wie eine Tigerin, die ihre Jungen vertheidigt. — „Ich wollte Dir ein Mittel sagen, wie Du das Geld verdienen kannst, welches Dein Verlobter verloren hat!" sagte er befangen.

„Ich habe Sie nicht um Rath gefragt," sagte sie; „der liebe Gott wird helfen!"

„Ich will Euch Beide wohlhabend machen," sagte er.

„Und ich will nichts mit Schande," versetzte sie.

„Ich werde Dich hoffentlich noch belehren, mein Kind," sagte er und nahm von seinem Schreibtisch eine Rolle; sie aber schlug sie ihm aus der Hand. Da umschlang er haftig ihren

Leib, und wollte sie hinweg zerren, nach der Thüre eines Kabinets. Sie suchte sich ihm nicht zu entwinden, sondern umschlang ihn mit den Armen, dann aber, als er keinen Widerstand mehr ahnte, erfaßte sie ihn plötzlich mit der Kraft der Verzweiflung und schleuderte ihn gegen die halboffene Thüre; er ließ sie nicht los, und sie stürzte mit ihm in's Kabinet hinein.

„Ha!" schrie sie plötzlich, denn ihr gegenüber auf der jenseitigen Schwelle stand die Gräfin, Senzalone hinter ihr!

„Was sagen Sie dazu, Cousin?" fragte sie kalt; — „stehen Sie auf, Herr Graf! diese Stellung geziemt sich nicht für einen Diplomaten!"

Er erbebte beim Klang dieser Stimme, sprang empor und blickte die Beiden voll Wuth an; dann sprang er nach einem Degen, der neben der Toilette lehnte, allein Senzalone hatte seinen Gedanken errathen, war ihm mit einem Sprung zuvorgekommen und hatte die Klinge zersprengt. — „Was wollen Sie von mir, Herr Minister?" fragte er kalt.

Giulia ließ ihrem Gemahl nicht Zeit zum Antworten. „Mein Cousin ist auf mein ausdrückliches Verlangen hier," sagte sie stolz und kalt; — „als ich vorfuhr, fanden wir die Thüre an der großen Treppe geschlossen, und mußten uns zur Domestikentreppe bequemen; keine Frau aber würde unter solchen Umständen ihre Wohnung allein betreten, und so erschien mir Graf Senzalone als guter Genius im entscheidenden Momente auf der Hausschwelle, und folgte mir nur auf meine Bitte!"

„So ist's, auf Ehre!" sagte Luigi kalt.

„Lügner! meineidiger Freund!" donnerte ihm Arnesco entgegen.

Senzalone antwortete durch ein kaltes: „Schon gut! das

Weitere wird sich finden!" schritt am Grafen vorüber nach dem Flur hinaus, und deutete auf Albertinen, welche ohnmächtig am Boden lag.

„Heben Sie sie auf und schaffen Sie sie auf ihr Zimmer!" bat Julie, und entfernte die beiden Diener, welche ihr gefolgt waren, entriegelte dann selbst die Thüre der Flur und ließ Joseph herein, der mit ein paar handfesten Kutschern und Stallknechten draußen stund und schon von Mord und Einbruch träumte. Auf der Gräfin Geheiß ward nach dem Arzte und nach weiblicher Pflege für die Kranke geschickt, und Senzalone entfernte sich wieder, denn seine Rolle war nun hier ausgespielt.

Am Abend spät erschien der Fürst d'Orion im Auftrage des beleidigten Senzalone, und forderte den Grafen Arnesco auf Pistolen. „Gut!" murmelte dieser, „aber auf Leben und Tod!"

„Bah!" lächelte d'Orion, — „heute früh schwuren Sie sich beide ewige unverbrüchliche Treue auf Leben und Tod, und nun gar Krieg bis auf's Messer? — Ich ziehe meine Provocation sogleich auf eigene Faust wieder zurück, wenn Sie mir nicht vernünftiger antworten. Sie sind älter, Herr Graf, und wenn Senzalone etwas betrunken war, so sollten Sie gemäßigter seyn. Was würde man davon sagen, wenn Sie, ein hochgestellter Diplomat, etwa bei einem solchen Rendez-vous blieben? Die abenteuerlichsten Gerüchte würden in Umlauf kommen. Und zudem sind die Chancen nicht gleich, denn einer gewissen Dame, welche Senzalone das Versprechen abverlangte, sich nicht mit Ihnen zu schlagen, hat er wenigstens einstweilen gelobt, sich lieber tödten zu lassen, als Sie zu tödten!"

„Wofür aber diese Forderung?" fragte Arnesco.

„Förmlichkeit! nichts als Förmlichkeit!" lachte d'Orion; —
„zu Paris würdet Ihr Euch unfehlbar schießen, aber hier hieße
das einen eitlen Ruhm errungen! Bitten Sie ab!"

„Ich habe mich übereilt, und bedaure, den Grafen Senzalone gekränkt zu haben!" versetzte Arnesco, der sich — sey es
von Luigi's Edelmuth beschämt, sey es aus anderen Beweggrün-
den — plötzlich friedfertig zeigte.

———————

Einundzwanzigstes Kapitel.

Eine Freundin in der Noth.

Mit schwerem Herzen stieg Lücke die Treppe hinan, um endlich Manon die Unheilsbotschaft zu bringen, und ihre Schonung anzuflehen. Sein Stolz war gebrochen und er wollte wenigstens das Unrecht durch ein offenes Bekenntniß wieder gut machen; aber Mühe hatte ihn dieser Entschluß doch gekostet. Um so wohlthuender überraschte ihn der Empfang, welcher ihm von Seiten der Französin zu Theil wurde: kaum erschien er unter der Thüre, so eilte sie ihm entgegen, bot ihm die Hand hin und rief mit dem Tone des innigsten Mitleids: „Armer, armer Freund! kommen Sie endlich einmal zu mir, um bei mir einigen Trost zu holen? Wie böse sind Sie, daß Sie mich erst von Andern erfahren lassen, was Sie betroffen hat? Bin ich Ihnen denn so gar gleichgültig?“

„Sie wissen also schon?“ fragte er.

„Ich weiß Alles; der Advokat, dem Sie Ihren Unfall

heute früh vortrugen, ist zufällig mein Anwalt; er kam zu mir, erzählte mir Alles, gestand mir zu, daß Sie nur durch Unkenntniß und allzugroßes blindes Vertrauen gefehlt hätten, und erbot sich, Ihnen einstweilen Beschäftigung zu geben und Ihre Sache bei den Gerichten zu führen! Er hegt aber keine allzu großen Hoffnungen auf Erfolg."

„Ich weiß es leider," versetzte Franz; — „mehrere Rechtsgelehrte haben mich des Gleichen versichert!.... Ach, beste Mademoiselle! haben Sie wenigstens jetzt Nachsicht mit mir! Sie sollen um keinen Liard verkürzt werden, das schwöre ich Ihnen! Nur lassen Sie mir Zeit und gedulden Sie sich, bis ich mich wieder gefaßt und ermannt habe; alsdann sollen verdoppelter Fleiß und Umsicht mich bald in den Stand setzen, Sie nach und nach zu befriedigen!"

„Reden wir nicht davon!" sagte Manon; „wofür halten Sie mich denn? sollte ich Ihr Unglück noch drückender machen? — Nein, lassen Sie uns lieber darauf denken, wie ich Ihnen anderwärts nützlich seyn kann!"

„O wie gut, wie freundlich sind Sie!" rief Lüde erfreut; — „wie soll ich Ihnen genug danken!"

„Dadurch, daß Sie mich für Ihre Zukunft sorgen lassen!" sagte Manon; — „ich habe nun einmal eine ganz unerklärliche Vorliebe für Sie, und da ich weder Verwandte noch sonstige Angehörigen habe, die meiner Hülfe bedürften, so macht es mir nur Freude, Ihnen unter die Arme greifen zu können!"

„Gott vergelte es Ihnen!" sagte Franz; — „Albertine und ich werden es Ihnen ewig danken!"

„Apropos, weiß Albertine schon darum?" fragte Manon.

„Ich habe ihr neulich Alles geschrieben, und könnte schon Antwort von ihr haben! — Ach, der Schicksalsschlag wird ihr zu unerwartet gekommen und zu heftig gewesen seyn; ich gäbe viel darum, wenn ich sie selber sprechen und trösten könnte, denn ich kann mir nicht verhehlen, daß durch diesen Zwischen- fall unsere Verbindung nothwendig hinaus geschoben werden muß!"

„Sie haben recht," sagte Manon; „es wäre ein Vergehen, das Mädchen in den Strudel einer ungewissen Zukunft hinein- zuziehen! Lassen Sie den Sturm erst austoben, und dann wollen wir zusehen, ob nicht vielleicht das ganze Etablissement für Sie zu erwerben wäre? Glauben Sie, daß es unter Ihren Händen glücklichen Erfolg verspräche?"

„Ganz gewiß," versicherte Lücke enthusiastisch; — „ich würde mir aus Kräften angelegen seyn lassen, es zu heben, ihm eine solide Grundlage und großen Kredit zu geben! ich wäre glücklich, in dieser Richtung alle Thatkraft und Umsicht entfalten zu können, welche mir jetzt und in Zukunft zu Gebote stün- den . . . . Aber," setzte er niedergeschlagen hinzu, — „dieß sind Luftschlösser! Wer wird mir jetzt noch die Mittel geben, diese kostbare Erwerbung zu machen, nachdem ich mich in dieser unbedeutenden Sache so ungeschickt benommen habe?!"

Manon schaute ihn lange an und mit einem Blicke, der ihn ordentlich verlegen machte. — „Ungerechter!" sagte sie endlich, — „haben Sie so wenig Zutrauen in Ihre Freundin Manon? Wollen Sie denn meine Hülfe verschmähen?"

„Wie? . . . . Sie wollten . . ."

Sie bot ihm die Hand hin, und drückte die seinige warm. „Sie kennen mich noch nicht," sagte sie; „wenn ich jemand ge- wogen bin, so geschieht es ganz, ohne Rückhalt, auf Leben und Tod!"

Er hatte Thränen in den Augen, als er ihr die Hand

küßte. „Diese Großmuth," stammelte er, „diese uneigennützige
Aufopferung! ich kann sie gar nicht annehmen! Nur eine
Französin kann so denken, nur eine Französin ist dieser Seelen-
größe fähig! — Ach, wie unrecht habe ich Ihnen gethan, als
ich Sie im Stillen für eine Feindin Albertinens hielt, und den
Groll der Gräfin Machinationen von Ihrer Seite beimaß!
Vergeben Sie mir! ich bereue meine Fehler, indem ich sie be-
kenne!"

„Ich könnte mich auf das Zeugniß der Gräfin und auf
meine Briefe an sie berufen, um dieses Vorurtheil zu wider-
legen!" sagte Manon, — „allein ich verschmähe das: es hieße
Zweifel in die Aufrichtigkeit Ihrer Geständnisse darthun; und
meine künftige Handlungsweise soll Ihnen noch besser beweisen,
daß Sie mir Unrecht thaten! — Versuchen Sie es jetzt, sich
Gewißheit über die Verhältnisse des Herrn Förderer zu verschaffen, thun Sie Ihre Schritte, um bei den Gläubigern und
Gerichten sich zu empfehlen, ziehen Sie meinen Advokaten zu
Rathe, — ich nehme alle Kosten auf mich! Wenn Sie Geld
brauchen, finden Sie bei mir offene Kasse, und," fügte sie mit
gewinnendem Lächeln hinzu, — „fühlen Sie sich ja nicht gedemüthigt, wenn Sie von heute an täglich ein Couvert an meinem Tische finden, so lange Sie keine Beschäftigung haben, und
die Herrschaft nicht zurück ist, was vor Anbruch des Winters
nicht geschehen wird, da die Gräfin den Herbst auf ihren Gütern
in Oberitalien verbringt!"

So viele Güte machte Lücke ganz wortlos. „Ach, wie
glücklich werde ich jetzt in meiner Hülflosigkeit!" sagte er; „nun
erst lerne ich die wahre Freundschaft kennen! O Gott! wie
edelmüthige Freunde finde ich auf einmal! das gibt mir all

meinen Muth und mein Selbstvertrauen wieder! Ich bin eine Waise und doch nicht verlassen!"

Er nahm erst nach langem Bedenken die verschiedenen Vorschläge und Offerte der Französin an; nur dazu wollte er sich nicht verstehen, auch von ihr ernährt zu werden. Sie nannte es kränkenden falschen Stolz, und ruhte nicht, bis er wenigstens von Zeit zu Zeit zu Tische zu kommen und seine Abendbesuche zu wiederholen versprochen hatte. Mit übervollem Herzen verließ er Manon, und verhieß, ihren Rathschlägen jetzt unverweilt Folge zu geben. ‚Aus Nacht zum Licht!' dachte er, und wußte sich kaum vor Freude zu fassen. —

Auf seinen Gängen in der Stadt begegnete ihm ein Diener des Baron Schrewniß. —

„Schön, daß ich Sie treffe!" sagte dieser; — „ich suche Sie schon den ganzen Morgen aus Auftrag meines Herrn, und konnte Sie nirgends finden! Die Offizin ist zugeschlossen und versiegelt, und die Leute in der Gasse hätten mich bald gesteinigt. Endlich wies mich eine alte Frau gegenüber in Ihre Wohnung, und dort erfuhr ich, wo Sie seyen. Kommen Sie nur gleich mit mir!" —

„Saubere Neuigkeiten!" hub der Baron an, als er Lücke's ansichtig wurde, — „bei meiner gestrigen Rückkehr finde ich statt eines vollendeten Bandes meines Werks eine amtliche Vorladung zum Concursprozesse gegen Ihren Principal, und höre, daß auch Sie in die Sache verwickelt sind. Was ist daran? Erzählen Sie!"

Lücke erzählte Alles von Anfang an und schilderte die Art und Weise, wie er in den Schaden verwickelt worden sey, und der Baron hörte diese Schilderung mit den Zeichen der lebhaftesten Ungeduld, des Unwillens und eines kalten Hohnes an.

„Nun?" sagte er endlich; „hatte ich nicht Recht zu behaupten, Sie haben noch nicht ausgetobt? Sind das nicht Alles Folgen Ihrer Selbstüberschätzung? Warum nützten Sie meinen Rath nicht besser? Man wußte allgemein, wie dieser Förderer stund; hätten Sie sich an ein Bürgermädchen aus gutem Hause gemacht, anstatt an diese Kammerjungfer, so würden Sie nicht nöthig gehabt haben, Ihre Caution zu erborgen, und ein zukünftiger Schwiegerpapa hätte Ihnen auf eine solide Grundlage hin gerne unter die Arme gegriffen, in diesem Falle aber Sie verwarnt, und Ihnen die Augen über die Verhältnisse des saubern Vogels geöffnet. Wer Geld hat, hat auch Freunde; einen armen Teufel läßt man gerne die Nase verbrennen; das witzigt ihn forthin vor Unternehmungen, durch die er es zu etwas bringen könnte. — Warum haben Sie überhaupt nicht gleich einen Argwohn geschöpft schon um der Dringlichkeit der Umstände willen? Das hätte jedem Andern einleuchten müssen. Wer niemals mit Geldverhältnissen und größerem Verkehre zu thun gehabt hat, der braucht fremden Rath, oder muß ein tüchtiges Lehrgeld bezahlen. In diesem Falle sind Sie jetzt! Nun sind Ihnen die Flügel auf immer beschnitten, wenn Sie sich nicht zum Verstande bringen lassen. Was gedenken Sie denn für die Zukunft zu thun?"

Lücke mochte ihn nicht in Manon's Pläne einweihen, darum sagte er kurzweg: „Was bleibt mir übrig? Ich werde mir hier eine andre Stelle suchen, und durch Fleiß mich so weit wieder zu heben suchen, daß es mir möglich wird, meinen Verbindlichkeiten gerecht zu werden, und einen Hausstand zu gründen, worin es bei vereinter Thätigkeit mir und meiner Frau bald möglich seyn wird, aus dem Gröbsten mich herauszuarbeiten."

„Zum Geier mit diesen idyllischen Träumen!" sagte Schrewnitz

barſch; — „geben Sie dieſe Kindereien auf, wenn ich nicht bereuen ſoll, mich überhaupt mit Ihrer Zukunft beſchäftigt zu
haben. Gewiſſenloſer! Sie wollen heirathen, und wiſſen nicht,
ob Sie für ſich ſelbſt genug haben? Heißt das ein Mädchen
lieben, wenn man es in einen ſolchen Abgrund führt? — Wenn
Ihre Zukünftige auch Mittel von Arnesco in die Hände bekommt,
wer ſagt Ihnen, daß er ſie nicht blos ein- für allemal gibt?
Sie ſind zu empfindlich in dieſem Punkte, ſonſt würde ich mehr
ſagen! — Doch baſta! geben Sie der hübſchen Griſette ihr
Wort zurück, unter Beziehung auf Zeit und Umſtände; kein Vernünftiger kann Ihnen das verdenken. Die Kleine wird allein
ihren Weg machen; hat der Herr ſie genug, ſo findet ſich ein
Kammerdiener, Kutſcher, Haushofmeiſter zum Stellvertreter —
Sie aber wären mir zu gut dazu. Für Sie beginnen dann
andere Aſpekten aufzutauchen; Sie haben ein Intereſſe, dieſes
Etabliſſement zu übernehmen, Sie kennen ſeine Hülfsquellen,
haben das Vertrauen der Kundſchaft, Sie akkordiren mit den
Gläubigern, drohen mit einer Concurrenz, ſtützen und berufen
ſich rückwärts auf mich, Sie reden von der Intervention eines
künftigen Schwiegervaters, mit dem Sie ſich unter günſtigen
Bedingungen für Ihre Selbſtſtändigkeit einigen werden, man
verſpricht, negociirt da und dort, erſpart für die Maſſe die Ko-
ſten und die Mühe eines Concurſes, und — mein Wort darauf
— wenn Sie mich nur halb begriffen haben, und meinen ſpe-
cielleren Rathſchlägen folgen wollen, haben Sie binnen vier
Wochen die Feſtung ohne Schwertſtreich genommen, ſind Herr
des Platzes und haben den Schlüſſel einer ausgezeichneten Zukunft in Händen!“

Lücke war gedankenvoll geworden; Manon's Andeutungen
und des Barons Pläne liefen ſo ziemlich auf daſſelbe hinaus,

und sein Verstand hieß manches gut, wogegen nur das Gewissen
noch Einsprache that. Aber das Gewissen ist ein sehr bestech-
licher Richter, wenn der berechnende Verstand plaidirt. —

„Ich danke Ihnen für dieses schmeichelhafte Wohlwollen,
gnädiger Herr!" sagte Franz; — „ich erkenne beschämt an, daß
ich unfähig war und bin, mein Glück allein zu machen. Aber
der Schicksalsschlag war so schwer für mich, daß ich mich nur
langsam entschließen könnte, die Pläne der Resignation wieder
aufzugeben, auf welche ich zurückgekommen war!"

„Resignation?" sagte Schrewnitz verächtlich; — „ein elendes
Wort, nur gemacht für Memmen! Vorwärts, empor, der Sonne
zu strebt Alles, was einer höhern Gesinnung sich rühmen kann!
nur das kraftlose Alter und die selbstbewußte Ohnmacht sinken
nach den Polen zu! habe ich mich denn in Ihnen getäuscht?"

„Gewiß nicht!" versetzte Franz; — „wäre ich nicht strebsam,
sondern ein Feigling, so hätte ich mich hier aus dem Staube
gemacht, sobald ich mein Schicksal erfahren hatte. Aber ich
blieb, um mir Anerkennung zu erzwingen; nur über die Mittel
dazu mag ich noch nicht mit mir einig seyn!"

„So ist's!" rief Schrewnitz; „aufgeblickt! vorwärts gerudert
und gerungen! Endlich erreicht der lecke Schwimmer doch sein
Ziel. Erholen Sie sich, bedenken Sie Ihre Lage, wählen Sie
frei, und wenn Sie sich entschieden überzeugt haben, daß ich es
gut mit Ihnen meine, so lassen Sie uns weiter reden!" Mit
einer Handbewegung entließ er ihn.

———————

Zweiundzwanzigstes Kapitel.

Die Fesseln vermeintlicher Schuld.

Fast drei Tage lang bannte ein schweres Fieber Albertine an's Bett. Die Nervenerschütterung, welche die Nachrichten aus der Heimath und der Auftritt mit dem Grafen ihr verursacht hatten, wich nach dieser Krisis wieder der unverkümmerten Gesundheit des Mädchens und der Pflege des Arztes. Sie erholte sich allmählig wieder und zwar rascher als man es hätte erwarten sollen. Die Gräfin hatte sie zweimal besucht, und mit mildem Ernste nach ihrem Befinden erkundigt, des Vorfalls aber so wenig Erwähnung gethan, als irgend Wer im Hause. Ueber die Schwelle der Etage hinaus hatte sicher niemand etwas erfahren. Aber um so schwerer drückte auf Albertinen die Erwartung des Augenblicks, wo es zwischen ihr und der Gräfin zu einer Erklärung kommen mußte. Endlich am sechsten Tage ward sie Morgens zu ihr entboten. Im Flur standen schon gepackte Koffer und Kisten und im Bedientenzimmer packte Paul so eben das

Silbergeschirr und Krystall ein. Die weißen Rosen von Albertinens Wangen entfärbten sich noch mehr, als sie bei ihrer
Herrin vorgelassen wurde und in diese strengen Augen schaute.
Mit einem Winke deutete ihr die Gräfin ein Tabouret an, und
hub an:

„Du ahnst, weßhalb ich Dich rufen lasse; je weniger wir
aber von dem bedauerlichen Ereignisse reden, desto besser wird
es seyn. Daß Du nicht länger in meinen Diensten bleiben
kannst, das begreifst Du leicht; Dein Anblick wäre für mich
ebenso peinlich, als der Aufenthalt selbst eine Bürde für Dich.
Nach Hause aber darfst Du eben so wenig! nicht nur, daß durch
die Indiscretion der Diener, welche unglückseligerweise zum
Theil Mitwisser dieses Affronts sind, Dein Ruf und Deine ganze
Zukunft gefährdet wären — es könnten auch Klatschereien in
Umlauf kommen, welche die Ehre meines Namens beflecken. Ich
mache Dir keine Vorwürfe, ich verlange keine Vertheidigung zu
hören; so viel ist gewiß, daß Du durch ein thörichtes, ja vielleicht freches Benehmen Veranlassung gegeben hast, gewisse Personen zu einem derartigen Schritt zu ermuthigen! . . . Genug,
keine Widerrede! — Ich könnte mich meines Versprechens ent-
bunden erachten, für Dich zu sorgen, aber Du würdest dann wahrscheinlich um so tiefer fallen, und man würde mich dafür an-
klagen. Selbst Dein Verlobter würde Dich dann mit Abscheu
von sich stoßen. Nach reiflicher Ueberlegung habe ich einen
andern Entschluß gefaßt, der Deine Zukunft sichern wird. Wenn
Du mir versprichst, Dich ohne Widerrede nach einem Institute
in der französischen Schweiz zu begeben, wo man sich angelegen
seyn lassen wird, Deine vernachlässigte Bildung zu ergänzen und
zu vollenden, wenn Du gegen Niemanden den Vorfall von neulich

erwähnen, am wenigsten aber gegen Manon und Deinen Verlobten, in deren Augen es Dir nur schaden könnte, und mit dem
letzteren nur selten und nur durch meine Vermittlung Briefe
wechseln willst, so sollst Du nach Jahresfrist nicht nur eine Mitgift
von mir erhalten, wie ich sie Dir früher bestimmte, sondern ich
will auch den Verlust der guten Manon aus meinen Mitteln
decken und für eine Versorgung Deines Verlobten Sorge tragen.
— Wirst Du das Alles aber nicht halten, wird Deine Aufführung meiner Verbürgung für Dich Schande bringen, oder wirst
Du eine der obigen Bedingungen verletzen, so ziehe ich die Hand
von Dir ab, überlasse Dich Deinem Schicksal und gebe Deinem
Verlobten durch Manon die entsprechende Nachricht . . . Nun
wähle!"

„O Gott, Excellenz!" rief Albertine laut weinend, —
„drohen Sie mir nur nicht, ich nehme ja Alles an! So gewiß
ich aber an Allem unschuldig bin, so gewiß danke ich Ihnen
auch für Ihre große Güte und glaube redlich, daß Sie es gut
mit mir meinen! Ach, ich habe überhaupt noch nie daran gezweifelt!"

„So rüste Dich, noch diesen Abend mit mir abzureisen!
Ich werde Dich selbst nach Morges bringen, das ich auf meiner
Reise berühre!"

„Ach, nur Eines erlauben Sie noch, gnädige Frau! ach nur
diese Eine Gnade, Excellenz!" rief Albertine; — „lassen Sie
mich noch einmal an meinen Verlobten schreiben!"

„Unmöglich!" rief die Gräfin rauh; — „er wird durch
Manon langsam und allmählig darauf vorbereitet werden! Er
hält Dich für schwer erkrankt und wartet auf keinen Brief von
Dir!" —

„Um so eher will ich ihm schreiben!..." sagte Albertine beschwörend; „nun muß ich ihm ja schreiben!..." Sie ließ nicht nach mit Bitten, bis sie es wenigstens dahin gebracht hatte, ihrer Mutter und Lüde eine einfache Anzeige machen zu dürfen, daß sie wiedergenesen und ihrer Gebieterin nach Oberitalien gefolgt sey. Das Weitere sollten jene dann durch Manon erfahren.

Darauf packte sie ihre Habseligkeiten zusammen, was keine große Mühe erforderte, und setzte sich dann weinend an's Fenster; was hatte sie in der kurzen Spanne von vier Monaten nicht Alles erlebt! wie wenig hatten sich ihre Erwartungen und Wünsche realisirt! Wie umwölkt und sorgenvoll schaute noch die Zukunft auf sie hernieder! — Sie mißtraute unwillkürlich und instinktmäßig der Gräfin und war ihr dennoch auf Gnade und Ungnade verfallen, wenn sie nicht Alles einbüßen wollte; am liebsten hätte sie sich ihrem Franz an den Hals geworfen und ihm Alles gestanden, allein wer stand ihr dafür, ob sie nicht eben dadurch alles verderbe? Was blieb ihr am Ende übrig, als sich in die Anträge der Gräfin zu ergeben, und mit blutendem Herzen an diejenigen Personen zu schreiben, die ihr die Liebsten und Theuersten waren, ohne ihnen auch nur ein Lebewohl sagen zu können.

Der herbste Kampf war endlich mühsam überstanden und ihre Briefe der Gräfin vorgelegt, als schon der Wagen vor der Thüre stand, welcher die Gräfin und ihren Gemahl zum Bahnhofe bringen sollte. Ein herrlicher Septemberabend vergoldete die Höhen des Schwarzwaldes und schien Albertinen das Scheiden noch mehr erschweren zu wollen. Der Graf führte zärtlich seine Gemahlin zum Wagen, küßte sie noch Angesichts der

Gaffer, die sich auf dem Platze vor dem Hotel versammelt hatten, würdigte aber Albertinen keines Blickes, und winkte noch dem Wagen nach, bis er um die Ecke verschwand. Als man die Stadt hinter sich hatte, brauchte sich Tine keinen Zwang mehr aufzuerlegen, und weinte sich satt. Die Gräfin aber las einen neuen Roman der Gräfin Blessington.

Dreiundzwanzigstes Kapitel.

Leises Keimen bösen Samens.

Franz Lücke war interessen zu Hause so sehr in Anspruch von seinen Sorgen und Bemühungen um die künftige Selbstständigkeit, daß er nur selten an Albertinen dachte. Er fühlte am Ende keinen Gram darüber, daß er ihr nicht schreiben konnte, weil er ihren jeweiligen Aufenthalt nicht kannte. Er hatte ihren Brief, worin sie ihm die Abreise von Baden-Baden anzeigte, erhalten, allein er hatte keinen sonderlichen Eindruck davon hingenommen. Seit einigen Wochen war er unabsichtlich kälter gegen Albertinen; in einsamen schlummerlosen Stunden der Nacht machte er sich zuweilen allerlei Gedanken über seine Wahl, über Albertinens Charakter, über ihr Verhältniß zu ihrem Dienstherrn; der Hohn des Barons Schrewnitz und die einzelnen wenigen Andeutungen, welche ihm Manon gegeben hatte, machten ihn unwillkürlich grübeln, und er konnte sich nicht erwehren, Vergleichungen zwischen ihr und Manon anzustellen, die dann leider faſt immer zum Vortheil der letzteren ausfielen. Manon war reich, welterfahren, gewandt und graciös in ihrem Benehmen, dabei leidenſchaftlich und ſo energiſch in all ihrem Thun und Wollen, daß man ihr unmöglich die Zahl ihrer Jahre anſehen konnte; ihr Witz und Verſtand zeichneten ſie beſonders aus, und mit einer ſeltenen Beweglichkeit des Geiſtes erfaßte ſie jede Idee, welche man ihr hinwarf und ſuchte ſie auf die zweckmäßigſte Weiſe zu verkörpern. — Wie ganz anders war dagegen Albertine? Scheu, befangen, etwas linkiſch im Umgang, engherzig aus Beſcheidenheit, ohne Phantaſie, ohne jene thatkräftige Lebendigkeit, ſchien ſie nur zum Dulden, zur Ergebung und für den engſten Lebenskreis der Bürgerlichkeit geboren; ſelbſt in der Liebe war ſie faſt nur die leidende Perſon — ſie konnte wenigſtens den Muth nicht finden, die überreiche Fülle ihrer Gefühle in Worten, in Geberden an den Tag zu lehren. Gewiß verſprach ſie bei ihrer Offenherzigkeit und Argloſigkeit die beſte Gattin und liebevollſte Mutter zu werden; allein war ſie auch im Stande, die Stellung würdig auszufüllen, welche ihr Verlobter künftighin zu erſtreben hoffte?

Lücke hatte große Pläne; mit ſeiner lebhaften Phantaſie ſah er ſich im Geiſte ſchon als einen der bedeutendſten Männer der Stadt, berühmt durch ſeine Kunſt, geachtet durch die Stellung, welche er ſich erkämpft hatte. Dann wollte er ſich zu den Beſten und Edelſten ſeines Standes halten, an allem Nützlichen und Schönen ſich betheiligen, allem Erhabenen förderlich unter die Arme greifen und mit Einem Worte kin Muſter von einem Bürger, Patrioten und kosmopolitiſchen Menſchenfreunde werden! Aber, fragte er ſich zuweilen, wird mich dann Albertine auch begreifen und in meinem Streben unterſtützen? Er mußte es bezweifeln: ſie hat nicht genug Bildung, nicht genug Schwung dazu, sagte er sich, sie wird die trefflichste Gattin eines zum bescheidenen Leben des Arbeiters und zur Entsagung und Armuth verdammten Proletariers werden, aber mir dürfte sie eher hinderlich als förderlich seyn bei meinen neuen Aussichten. Schrewnitz hat Recht; nicht das Lärvchen allein macht uns glücklich im Ehestande; das erste Kind nimmt den Schmelz der Schönheit und läßt uns mehr oder minder nur noch die öde Ruine; dann erst fühlen wir den Werth von anderen Eigenschaften, als da sind: Talente, Verstand, Bildung, gesellige Gaben, lebhaftes Temperament, das immer eine behagliche Wärme der Neigung in uns erhält .... Da wäre Manon doch eine ganz andere Person: wie wäre die stolz auf meine Bestrebungen und erfinderisch in den Mitteln, sie zu fördern! Sie altert nicht mehr, die Zeit beeinträchtigt diese Gaben nicht, welche bei ihr den äußern Schimmer ersetzen. — So raisonnirte er im Stillen gar häufig, bis sich jedesmal das Ehrgefühl in's Mittel schlug und ihm Stillschweigen auferlegte.

Allein er war, wie wir sehen, sehr gut vorbereitet auf den Hauptschlag, welchen Manon schon seit einigen Wochen mit ihm vorhatte, und dessen Ausführung sie seither aus besondern Gründen hinausgeschoben. Sie hatte nur gewartet, bis er ihr ganz verfallen war; endlich hatte er sich mit den Gläubigern seines Principals arrangirt, ihnen eine bedeutende Summe, welche fast Manon's ganzes Vermögen betrug, und wozu er noch von Schrewnitz ein Darlehen erhalten hatte, als Anzahlung ausgehändigt, und war in den Besitz des Etablissements getreten, das nun wieder eröffnet wurde und namhafte Aufträge erhielt. Frau Meyer blähte sich wie ein Puter, als sie die Nachricht aus dem Munde ihres künftigen Tochtermanns erhielt, nickte den Nachbarinnen und Gevatterinnen fast huldreich zu und gab ben Beruf der Wäscherin auf; Fritz trank sich eine ganze Woche lang täglich einen Haarbeutel und am Sonntag einen hagelbichten Rausch, und Mathilde bahlte auf der Straße mit allen Weibern des Viertels von nichts Anderem, als von der großen Aussteuer, welche Albertine von ihrer Gräfin erhalte, so und so viel Dutzend Hemden, und Bettüberzüge und Tischzeug und sogar Sessel und Sopha. Indeß entging ihr nicht, daß Lücke ein Bißchen stolzer geworden war als zuvor, und namentlich gegenüber von ihr, ihrem Fritz und Frau Meyer den hohen Ton angenommen hatte. Das verdroß sie sehr, und sie gedachte daher seiner nicht zum glimpflichsten. Frau Meyer kündigte die Wohnung bei der Jungfer Erbler auf, wogegen diese gar nichts einzuwenden wußte, denn sie hatte insgeheim selber ein Auge auf den jungen Druckerherrn, seit etwas aus ihm geworden war, obwohl sie zuvor Albertinens Mutter hundertmal verwarnt hatte, so 'nem „fremden hergelaufenen Lumpen" nicht zu trauen, da er bekanntlich ein Sachse, und die ‚Sachsen' alle falsch seyen wie Galgenholz. Jetzt gedachte sie ihm unmittelbar und mittelbar durch ihre treue Kaffeeschwester Mamsell Melchus ihr Wohlgefallen zu erkennen zu geben; unglücklicherweise aber schien der junge Herr vorerst noch ganz blind dafür, denn die Jungfer Erbler trotz des eigenen Hauses und der vielen Kapitalien war doch kaum werth, der feinen Manon die Schuhriemen aufzulösen. Aber Frau Meyer sollte die gehofften glücklicheren Tage nicht mehr sehen; es war ihr nicht vorbehalten, die ärmliche Wohnung mit einer bessern zu vertauschen:

Der Oktober war fast vorüber und die mildern Herbsttage hatten bereits rauhem stürmischem Wetter, dem Vorboten der Wintertrübsal, Platz gemacht. Die Gräfin resibirte in der Gegend von Pavia auf ihrer Villa Boscana, wohin ihr Graf Senzalone im Stillen gefolgt war, Graf Arnesco war in Paris, und Albertine in dem Pensionnate der Madame Jorette zu Morges, beinahe verschollen für die Ihrigen, in unvertilgbarer Schwermuth sich abhärmend und oft Nächte hindurch jammernd. — Manon dagegen herrschte in Abwesenheit der gräflichen Familie noch immer unumschränkt im Hause, und schien es sich angelegen seyn zu lassen, dieses Vertrauen der Gebieter in sie vor Lücke recht augenfällig zur Schau zu tragen; er verkehrte jetzt noch häufiger mit ihr, begleitete sie Sonntags auf Spaziergängen und in's Theater, sorgte ihr für Lektüre, erfreute sie durch Blumen, durch Aufmerksamkeiten aller Art, die sie nicht unerwidert ließ, und so war man unter der Dienerschaft im gräflichen Hause längst mit sich einig, daß Lücke Mamsell Manon's Verlobter geworden und das Garderobe = Mädchen geflissentlich durch Manon entfernt worden sey, und man sah daher in Franzens allabendlichen Besuchen durchaus nichts Auffallendes oder Unstatthaftes.

Eines Abends in den letzten Tagen des Oktobers, kam Franz bleich und bestürzt zu Manon; sie erschrak an seinem Aussehen. — „Was ist Ihnen, Franz?" rief sie; „es ist Ihnen doch kein Unglück begegnet?"

„Mir nicht, Gott sei Dank!" sagte er gepreßt, „aber Albertinen's Mutter... sie wird diese Nacht nicht überleben!" Nun erzählte er, daß er kurz vor Sonnenuntergang hinübergerufen worden sey, und die gesunde kräftige Frau von einer heftigen Hirnentzündung befallen, bereits im Delirium angetroffen habe; der herbeigerufene Arzt habe wenig Hoffnung zur Rettung mehr gegeben.

„Eine unverkennbare Schickung der Vorsehung," murmelte Manon.

„„Weßhalb?" fragte Lücke betroffen.

„Habe ich etwas gesagt?" rief Manon verwirrt; „ist mir irgend etwas entschlüpft?.... — Es ist nichts, beunruhigen Sie sich nicht!..." — Diese Sprache war gerade geeignet, Franz noch mehr auf die Folter zu spannen; der Unfall des armen Weibes hatte ihn plötzlich auf eine empfindliche und ernste Weise aus seiner stumpfen Gleichgültigkeit gegen Albertinen aufgerüttelt, und sein Gewissen machte ihm heftige Vorwürfe. Um so mehr drang er in Manon, drohte, bat, bis sie endlich aus einer Schatulle einen Brief herbeiholte.

„Da lesen Sie!" sagte sie; „ich habe ihn schon seit drei Wochen, aber ich hatte den Muth nicht, den Auftrag der Gräfin zu vollziehen. Sie war meine Freundin, und ich kann ihrem Verlobten nicht den Todesstoß geben!" — Sie ging hinaus. Mit fieberischer Hast öffnete Lücke den Brief, der von der Gräfin an Manon gerichtet war. Sie gab dieser den unangenehmen Auftrag, den Verlobten Albertinens schonend davon in Kenntniß zu setzen, daß ein bedauerliches Vergehen des Mädchens mit dem Grafen, veranlaßt durch freches Entgegenkommen und Hint-ansetzung aller Rücksichten der Dankbarkeit und Hochachtung, sie, die Gräfin gezwungen habe, Albertinen zu entlassen und sie, um nicht durch Hülflosigkeit und Verachtung die Sünderin noch tiefer in den Pfuhl der Schande zu stoßen, einstweilen im Schooße einer christlichdenkenden Familie unterzubringen, wo ihr geistiges und leibliches Wohl gewahrt und ihr die Mittel an die Hand gegeben würden, wenigstens später ein ehrbares Leben zu führen und eine gesicherte Stellung in der Welt zu erringen. Sie, die Gräfin, sey zu diesem Schritt mehr durch Rücksicht auf die Ehre der Familie als durch Mitleid bestimmt worden, da ihr ein so schwarzer Undank noch nie vorgekommen noch möglich geschienen;

aus Erbarmen für die hülflose Mutter Albertinens wolle sie
indessen dieser den seitherigen Lohn Albertinens in monatlichen
Raten ausbezahlt wissen u. dergl.

Lücke war wie niedergedonnert; Zweifel in die Echtheit des
Briefes bestürmten ihn, und doch waren Briefstempel, Wappen,
Postzeichen echt! Dann zweifelte er wieder an der Wahrheit der
Angaben, und doch strafte die Milde der Gräfin gegen Frau
Meyer seinen bessern Glauben Lügen. „Es ist nicht möglich,"
sagte er; „so tief konnte sie nicht fallen! Es ist erlogen!"

„Wollte Gott, ich dürfte Sie darin bestätigen," sagte Manon,
die leise wieder hereingekommen war; — „allein ich kann es
nicht. Habe ich Ihnen nicht schon oft angedeutet, daß eheliche
Dissidien die plötzliche Trennung unserer Herrschaft veranlaßten?
Konnte ich Ihnen aber mehr sagen, ohne auch dieses Grundes
derselben Erwähnung zu thun? und durfte ich Sie so ganz zu
Boden schmettern mit dieser Nachricht, so lange Sie noch Ihrer
Fassung und Besonnenheit zur Sicherung Ihrer Zukunft so nöthig
hatten? — Glauben Sie mir übrigens: Albertine trägt nicht die
Schuld daran. Wer kennt nicht diese Herren und ihre Ränke
und Kniffe! Wie wird er der armen Hülflosen zugesetzt haben
mit Drohungen und Versprechungen, bis auch der letzte Funke
von Widerstandskraft erloschen war?"

„O nun kann ich mir auch ihren letzten lakonischen Brief
und ihr langes Stillschweigen erklären!" sagte Lücke; „sie wagte
nicht mehr an mich zu schreiben: die Scham ließ sie nicht zum
Entschlusse kommen."

„Ich habe Alles von der Dienerschaft erfahren," sagte
Manon; „es gab einen fürchterlichen Auftritt im Hause, als die
Gräfin das Mädchen bei dem Grafen auf dem Zimmer traf;
man sprach von Scheidung, von einem Prozeß, aber man

fürchtete den Scandal; soll ich Ihnen unsern Intendanten herbeirufen, der am besten von der Sache unterrichtet ist?"

„Nein, nein!" sagte Lücke; — „ich glaube schon; also auch dieses Dienervolk weiß darum? O ich schäme mich jetzt doppelt; ich kann dies Haus nicht mehr betreten . . . . ich bin beschimpft, entehrt!"

Manon zitterte bei dem Gedanken, hiedurch alle ihre Zwecke auf einmal vereitelt zu sehen. Sie redete ihm zu, tröstete ihn, versicherte, daß der Edelmuth der Gräfin auch die Gefallene nicht verlassen werde, daß er sich des Gedankens an Albertizen entschlagen müsse u. s. f. Allein er ward dadurch immer mehr gebemüthigt und entfernte sich endlich mit der Versicherung, daß er der Ruhe und Sammlung in der Einsamkeit bedürfe.

Die Rückkehr zum Sterbelager des armen Weibes war ihm eine doppelt schwere Pflicht, allein er mußte sie erfüllen. Hatte die Wittwe ja doch keinen Freund als ihn! Neue Schauer erwarteten ihn in der dumpfen niedern Stube. Das Delirium der Kranken hatte den höchsten Grad erreicht, und die Kranke schrie in Jammertönen nach ihrer Tochter. — „Hu!" rief sie, — „gebt mir mein Kind wieder! Hat mir nicht schon lange geschwant, daß Ihr es umbringen wollt! Der Lücke hat sie verführt, und die Anderen wollen sie umbringen. Dort sitzt sie in einem schwarzen tiefen Loche und wühlt mit den Nägeln im Boden und will das Kind herauskratzen, das sie dort eingescharrt hat, und dort hinten steht der Henker mit dem Schwert und will sie umbringen! — Warte, Du französische Hexe! Du hast sie in's Unglück gestürzt: aber ich sehe es noch kommen, daß man Dich zur Stadt hinaus stäubt und daß dein Mann ins Elend hinaus wandert . . . O mit den Vornehmen laß Dich nicht ein! Mädel, Mädel, warum bist Du nicht bei mir geblieben!" . . .

Gibt es ein zweites Gesicht, gibt es Ahnungen? fragte sich Lücke, als er entsetzt wieder aus der Stube trat und in der kalten düstern Nacht im Gäßchen auf- und abgieng, das nur seiner Schritte Lärm und das zeitweise Aufschreien der Kranken durchtönte; — woher weiß dieses Weib? . . . . Er empfand ein unendliches Grauen, und wähnte die Häuser wollten über ihn hereinstürzen; diese Gasse mit allen ihren Erinnerungen war ihm entsetzlich. Nach einstündiger Wanderung kehrte er wieder an das Häuschen zurück, und horchte an den Läden — Alles war still. Er trat hinein in die Stube und fand Mathilden neben dem Bette eingenickt, den Sohn aber schnarchend auf der Bank. Als er das Licht ergriff und nach dem armen Weibe sehen wollte, blickte er in ein gebrochenes Auge. Sie war todt, und Niemand hatte ihr den letzten Dienst der Liebe erwiesen. Nun drückte er ihr die Augen zu, besprengte das Gesicht der Armen aus der Weihbrunnenschale, die über ihrem Bette hieng, weckte Mathilden und entfernte sich rasch, dem betäubenden Geheul auszuweichen, in welches dieses Mädchen nun ausbrach.

In der Einsamkeit seines Stübchens kam er wieder zu sich selbst. „Ihre Mutter ist todt,“ sagte er; „ein Ahnungsvermögen, das ihrem Geiste kurz vor seiner Auflösung noch verliehen zu seyn schien, hat ihr Alles enthüllt. Ich muß, ich muß an Albertinen schreiben! . . . Wenn es wahr wäre, was die Alte gesagt hat . . . wenn Manon dahinter steckte und den Zorn ihrer Gebieterin angefacht hätte oder nur ein Werkzeug desselben wäre?! . . . Aber es ist unmöglich, rein unmöglich! Welchen Zweck sollte sie damit verbinden? Jedenfalls erfahre ich das Alles von Albertinen am besten!“

Er schrieb an sie: er meldete ihr den Tod ihrer Mutter und verlangte von ihr Aufklärung über die Natur der Gerüchte, welche

über ihren Austritt aus den Diensten der Gräfin im Schwange
waren; er machte ihr bittere Vorwürfe über ihr Betragen, über
das Ausbleiben ihrer Briefe, über das gänzliche Stillschweigen,
welches sie hierüber beobachtet hatte, und bat sie bringend, ihm darüber Auskunft zu geben. — „So!" flüsterte er, als er den Brief
vollendet hatte; „es bleibt mir nur noch zu erfahren übrig, wo
Albertine sich aufhält. Manon weiß gewiß darum; wenn sie sich
nun weigert, mir den Aufenthalt zu nennen, so muß ich annehmen, daß die arme Frau in ihren Fieberträumen Recht hatte!"
Diese Anschuldigungen kehrten ihm immer wieder in's Gedächtniß zurück, so oft er sich ihrer auch zu entschlagen versuchte;
er beargwöhnte selbst unwillkürlich und instinktmäßig Manon;
aber was wollte er jetzt ohne Beweise beginnen? und was konnte
er sogar später gegen sie unternehmen, falls je sein Argwohn sich
bestätigte, so lange er von dem guten Willen der Französin noch
so abhängig und ihr zu Dank verpflichtet war? Diese Abhängigkeit würde sogar seinen gerechten Zorn gelähmt haben.

Aber Manon war nicht so unvorsichtig, ihm die Adresse Albertinens vorzuenthalten, und so ging der Brief an sie unter der
Adresse der Madame Jorette in Morges ab. — Welche Folgen
er hatte, werden die späteren Blätter unserer Geschichte darthun.

Vierundzwanzigstes Kapitel.

Entscheidungen.

Die beiden Wochen, welche den Enthüllungen Manon's an jenem Abend und dem Tobe der Frau Meyer folgten, waren peinliche, folternde für Lücke. Er sorgte für die anständige Beerdigung der Verstorbenen, beschenkte Fritz und seine Kinder, sagte sich aber zugleich von ihnen los, denn der liederliche Bursche und seine freche Dirne waren ihm von jeher die verhängnißvollste Zugabe gewesen. Das fortwährende Schweigen Albertinens war ihm entsetzlich; er versuchte sich vergebens zu überreden, daß ihr der Brief nicht zugekommen sey, und doch hatte er ihn recommandirt; sollte wirklich Albertinens Stillschweigen einen andern Grund haben? Er liebte sie vielleicht nicht mehr, aber sein Stolz verlangte Gewißheit, damit er das Gewissen beschwichtigen konnte, das ihn nicht ohne Vorwürfe ließ. Er mied Manon während dieser Zeit fast gänzlich, sey es nun aus Argwohn oder aus Gewissensbissen, und wenn er sie je besuchte, fühlte er sich doppelt

beengt in ihrer Gegenwart, denn es war offenbar, daß sie mit
ihm litt; ihre Miene, ihre Worte hauchten eine tiefe Wehmuth
aus, sie mußte sich nicht wie sonst ihm die Falten von der Stirne
wegzuscherzen, sondern sprach in sanften tröstenden Worten zu
ihm, berührte absichtlich die wunde Stelle seines Herzens, und
suchte Albertinen zu entschuldigen, zu vertheidigen, und alle Schuld
auf den Grafen zu wälzen. Sie wußte wohl, daß sie ihm dadurch den Stachel nur besto tiefer in's Herz drückte, denn sein
Ehrgefühl litt darunter doppelt; im Grunde aber erfreute ihn
ihr Trost doch, denn er bewies ihm das lebendige Interesse, welches
sie an ihm nahm.

„Sie müssen Geselligkeit suchen, mein Freund!" sagte sie
zu ihm; „es frommt Ihnen ja zu Nichts, über diesen traurigen
Dingen zu brüten und zu grübeln. Das eintönige Leben und
die stete Arbeit werden Sie noch menschenscheu und einseitig machen. Gehen Sie in Gesellschaft, suchen Sie namentlich an Sonn-
tagen öffentliche Vergnügungsorte auf, und machen Sie Bekanntschaften im Kreise Ihrer Mitbürger. Der Mensch ist ja zur Geselligkeit geboren."

„Allerdings, ich fühle wohl, daß Sie völlig recht haben, Ma-
bemoiselle!" erwiderte er ihr; „allein in meiner jetzigen Stimmung
ist mir die Berührung mit vielen Menschen eine Pein, und ich
fühle mich so linkisch und ungeübt im Anknüpfen von Bekanntschaften, daß ich mich kaum allein in einen zahlreichern Kreis ge-
traue. Man wird förmlich menschenscheu, wenn man leidet."

„Ah, fühlen Sie das wirklich auch?" fragte Manon mit
einem leichten Seufzer. „Ach, ich habe dieselbe Erfahrung an
mir gemacht. Seit ich hier so allein bin, werde ich ebenfalls
schwermüthig. Aber Sie haben ein schönes Vorrecht vor mir
voraus. Ihr Männer könnt überall allein in Gesellschaft gehen —

wir armen Frauen kaum in's Theater. Ja, wenn Albertine hier wäre, da könnten wir Sonntags in's Fürstenbad gehen oder nach dem Tivoli, wo die trefflichen musikalischen Productionen und Concerte stattfinden. Sie haben Freunde, wenn Sie nicht allein gehen wollen: ich aber kann nicht allein hingehen, und mag mich nicht an die Leute anschließen, die mich eingeladen haben ...."

„Ei Mademoiselle, wenn es Ihnen ein wirkliches Vergnügen machen kann, ein solches Nachmittagsconcert in einem öffentlichen Wirthschaftslokale zu besuchen," fiel ihr Lücke rasch in die Rede, erfreut über eine Gelegenheit, sich die Französin zu verbinden; — „und wenn ich mir mit der Hoffnung schmeicheln darf, daß Ihnen meine Begleitung angenehm seyn würde, so verfügen Sie über mich. Morgen schon ist ja Sonntag, und Sie haben nur zu bestimmen!"

„Ach, wie freundlich er ist, dieser gute Franz!" rief Manon mit ihrem gewinnendsten Lächeln und dankbarsten Blicke und bot ihm mit Wärme die Hand; „Sie errathen meine Gedanken und kommen meinen Wünschen zuvor! Also abgemacht! ich nehme Ihren Vorschlag an. Wir machen morgen Nachmittag eine kleine Promenade durch den Park und besuchen das Concert im Fürstenbad. Aber nicht um meinetwillen allein, sondern auch um Ihretwillen, mein armer Freund, damit Sie mir kein Misanthrop werden. Ich will mit Ihnen ein wenig prunken, mein Lieber!"

Den ganzen Rest des Abends plauderte sie nur von dieser Unterhaltung und geberdete sich vergnügt wie ein Kind, so daß sogar Lücke ordentlich munter und aufgeräumt wurde vor Freude darüber, daß er mit so Wenigem Manon ein Vergnügen bereiten konnte.

Punkt zwei Uhr fand Lücke sich in seinem besten Staate ein, um Manon abzuholen, die ihn in vollem Putze erwartete. Sie hatte sich mit einer gewissen Sorgfalt und Koketterie, jedoch ziemlich einfach gekleidet. Die schwarze Seidenrobe ließ sie etwas schlanker erscheinen, als sie wirklich war, und der schöne reiche Lyoner Shawl verbarg die stämmige Taille. Der weiße Atlashut mit dem einfachen Ausputz von Feldblumen und mattfarbigen Bändern und ein unbeschreibliches Etwas in ihrem Gesicht, ein geschickt aufgefrischter künstlicher Teint ließen sie jünger erscheinen als sie war, und liehen ihren freudestrahlenden lächelnden Zügen wirklich etwas Anmuthiges, Gewinnendes. Lüde erstaunte insgeheim über die Veränderung, welche mit der Französin vorgegangen war — so hübsch und einnehmend war sie ihm noch nie erschienen. Es fehlte nicht viel, so wäre er wirklich stolz auf seine Begleiterin gewesen.

„Wie lieb von Ihnen, daß Sie so pünktlich kommen!“ begrüßte sie ihn; „Pünktlichkeit verbindet zu doppeltem Dank; sie ist sogar die Artigkeit der Könige. Und nun kommen Sie, mein Lieber!“

Manon ging heute nicht wie sonst die Hintertreppe hinab, sondern verließ das Haus über die große Treppe und durch die Vorderthüre. Als sie aus derselben trat, die Treppe vor dem Portal hinabtänzelte, dann ihren Arm in denjenigen von Lüde legte und an demselben beinahe zärtlich hängend ihren Schritt nach dem seinigen regelte, da erschien sie den Vorübergehenden wie ein glückliches zärtliches Bräutchen. Namentlich machte sie diesen Eindruck auf die paar Domestiken des Arnesco'schen Hauses, welche der Ton der Thürglocke in das Portierzimmer gelockt hatte.

„Ah,“ sagte der alte Haushofmeister, ein ehemaliger Kammerdiener des Grafen, in seinem gebrochenen Deutsch; „das geb sie bald ein Brautfaff. Adieu partie, Mademoiselle Albertine!

das Mamzelle Manon ab Sie rondement ausgestoßen bei die jongle Mann! Sie ange han ihm wie eine jonke Verliebte. Sie werde nit ruhenn bis er sie steck der Ring an das Finker!"

„Meinen Sie, Musjeh Dominique, die Mamsell mache Ernst mit dem Buchdrucker?" fragte der Portier. „Sie könnte ja wenigstens seine Taufpathe, wo nicht gar seine Mutter seyn!"

„Was make das? Er jonk, sie alt; aber alte Kuh sleck sie auk not gerne Salz, und femmes entre les deux âges seyn sehr herpickt auf jonge Mann. Oh, le joli jeune homme est trop gauche pour s'engager dans une petite intrigue, und er is trop présentable für baß Mamzelle Manon ihm nit nehm ßu ihre Mann!"

„Aber was wird Jungfer Albertine dazu sagen?" meinte der Portier.

„Oh, sie mag frei und lamentir — die Mamzelle werde schon aben eine Grund sie zu eben aus der Sattel. Les absents ont toujours tort, und in der Spiel und in das Liebe man kenne keine Freundsaff! Oh, la sacrée câline! la vieille tartufe!"

„Na ja, die Jungfer Albertine hat ba mit der Alten ecklich den Bock zum Gärtner gesetzt!" sagte der Portier lachend. „Aber das ist gut gesagt, Herr Dominique! eine alte Kuh schleckt auch noch gerne Salz! das muß man sich merken!" —

Mittlerweile hing Manon glücklich und verliebt wie ein Bräutchen an Lücke's Arm, blickte nur zu seinem Gesicht auf und hatte auf dem ganzen Wege durch den Park nur Augen für ihn. Der hübsche junge Mann machte an sich schon eine gute Figur, aber seine Begleiterin hatte in Gang und Benehmen wirklich etwas Augenfälliges, Vornehmes, un air distingué, wie sie selbst zu sagen pflegte, und so war es kein Wunder, daß sie die Aufmerksamkeit aller Spaziergänger auf sich zogen. Dabei suchte Manon ihren Begleiter möglichst angenehm und lebhaft zu unterhalten, und plauderte mit der Unbefangenheit einer Französin laut genug, um die Vorübergehenden hören zu lassen, daß sie mit Lücke in ihrer Muttersprache rede.

Franz war es anfangs peinlich, solch ein Aufsehen zu machen; aber als er die erste Befangenheit überwunden hatte, schmeichelte es ihm einigermaßen, eine Begleiterin zu haben, die so viel stumme Zeichen der Bewunderung erhielt. Der Dämon der Eitelkeit war geweckt und flüsterte ihm zu: ‚Albertine an deiner Seite hätte sich nicht so bemerklich gemacht; da wärest du wohl in spießbürgerlichster Ehrbarkeit dahin gewandelt und mit deiner Zukünftigen in der Masse verschwunden. An Manon's Seite siehst du etwas Rechtem gleich.‘ Und kaum war das Paar aus den Schlangenwegen in die große Allee des Parks eingebogen, wo die Fahrbahn der Mitte für Reiter und Equipagen von zwei schmäleren Fußpfaden begrenzt war, so kam Baron Schrewnitz auf seinem edlen Kabardiner-Schimmelhengst herangetrabt und sein kaltes, stechendes Auge musterte die Vorübergehenden zu beiden Seiten. Sein scharfer Blick mußte schon aus der Ferne Lücke und seine Begleiterin erkannt haben, denn er brachte sein Reitpferd in Schritt und grüßte im Vorübergehen das Paar freundlich und mit verbindlicher Artigkeit, welche Lücke und Manon der Beachtung der sonntäglich geputzten Residenzbewohner noch mehr empfahl, und ihnen achtungsvolle Grüße von Manchen eintrug, welche das Paar gar nicht oder nur vom Sehen kannten.

Das Fürstenbad war bald erreicht, und die Befangenheit und Schüchternheit, womit Lücke, der nur selten solche Vereinigungspunkte des höhern Bürgerstandes besucht hatte, in den Saal getreten war, schwanden wunderbar schnell, als er Manon mit

der vollendeten Sicherheit einer Weltdame vorschreiten und an
einem der noch unbesetzten Tische Platz nehmen sah, worauf sie
sich erst umsah und bald da bald dort begrüßt ward von Kauf=
leuten und Lieferanten des gräflichen Hauses, denen sie von Person
bekannt war; und bald kam auch der oder jener von den sonst
so gespreizten Ladenbesitzern der Residenz herbei, um der einfluß=
reichen Zofe der Gräfin Arnesco wenigstens den Tribut der ge=
wöhnlichsten Artigkeit darzubringen, denn die Geschäftsleute ken=
nen ja genugsam den Einfluß der Domestiken auf das Zutrauen
der Herrschaften zu den öffentlichen Verkaufslokalen.

Ehe noch Lücke sich recht heimisch zu fühlen begann, hatte
sogar der wohlhabende Möbelfabrikant Gastl mit seinen beiden
Töchtern und seiner Frau um die Erlaubniß gebeten, sich zu
Mademoiselle an den Tisch zu setzen, die er als die Vertraute
der Gräfin kannte, und die Bekanntschaft mit diesem Manne er=
leichterte es Lücke sehr, sich freier zu bewegen, denn er merkte
gar bald, daß er nach Geist und Bildung diesen Menschen we=
nigstens ebenbürtig sey. Auch war Manon gewandt und routi=
nirt genug, um das Gespräch stets wieder in Gang zu bringen,
wenn es einen Augenblick stocken wollte, und ihren Begleiter auf
eine Weise darein zu verwickeln, daß er durch sein Urtheil oder
seine Erfahrung glänzen konnte und vor diesen Emporkömmlingen
der monopolisirten Industrie Figur machte. Zugleich aber ließ
die etwas cavaliere Weise, wie sie die deutsche Sprache rade=
brechte, und mit ihren Zuhörern über ihre eigenen Verstöße gut=
müthig lachte, der Unterhaltung etwas so Munteres und Belu=
stigendes, daß an keinen Zwang mehr zu denken war. Lücke
mußte sich gestehen, daß er sich köstlich amüsirt habe, als endlich
am Abend Manon das Zeichen zum Aufbruch gab. Der Abend
war sternhell und klar, und ein eisiger Wind fegte über die Fläche

herauf, so daß Manon sich dichter in ihren Shawl hüllte und eng an ihren Begleiter anschmiegte, dem sie eine Schmeichelei um die andere über seine treffliche Unterhaltungsgabe, seine reiche Bildung und sein sicheres, gemessenes Benehmen in's Ohr flüsterte. Ihre duftigen Locken spielten dabei, vom Winde gehoben, um seine Wangen; ihre beiden Hände hatten seine Rechte erfaßt, gleichsam um sich daran zu wärmen, und bestätigten durch häufige zärtliche Drücke das Verbindliche ihrer Worte. Wie in einem angenehmen, wollüstigen Traum befangen, schritt Lücke an Manons Seite hin, lauschte ihren einschmeichelnden Reden und dachte daran, welch ganz andern Reiz trotz ihrer reiferen Jahre die Französin doch auf einen Mann auszuüben vermöge, als die aller Welterfahrung und Lebensgewandtniß entbehrende Albertine, welche neben Manons geselligen Vorzügen tief in den Schatten trat. Er dachte kaum mehr an seine ferne Verlobte, und der Traum, der seine Sinne umsponnen, währte noch fort, als er neben Manon in deren Zimmer auf dem Sopha saß und sie ihre Hand auf seinen Arm gelegt, ihre Schulter ihm genähert hatte, — aber eine bange, zaghafte Scheu hielt ihn ab, diese Vertraulichkeit der Französin zu erwidern. Ja, als sie endlich ihren Kopf noch näher zu ihm herüberbeugte und mit leisem Flüstern von dem Glücke sprach, das ihn im Ehestande erwarte, und um welches sie Albertinen beneide, die den ganzen Umfang ihrer Wonne nicht zu würdigen wisse, — da ward es Franz ganz schwül und bang, und er sprang mit Einem Male auf, deutete nach der Wanduhr, deren Zeiger schon die zehnte Stunde wies, und verabschiedete sich schnell und beinahe barsch.

»Ah, qu'il est bète!« flüsterte Manon ärgerlich vor sich hin, als er fort war; »il est plus gauche que je ne le croyais! Il n'a point compris mes avances! Aber thut nix, er sit son

intereffir für mir, und der kleine Albertine soll nit aben solte
hübse Mann. Er soll werden meine époux!«

Dieser Zweck schien jedoch nicht so leicht erreichbar, wie
Manon wähnen mochte. Als Lücke erst nach zwei Tagen wieder
kam, erschien er ernst und gedrückt, und wollte die Weichheit und
Freundlichkeit der Französin gar nicht bemerken. Dieß rührte
daher, daß er troß des sichtlichen Vergnügens, das er auf jenem
Sonntags-Spaziergang an Manons Seite empfunden, doch bei
einsamem Nachdenken sich Vorwürfe über einen Mangel an Treue
gegen Albertinen gemacht und sozusagen Gewissensbiße darüber
verspürt hatte, daß er sich den vortheilhaften Eindrücken Manons
so widerstandslos hingegeben. Ohne daß er es ahnte, gährte
bereits ein Kampf in ihm: er war schmerzlich berührt, ja erbit-
tert von Albertinens räthselhaftem Schweigen, er fühlte sich angezogen von jener Art von geistigem und socialem Uebergewicht
von Seiten Manons, und doch sträubte sich noch seine ganze
ehrliche und gerade Natur gegen eine Treulosigkeit, an einen
Verrath an Albertinen. Dieser beginnende Kampf zwischen Liebe
und Vernunft, zwischen Eitelkeit und Pflichtgefühl, machte ihn
unsäglich unbehaglich und unglücklich, und erfüllte ihn bald mit
einer höchst qualvollen Reizbarkeit und Bitterkeit, bald mit einer
Art stumpfen Hinbrütens, welche beide Manons liebreichste Bemühungen und zärtlichstes Mitgefühl nur selten zu bannen ver-
mochten.

Endlich riß ihn ein Brief aus dieser Seelenpein, aber diese
feinen französischen Schriftzüge kamen nicht von Albertinen, sondern von der Gräfin.

„Mein Herr!“ schrieb sie, — „meine eigene Ehre gebietet
mir, einige Worte an Sie zu richten, welche mir wahrlich sehr
schwer fallen. Allein Sie sind, wie ich von Mademoiselle

Manon erfahre, nicht allein theilweise Mitwiffer des Geheim-
niffes, von welchem ich reden muß, fondern auch an diefer
Angelegenheit felbft betheiligt als Verlobter der Albertine
Meyer. Was man Ihnen auch von irgend einer Seite her
gefagt haben mag, fo bitte ich Sie, Ihr Urtheil über Per-
fonen und Sachen, namentlich aber über meine Handlungs-
weife zurückzuhalten, bis Sie meine Zeilen einer genaueren
Prüfung gewürdigt haben werden. Ich habe allerdings Albertinen aus der Penfion der Mad. Jorette entfernt, allein
aus gewichtigen Gründen. Vor zehn Tagen bat mich befagte
Dame in einem Briefe, meinen Schützling aus dem Inftitute
hinwegzunehmen, da der Zuftand, in welchem fie fich zu befinden nicht läugne, eine längere Verbergung nicht zulaffe. Er-
fchreckt wage ich, troß der vorgerückten Jahreszeit noch die
Reife über den Simplon, eile nach Morges, und erfahre aus
Albertinens Munde die Beftätigung. Da ich es nun für
meine Menfchen= und Chriftenpflicht halte, die Verirrungen
einer Perfon, die mich fchnöde hinterging, dennoch vor der
Welt zu verbergen und dem armen Wefen, welches das Mädchen unter dem Herzen trägt, nicht die Schuld feiner Eltern
entgelten zu laffen, fo habe ich Sorge getragen, daß Albertine
ihre Entbindung bei einer anftändigen Familie im Jura über-
ftehe, wo ihr alle mögliche Pflege auf's Liebevollfte gereicht
werden wird; ich werde für die Erziehung des zu hoffenden
Kindes forgen, und es alsdann dem Willen der Mutter an-
heimftellen, ob fie meine Unterftützung lieber in Geftalt einer
Mitgift oder durch fernere Sorge für ihr leibliches und gei=
ftiges Wohl, durch den Genuß des Unterrichts in einer Er-
ziehungsanftalt, empfangen will, was wohl meift von Ihren
Abfichten in Betreff des Mädchens abhängen wird, mein Herr!

Dieß, mein Herr, sind die wahren Thatsachen meiner Handlungsweise; Sie werden die Motive achten, welche mir die größte Diskretion in dieser Angelegenheit auferlegten und werden mir glauben, daß ich Sie von Herzen bedaure, und trotzdem noch immer bin

mein Herr!   Ihre wohlgeneigte

Julia Gräfin Arnesco=Fierra."

„Es ist klar," rief Lücke, als er den Brief gelesen, — „die Beschämung ließ sie nicht auf meinen Brief antworten; die Gräfin scheint dennoch eine edle Frau zu seyn! ... Arme, unglückselige Albertine! warum mußtest du unter solchem Beispiel aufwachsen, das keine festen Grundsätze bei Dir heranreifen ließ? ... Nun bist Du auf Lebenszeit unglücklich, und für mich verloren!"

Er fühlte sich erleichtert, daß er jetzt einen Scheingrund hatte, mit dem er sein Gewissen übertäuben konnte; er eilte mit dem Briefe zu Manon, um sie denselben lesen zu lassen.

„Nun," sagte sie, „wie denken Sie jetzt von mir? Sind jetzt alle Nebel des Argwohns gegen mich zerstreut?"

„Ich habe Sie nie ernstlich beargwöhnt," versetzte er; — „wenigstens ward es mir schwer, Sie irgend als betheiligt zu betrachten. Meine Hoffnungen sind nun auf einmal schnöde zerschellt, alle sind sie jetzt zu Grabe getragen, und ich bin um eine holde Täuschung ärmer. — Aber Ihren Grafen, Manon, hasse ich wie einen Todfeind; ich kann Sie nicht mehr hier besuchen, denn ich muß befürchten, mich an ihm zu vergreifen, falls ich ihm begegne! Er ist der Dämon, der mir mein Lebensglück zerstört hat!"

„Sie werden mich überhaupt nicht mehr lange besuchen können," sagte sie wehmüthig, „ich habe nur zu wählen, ob ich meine Freiheit oder meine gütige Herrin verlieren will; hier, lesen

Sie!" Sie reichte ihm einen Brief der Gräfin, den die gleiche Post gebracht hatte; die Gräfin schrieb, daß sie jetzt, wo sie wahrscheinlich auf längere Zeit den Hof meiden und sich in die Einsamkeit eines ihrer Schlösser zurückziehen wolle, ein doppeltes Verlangen fühle, nur von bekannten Gesichtern umgeben zu seyn, und daher Manon bitte, so schnell wie möglich nach Pavia zu kommen.

"Und Sie? was werden Sie thun?" fragte er Manon.

Sie zerdrückte eine Thräne. "Ich bin zum Dienen geboren," sagte sie; — "es ist einmal meine Bestimmung. Ich habe keine Heimath mehr, kaum Freunde, die mich zurückhalten könnten; so hat auch die Freiheit keinen Werth mehr für mich. Ich verlasse diese Stadt nur ungerne, denn ich hätte mich hier angewöhnen können, aber die Einladung meiner gütigen Gebieterin überwiegt doch . . . ich habe keinen Grund mehr, meine Selbstständigkeit zu wünschen!"

"Und warum denn?" fragte er mit unsicherer Stimme. Er ahnte wohl, was Manon von ihm erwartete, aber es fehlte ihm der Muth, diese Provokation verstehen zu wollen."

"Sie waren in den letzten Wochen so kalt gegen mich, daß ich an Ihrer Freundschaft zweifeln muß, und meinen Entschluß durch Ihr Betragen beschleunigt sehe!" sagte sie traurig; — "Sie sind ungerecht genug, um einer einzigen willen allen Frauen zu mißtrauen!"

"Glauben Sie das nicht, Manon!" rief er, "wenn ich irgend glauben dürfte . . . . Aber nein! Sie fühlen nicht einmal Freundschaft für mich, sonst würden Sie mir nicht diesen Vorwurf machen!"

"Freundschaft?" wiederholte sie, — "nein, das ist nicht der rechte Ausdruck; ich bin zu alt für Sie, um nicht lächerlich zu erscheinen, wenn ich es gestehe; — doch ja, das darf ich sagen:

ich bin Ihnen so gut wie eine Mutter, möchte bei Ihnen bleiben, wenn Sie nur ein klein wenig mein Sohn seyn möchten!"

Er ergriff ihre beiden Hände und drückte sie warm; da schlang sie auf einmal die Arme um ihn, und küßte ihn. — „Spröder Junge!" flüsterte sie; — „muß ich es Dir denn selbst sagen?" — Er erröthete und es durchzuckte diese Entdeckung wie ein Dolchstich seine Brust. — „Manon, liebe Manon! geben Sie mir nur zwei Stunden Zeit.... Ich bin noch so verwirrt, der Brief der Gräfin.... Sie dürfen nicht reisen.... Sie müssen meine Frau werden!"

„Aber was werden die Leute sagen?" rief sie. Er hatte aber schon seinen Hut genommen und war zum Baron Schrew= nitz geeilt.

Am Abende wechselten sie die Ringe und feierten ihre Verlobung......

Fünfundzwanzigstes Kapitel.

Ein Stückchen Nemesis.

Es war ein heiterer Morgen am Ostersonntage, einer jener vielversprechenden Vorboten des Frühlings. Draußen in dem schönen neuen Hause der Vorstadt, wohin das Etablissement des Herrn Lücke seit seiner Verheirathung übersiedelt war, knospten schon die Bäume, und der Rasenplatz, welcher sich mit seinen Gesträuchgruppen zwischen dem Zaune und dem Hause hinzog, bildete schon einen saftiggrünen Sammtteppich. Die Fenster des Erdgeschosses, wo die Offizin lag, waren geschlossen bis auf eines. Dort schielte der junge Druckerherr hinter den Vorhängen heraus, und beobachtete eine elegant gekleidete Dame, welche in kleinen Moosnestchen im Rasen und Buschwerk Eier, Leckereien, kleine Schachteln und Päckchen versteckte.

„Darf ich kommen?" rief Lücke endlich aus dem Fenster.

„Noch nicht," gab Manon zur Antwort, — „aber Du willst mir die Freude verderben? Du siehst mir ja zu?"

„Ich kann den Blick nicht von Dir abwenden, meine Liebe!“ gab Lücke zur Antwort.

Auf der Landstraße, die sich am Zaune hinbog, war außer etlichen Sonntagsspaziergängern, welche nach der Stadt zurück- kehrten, ein ärmlich gekleidetes Weibsbild hier vorbeigewandelt, dessen mühevoller Gang, gebeugte Haltung und keuchender Athem mehr noch als die trübsinnige Stirne und die tief eingesunkenen starren Augen des bleichen Gesichts auf Krankheit und Seelen- leiden schließen ließen. Beim Klange dieser Stimmen war sie plötzlich zusammengebebt und stehen geblieben; ihr irrer Blick schweifte herüber nach dem Hause, da las er in goldenen Buch- staben: „Buchdruckerei von Franz Lücke.“ Es war, als ob die Kniee der Fremden plötzlich den Dienst versagten, denn sie ließ sich auf einmal in den Graben hinabgleiten, klammerte sich mit beiden Händen an die Zaunstäbe und stierte hinein.

In diesem Augenblicke klatschte Manon in die Hände und Franz kam aus dem Hause und suchte im Garten umher. Bald hatte er einen ganzen Arm voll des Inhalts dieser Nestchen gesammelt und trug ihn in eine Laube am Hause. Manon eilte ihm nach; — „habe ich Alles?“ fragte er. Sie bejahte. „Wie reich hast Du mich beschenkt, liebes Kind!“ rief er, die einzelnen Päckchen und Schachteln öffnend; — „eine Halsbinde, — seidene Taschentücher... ein Schreibzeug... eine Lorgnette... und hier? eine goldene Uhr? Nein, liebes Weibchen, das ist zuviel?“

„Du trägst immer noch jene Uhr, welche Dir Albertine gegeben hat,“ sagte Manon. „Das sehe ich nicht gerne; diese Uhr hatte die Gräfin einem Kammerdiener bestimmt, der plötz- lich wegen Diebstahls entlassen wurde. Das paßt nicht für Dich! Ohnedieß trägst Du gar nichts, was ich Dir geschenkt habe, an

Dir, und diese Schnur von blonden Haaren scheint Dir besonders werth zu seyn!"

„Glaube das nicht!" sagte Lücke lächelnd, und schaute sie
liebreich an mit seinem ernsten, wehmüthigen, bleichen Gesichte,
das in kurzer Frist seine ganze Frische verloren hatte; — „wenn
Du auf dieses geringfügige Andenken eifersüchtig bist, so sollst
Du es haben!"

Er gab ihr Uhr und Haarschnur von seinem Halse, und
beschaute neugierig die schöne Cylinder-Repetiruhr, womit er so
eben beschenkt worden war; während dessen öffnete Manon den
Springring der Schnur, löste diese ab und schleuderte sie auf
die Straße hinaus. Zwei Schritte von der armen kränklichen
Pilgerin fiel sie in das Gras des Chausseegrabens. Diese griff
darnach, und hatte sie kaum angeschaut, als sie mit einem
dumpfen Seufzer zusammenbrach und in dem schmutzigen Graben
niedersank.

„Womit kann ich denn Dich erfreuen, meine liebe gute
Manon?" sagte Franz und schloß sie in seine Arme.

„Bin ich nicht glücklich?" versetzte sie; — „wenn Du mich
aber lieb hast, Franz, so werde wieder heiter — Du bist häufig
so traurig und gedankenvoll, und oft höre ich Dich Nachts im
Traume seufzen oder beten!"

„Das kommt vom Blute, liebes Kind!" sagte er und
wandte sich aus ihren Armen los, um sie mehr höflich als liebe-
voll hinaufzuführen!

*   *   *

Der Ostermontag war abermals trübe und regnerisch, aber
nichts destoweniger strömten Tausende aus den Thoren und der
benachbarten großen Haide zu, wo heute die Herren vom Hofe

eine sogenannte Steeple-chase oder ein englisches Wettrennen hielten. Auf allen höheren Punkten der wellenförmigen Ebene drängten sich bunte Menschengruppen; auf einem der kleinen Hügel standen auch Lücke und Manon, und bei ihnen Alberti- tinens einstige Freundin, die Schauspielerin Franziska Arnold. Erwartungsvolle Stille herrschte in der Gruppe, denn eben erschienen auf dem Gra..bes gegenüberliegenden Hügels die Reiter. Ein langer hagerer Mann in scharlachrothem Reitrocke auf einem wunderschönen Schweißfuchsen war allen weit voran, und das Thier sprengte mit unbeschreiblicher Leichtigkeit das abschüssige Terrain, das mit leichtem Gesträpp bewachsen war, herunter.

„Arnesco gewinnt!" rief Manon.

„Es ist nicht Arnesco! ich halte ihn für Baron Schrewnitz!" sagte Lücke.

„Der Graf trägt heute einen rothen Rock!" sagte Franciska.

„Es ist sein Reitpferd Dove — ich kenne das Thier!" sagte Manon.

„Dann ist es Schrewnitz!" sagte Franziska; — „der Graf erzählte mir neulich, daß Schrewnitz ihm das Lieblingspferd in Folge einer Wette abgewonnen habe!"

Sie stritten sich noch um die Identität, als ein plötzliches Geschrei der Menge die Aufmerksamkeit unserer drei Bekannten wieder auf die Wettrenner zulenkte. Das Pferd des vordersten Reiters nämlich schien an einer der Flaggen, womit die Renn- bahn angedeutet war, plötzlich scheu geworden zu seyn, war aus- gebrochen und rannte den steilen Abhang einer Schlucht hinunter, in deren Schooße sich die ablaufenden Gewässer der Haide zu einem stagnirenden, mit grünem Schlamm und Schilf überdeckten Sumpfe sammelten. „Um Gottes willen!" rief Einer der Zuschauer, „wenn Der sein Pferd nicht anhält, ist er verloren. Der Teich ist durch die neulichen Regen ganz angeschwollen!"

Eine halbe Minute später stolperte das Thier über einen Stein, stürzte zusammen und schleuderte seinen Reiter den Abhang hinab — augenblicklich glitt er auf dem feuchten Rasen herunter und verlor sich im Schilfe, kam eine Weile später im Wasserspiegel zum Vorschein, kämpfte noch einige Sekunden im dunkelgrünen Schlammwasser und verschwand dann unter den sich immer weiter ausbreitenden Wellenkreisen. Hunderte von Zuschauern stürzten nach der Schlucht hinunter.

„Der Graf Arnesco ist ertrunken!" tönte es von Mund zu Mund.

Franziska wurde ohnmächtig. —

„Wer ist denn Diese da?" fragten die Umstehenden.

Eine alte Frau zischelte den Andern in die Ohren: „Es ist die Demoiselle Arnold vom Hoftheater, die Maitresse des Grafen!"

Dove, das herrliche Halbblutpferd Arnesco's, mußte zur Stelle getödtet werden: es hatte einen Fuß gebrochen. Graf Arnesco war noch dabei anwesend, denn er war gar nicht verletzt worden, sondern wohlbehalten als Sieger am Ziele angekommen. Der Ertrunkene war also Baron Schrewnitz, aber man hatte Mühe und brauchte lange Zeit, ihn herauszufinden. Es fehlte an Stangen, an Stricken, an einem Boote. Man riß zwar die Stangen der Flaggen von der Rennbahn heraus und verwendete sie. Aber die Hülfe kam so spät, daß an eine Rettung gar nicht mehr gedacht werden konnte.

Endlich brachte man einen Leichnam heraus, aber als der Schmutz und Schilf abgestreift waren, erkannte man ihn als einen weiblichen. Man wusch das Gesicht rein, und entdeckte

abgehärmte, gram-entstellte Züge. Niemand wollte sie kennen;
da kam endlich ein Polizeibeamter herzu, und glaubte sich zu
erinnern, daß er dieses Weib, das kaum zwanzig Jahre alt
schien, am frühen Morgen noch verhört habe.

„Wer ist sie?" fragte man.

„Sie gab sich für eine Hiesige aus," sagte der Aktuar;
„gestern Vormittag fand man sie ohnmächtig bei den letzten
Häusern der Vorstadt in einem Chausseegraben, brachte sie in's
städtische Krankenhaus und von da auf die Polizei, weil sie
keinen Ausweis hatte. Ihrem Vorgeben nach heißt sie Albertine
Meyer, stand vor einem Jahr als Garderobemädchen bei der
Gräfin Arnesco in Diensten, und ward dort entlassen, weil sie
in andern Umständen war. Sie will sich hierauf in einem Er-
ziehungsinstitut in der Schweiz und dann in einem Privathause
bei Neuenburg befunden und von dort aus mehrmals an den
Vater ihres Kindes geschrieben, aber keine Antwort erhalten
haben, worauf sie sich im tiefen Winter zu Fuße nach Hause
begab, um sich selber nach dem Grund seines Stillschweigens zu
erkundigen. Aber in Bern mußte sie wegen einer verfrühten
Niederkunft in's Krankenhaus aufgenommen werden, und war
nach ihrer Angabe erst vor zwölf Tagen von dort entlassen
worden! — Weil ihre Mutter, auf die sie sich berief, schon im
vorigen Herbste gestorben war, wollten wir sie im Arrest behalten, bis die nöthigen Erkundigungen eingezogen wären; allein
sie hatte noch einen Bruder, ein schlecht prädicirtes Subject, auf
den sie sich berufen konnte, und der sie anerkannt hat, und so
wurde sie heute früh entlassen!"

In diesem Augenblick legte man den aufgefundenen Leichnam
des Barons auf den Rasen; er war am Kopf und Arme durch
den Sturz beschädigt, und so war es zu erklären, daß er den

Tod gefunden hatte. War es providentieller Akt, daß sie beide hier so friedlich beisammen liegen mußten?.... sowohl Baron Schrewniß, der kalte Skeptiker, der blasirte Roué, der das Lebensglück zweier Menschen herzlos auf das Spiel gesetzt, um ein psychologisches Problem durch ein grausames Experiment zu lösen und die Befriedigung zu genießen, daß er eine Wette gewonnen habe, bei welcher ein Reitpferd dem Frieden mehrerer Menschenleben gleichgeachtet wurde; — als Albertine, das Opfer dieser Wette und der in die Scene gesetzten Ränke und Einflüsterungen und Machinationen, mittelst deren die Wette gewonnen werden mußte? Das Jagdpferd Dove war der Preis der Wette gewesen, welche Graf Arnesco verloren hatte; — war es bloßer Zufall, daß dieses Thier bei diesem tollen Ritte den Tod des Barons Schrewniß herbeiführen mußte? daß durch das Scheuwerden des Renners der Baron und sein Opfer in demselben feuchten schmutzigen Grabe gebettet worden waren.

––––––––––

Sechsundzwanzigstes Kapitel.

Die Schuppen fallen von den Augen.

Wie wir schon einmal erwähnt haben, spielte die Geschichte
der beiden Kinder aus dem Volke, die wir seither erzählten, noch
in vormärzlicher Zeit. Unter den Fittigen der väterlichen Censur,
die mit Rothstift und Scheere über der Presse walteten, waren
Kriminal-Geschichten, Selbstmorde und Unfälle aller Art ein äußerst
dankenswerther Stoff für die Journalistik. Der doppelte Unglücksfall aus Anlaß des Wettrennens ward daher auch von der
Lokalpresse der kleinen Residenz auf das umfangreichste ausge-
beutet, und die kleinen Blätter schenkten dem Publikum keine der
Vermuthungen, welche über die beiden Todesfälle im Schwange
gingen, keines der Resultate der amtlichen Ermittelungen. In wie
weit diese beiden Todesfälle in einem gewissen inneren Zusammen-
hange standen, wußten freilich die Redakteure jener Blättchen
nicht, und auch Franz Lücke hatte keine Ahnung davon, obschon
ihm der Schmerz nicht geschenkt ward, das Ende seiner einstigen

Verlobten auf diefem Wege erfahren zu müffen. Albertinens
furchtbares Ende machte denn in der That auch einen tief er-
fchütternden Eindruck auf Lücke, und er wagte Wochenlang den
Fuß nicht aus dem Haufe zu fetzen und fich unter den Menfchen
zu zeigen. Er war unzugänglich für die Troftworte Manon's,
die Allem aufbot, ihn zu überzeugen, daß Albertinens zwei-
deutiges Verhältniß zu dem Grafen Arnesco allein die Urfache
ihrer Ungnade bei der Gräfin und Albertinens Verftocktheit der
einzige Grund dafür gewefen fey, daß die Gräfin die Hand von
ihr abgezogen habe. Wie plaufibel es auch klang, daß Albertine
trotz aller ärgerlichen Fehltritte, welche fie begangen hatte, doch
in jenem Privathaufe in Neuenburg unvertrieben ein Afyl gefunden haben und daß die Gräfin für ihr Kind und beider Zukunft geforgt haben würde, wenn das eigenfinnige, ftarrköpfige,
thörichte Mädchen nicht vorgezogen hätte, ihren eigenen Weg zu
gehen, — Lücke vermochte doch nicht daran zu glauben, denn
eine Ahnung fagte ihm, daß auf Albertinen ein härteres Loos
gelegen haben müffe, als Manon behauptete. Wie fehr er auch
mit Scheingründen dagegen ankämpfte, fo hielt ihm fein Gewiffen
doch eine fchwere Schuld gegen Albertinen vor, und der Ernft,
welchen ihm Manon fchon feit Beginn feiner Ehe zum Vorwurf
gemacht hatte, verwandelte fich in eine dumpfe drückende Schwermuth, die ihn für jeden Lebensgenuß abftumpfte und aus jedem
fröhlichen Kreife hinwegtrieb. Ja felbft feine Energie im eigenen
Gefchäft litt unter dem Druck der dumpfen vorwurfsvollen Gedanken, welche auf ihn einftürmten, und er erfchien gewöhnlich
Morgens bleich und verftört nach einer größftentheils fchlummer-
lofen Nacht, unter feinen Arbeitern.

Aber trotzdem fchien ihm anfangs äußerlich alles wohl zu gelingen; feine Preffen waren immer vollauf befchäftigt, und man

rühmte die Pünktlichkeit und Eleganz seiner Arbeiten. Das Kapital, welches ihm Baron-Schrewnitz zu seinem Etablissement vorgeschossen und das er nun dessen Erben heimzubezahlen hatte, ward von der Gräfin Arnesco vorgestreckt, an welche Manon in dieser Angelegenheit geschrieben, und der thätige junge Mann fand Credit und Ansehen bei seinen Mitbürgern. Manon schien Tag und Nacht bemüht, ihm die Schwierigkeiten aus dem Weg zu räumen, und namentlich auf eine Weise, daß er davon so wenig wie möglich merkte. Dieß galt jedoch nur den äußeren, denn den inneren Mahnungen und Vorwürfen vermochte sie nicht zu begegnen, auch wenn Franz sie nicht geflissentlich vor ihr verhehlt hätte. Allein wie sie es anstellte, um ihn vor Unannehmlichkeiten sicher zu stellen, oder deren Wiederkehr unmöglich zu machen, davon nur Ein Beispiel unter vielen. Manon und Lüde hatten an einem Sonntag-Nachmittage im Frühling einen Spaziergang auf ein benachbartes Dorf gemacht, und waren am Abend auf dem Heimweg begriffen, als es Manon, die der schöne Abend lockte, einfiel, noch in einen jener Bierkeller einzutreten, welche die Stadt auf dieser Seite begrenzten, und wo jeden Sonntag Militärmusiken öffentliche Concerte gaben. Die lebhaften Töne eines Auber'schen Marsches mochten ihr den Gedanken eingegeben haben, daß Musik besonders geeignet seyn dürfte, den Geist finstern Unmuths und tiefer Schweigsamkeit zu bannen, der auf ihrem Gatten lag; und mit Vergnügen bemerkte sie, als sie mit ihrem Franz an einem einzelnstehenden leeren Tische Platz genommen hatte, daß die Musik, das fröhliche Getümmel um sie her, die goldenen Lichter des Sonnenuntergangs, welche die Landschaft überflutheten, und die ganze sabbathliche Stimmung, welche auf der Gegend und den geputzten Menschen lag, eines sänftigenden Eindrucks auf Lüde nicht verfehlten.

„Ach, daß ich doch wieder so fröhlich seyn könnte wie vor-
dem!" sagte er mit einem freundlichen Blick auf Manon und
drückte ihr den Arm; „wie königlich vergnügt war ich noch vor
zwei Jahren, wenn ich so Sonntags mit meinen Kollegen auf
irgend einem Bierkeller saß und wir uns von unserm Wander-
leben erzählten und unsere Lieder sangen! Arm wie ich damals
war, hätt' ich an einem solchen Sonntage doch nicht mit einem
Könige. getauscht! Es gehört doch so wenig dazu um glücklich zu
seyn, wenn man jung ist und ein leichtes Herz hat!" setzte er
mit einem bedeutsamen Seufzer hinzu.

— „Ach ja, die Jugend!" entgegnete Manon; „die läßt
das Alles weit schöner erscheinen, als es eigentlich ist, und alles
Vergnügen ist ja mehr oder weniger nur Einbildung. Aber was
ist eigentlich wahres Vergnügen? Kann man es Vergnügen
heißen, wenn jene Handwerksburschen dort betrunken und unter
viehischem Johlen die Landstraße entlang wanken, oder wenn
jene Dienstmädchen dort auf offener Straße von ihren ange-
trunkenen Soldaten hin- und hergezerrt und umarmt werden?"

„Jeder nach seiner Art und Weise," murmelte Lücke dumpf;
„sie sind nach der ihrigen vergnügt und glücklich!"

— „O ja, sie, die rohe Masse, mögen so denken," meinte
Manon; „aber fühlst Du Dich nun nicht glücklicher, wenn Du
Dich in unserem hübschen zierlichen Hauswesen umsiehst, wo
alles so behaglich und bequem, so elegant und vornehm ist, oder
wenn Du in Deinem Comptoir stehst und die emsige Geschäftigkeit Deiner Arbeiter überblickst, als damals wo Du noch in
einer armseligen Dachkammer schliefst und am Sonntag mit den
Handwerksburschen herumziehltest?"

„In meiner Dachstube konnte ich ruhig schlafen und hatte
noch freundliche Träume," sagte er unmuthig. „Mit Singen und

Pfeifen wacht' ich Morgens auf, wann mir die liebe Sonne in
die Fenster schien und mit Singen und Trällern schlief ich Abends
ein. Jetzt stehen die Sorgen an meinem Lager und rauben mir
den Schlaf...."

„Undankbarer!" fiel Manon beinahe schmollend in's Wort;
aber sie konnte nicht vollenden, denn in diesem Augenblick erhob
sich hinter ihnen das laute Jammergeschrei eines kleinen Kindes,
und sich umwendend sahen Lücke und Manon ein kleines Mädchen von etwa vier Jahren, welches die Böschung einer höher-
gelegenen Terrasse herunter geglitten und mit seinen Händchen
in eine Rosenhecke gefallen war. Manon eilte sogleich herbei,
befreite das arme Kleine aus seiner schmerzhaften Lage und
suchte es zu trösten, denn sie liebte die Kinder sehr — vielleicht
um so mehr als ihr die Aussicht auf eigene Nachkommenschaft
versagt war. Das Kind schien nach seinem dürftigen Aufzuge
armen Leuten zu gehören, und unbeaufsichtigt gewesen zu seyn;
aber auf sein Geschrei kam jetzt die Mutter herbei geeilt und
stand oben an der Böschung mit der Frage: „Herrjeh, Albertinchen, was gibt es denn? Bist Du heruntergefallen?"

Der Ton dieser Stimme und der Name des Kindes durch-
bebten Lücke mit einem jähen Schreck und aufblickend erkannte
er Mathilden, Albertinens Schwägerin, die barhäuptig, erhitzt
und erschreckt auf der obern Terrasse stund und das Kind anrief.

„Oh, il n'y a rien — es is gar niy! Die arm Kind iß nur
gefall in der Dorn und at sik gestoct in der Anb!" rief Manon
hinauf; „ah, soyez tranquille, madame! sey sie nur zufried,
der Klein aben nit geabt Saden! It werd es bring zu Sie!"
und sie stieg über die niedrige Hecke und die Böschung hinan,
um das hübsche kleine Wesen der Mutter zu reichen, welche das

Kind wie grimmig oder voll Besorgniß aus Manon's Händen nahm, an ihre Schulter drückte und dann ohne ein Wort des Danks forteilte.

„Ah, diese Frau ist sehr wenig artig, mich so zu verlassen ohne ein freundliches Danke!“ sagte Manon halb ärgerlich, als sie sich nach ihrem Gatten umdrehte. „Ah, mon Dieu! ab' sie gemalt großer Augen gegen mir! was aben ich ihr denn gethan? Eh bien, François, und was iß Dir? Du siehst aus tout à fait consterné! Der Kind aben nit gelitt Sade. Qu'est-ce que tu as, mon cher?“

„Oh nichts, gar nichts! blos die unerwartete Begegnung!“ stammelte er. „Weißt Du, wem das Kind gehörte? Albertinens Bruder, und das Frauenzimmer da war sein ‚Mädchen,‘ Mathilde Lipp!“

„Ah, was für ein seltsamer Zufall!“ versetzte Manon und konnte sich ebenfalls eines Unbehagens nicht erwehren.

„Komm', laß uns gehen!“ bat Lüde; „ich möchte diesen Leuten hier nicht begegnen!“

Manon stand auf und schickte sich ebenfalls zum Weggehen an, aber im selben Augenblicke wankte Fritz Meier heran, dessen glühendes Gesicht und unsicherer Gang deutlich auf ein vorge= rücktes Stadium der Trunkenheit deuteten, und brüllte: „Wo ist er, der schlechte Kerl, der meine arme Schwester in's Unglück gestürzt hat? Wo ist der elende Lüde, der niederträchtige Ham= burger Fuchsschwänzer, daß ich ihn erwürge? wo ist er mit seiner französischen H—? Laßt mich los, oder ich schlage euch zu Boden, denn er muß hin seyn unter meinen Händen! ich dreh' ihm den Hals um!“

„Fritz, ich bitt' Dich um Gottes Willen, sey vernünftig! stürz' Dich nicht in's Unglück!“ rief Mathilde und klammerte

sich krampfhaft an den Burschen an, welcher in Hemdärmeln, ein
Stuhlbein in der Hand, oben am Rande der Böschung schwankte
und mit wuthfunkelnden Blicken Gartenstühle und Gläser nach
Lücke hinunterschleuderte, der seinerseits von jähem Schreck ganz
zur Stelle gebannt schien. Die Kinder schrieen, die Kameraden
wollten den Wüthenden zurückhalten, Manon ihren Gatten fort=
zerren, aber dieser stand wie vernichtet und bebte unter dem
Blick des Wüthenden, der ihn zur Stelle bannte, wie ein Basilisk sein Opfer.

„Der elende meineidige Schuft!" brüllte Fritz Meier; „erst
das arme junge Ding verführen und dann sie mit seiner französischen Metze dort dem Grafen in die Hände spielen, daß sie
hernach in Verzweiflung und Elend umkommt! Das will Blut
haben, und ich schlag' ihn todt — ich rücke meinen eigenen Kopf
daran!" Und damit kollerte er die Böschung hinunter und fiel
gerade vor Lücke's Füßen nieder. Kaum hatte er sich aber auf-
gerafft und wollte sein Stuhlbein über den Schreck-gelähmten,
kreideweißen, zitternden Druckerherrn schwingen, so ereilte ihn
die Nemesis in Gestalt zweier handfesten Brauknechte, welche der
Herr des Bierkellers eilends auf den Platz geschickt hatte, als er
zwei anständig gekleidete Personen einem solchen pöbelhaften
Anfall ausgesetzt sah. Die Brauknechte schlugen unbarmherzig
auf Fritz los, daß ihm Hören und Sehen verging, schleppten ihn
dann zum Garten hinaus, schleuderten ihn auf die Landstraße und bedeuteten seine Kameraden, sich ruhig zu verhalten,
falls sie nicht eine ähnliche Behandlung erfahren wollten.

Lücke und Manon aber verließen den Bierkeller auf einem
andern Wege und eilten tieferschüttert nach der Stadt zurück.
Zu Hause angekommen mußte Lücke alsbald sich zu Bette legen,
da er sich ernstlich unwohl fühlte. Er hatte Fieber, phantasirte

die ganze Nacht hindurch heftig und nannte in seinen Fieberträumen oft Albertinens Namen mit der zärtlichsten Betonung.
Manon hatte eine fürchterliche Nacht; sie sah ein, daß Franz
ihre Nebenbuhlerin noch immer liebte, und sie grübelte, ob es
mehr das Bedauern über den Verlust Albertinens oder das
Mitleid mit dem grausigen Geschick des Mädchens sey, was
Lücke'n die Todte noch so werth mache. Aber aus der dunklen
Tiefe ihrer Seele tauchten zugleich Gedanken und Erinnerungen
an vergangene Zeiten auf und führten der gereiften Frau mit
schneidender Wucht der Ueberzeugung und mit verdammendem
Urtheil zu Gemüth, durch welche Listen und Tücken sie sich in das
Vertrauen der armen Albertine eingeschlichen und dieser den
Geliebten geraubt habe. Und furchtbare Selbstvorwürfe und
Gewissensbisse überkamen in dieser Nacht Manon: sie bangte für
Lücke's Leben, das ihr der unerbittliche Tod zu rauben schien
als Sühne für ihre eigenen tückischen Vergehen. Sie versuchte
zu beten und konnte es doch nicht, denn wie ein Gespenst trat
das Bild der abgehärmten Ertrunkenen, das man, von den
grünen Wasserfäden überzogen, an jenem Ostermontage aus dem
Wasserloch auf der Haide gefischt hatte, zwischen sie und Gott.
Sie jammerte zum Verzweifeln und erfüllte das Gemüth des
Dienstmädchens, das von einem Tanzboden heimgekehrt, die
Herrin in tiefer Nacht so winseln und schreien gehört hatte und
nun hilfreich herbeigeeilt war, mit Angst und unbegreiflicher
Sorge. Der Arzt, der noch in später Nacht gerufen ward, be-
handelte den Fall des Kranken durchaus nicht leichthin; es sey
eine tiefgehende Nervenerschütterung, von irgend einer starken
Gemüthsbewegung herrührend, und keineswegs gefahrlos und
unbedenklich bei einem jungen Manne von Lücke's Alter, dessen
Nerven schon seit einigen Wochen so verstimmt seyen.

„Oh, retten Sie ihn, Doktor! retten Sie ihn!" flehte ihn
Manon mit wildem Schmerze an; „was soll aus mir werden,
wann er stirbt?"

Aber der Arzt zuckte nur die Achseln und vertröstete auf
den kommenden Tag, mit dem das Fieber abnehmen und eine
Krise kommen werde. Und wirklich als Nacht und Morgen mit
einander um die Herrschaft rangen, ward der Kranke ruhiger
und schlummerte mit kurzen schweren Athemzügen. Da über-
antwortete Manon ihn der Aufsicht der schlaftrunkenen Dienerin,
ging hinaus in's Nebenzimmer und kleidete sich um. Sie war
zu einem Entschluß gekommen, der ihr zweckentsprechend seyn
mochte: sie wollte Mathilden ein Stück Geld bringen, ein
Schmerzensgeld auf Fritz's zerbrochenen Rücken und auf Albertinens namenloses Grab, denn diese war als Selbstmörderin in
einer Truhe an die Anatomie abgeliefert worden und die Bruch-
stücke des einst so schönen Leibes, der selbst dem feinen, wähle-
rischen, kunstsinnigen Grafen Arnesco so viel Appetit verursacht
hatte, ruhten nun, Gott weiß in wie vielen zersetzten Trümmern!
in irgend einem Massengrabe im Winkel des Friedhofs.

Gesagt, gethan! Manon steckte einige Geldrollen zu sich,
legte einige Weinflaschen, Zucker, Kaffee und andere Lebensmittel
in ein Körbchen nnd verließ in aller Stille das Haus in der
Vorstadt, um in der Lazarethstraße nach dem Maurer- und
Tünchergesellen Fritz Meier sich zu erkundigen, der mit seiner
Mutter ehedem dort gewohnt hatte. Sie brauchte nicht lange zu
fragen, um die ärmliche Dachwohnung zu erfragen, worin der
Bursche mit Mathilden und den beiden Kindern lebte. War es
ja doch um die Zeit, wo die Arbeitsleute und Handwerker, welche
in dieser Gegend wohnten, gerade an ihr Geschäft gingen. Fritz
freilich noch nicht, denn die Brautknechte hatten ihn so zugerichtet,

daß er noch kein Glied rühren und nicht aus den verschwollenen Augen sehen konnte; aber Mathilde war schon munter und kochte ihren Kindern soeben den Kaffee, als sie Manon die steile Treppe herauffeuchen hörte.

„Jesus Maria, was will denn Sie hier, Französin?" entfuhr ihr unwillkürlich, als sie Manon erkannt hatte; „Sie wird doch meinen Fritz nicht arretiren lassen wollen?"

„Oh non, ma petite! Nix Feindschaf! Ik kommen als tute Freund, Sie zu sag, daß ik ab Herbarm mit der arm Musjeh Meier, was aben triegt so viel Elage!" versetzte Manon. „Sey Sie nur zufried, Madame, Sie weiß ja sehr tut, combien als viel ik aben immer gelieb armer Albertin! Oh arme Kind!" sagte sie und wischte sich eine dicke Thräne ab; „warum sie nicht at tehork das gute Comtesse? Oh, Madame d'Arnesco ihr ätten nie verlaß! — Mais cependant, mein tute Frau, das is nun zu spät zu Klage und nit kann werden lemakt wieder tut; aber ßihre arme Kind und ßihre Mann, Madame, soll nun aben ein Theil von die Wohl.... von die bienfaits, was ik aben zubait die kleine Albertin, und Sie soll komm jeder Monat zu mir zu scherschir ein Almos, was ik Sie werd geb!"

Dieß leuchtete Mathilden ein, und sie bat Manon nicht nur um Verzeihung wegen der rohen Ausfälle, welche sich Fritz in seinem gestrigen Rausch gegen Lücke erlaubt habe, sondern versprach auch hoch und theuer, daß Fritz sich in Zukunft nicht mehr an Lücke reiben solle. „Es hat zwar schon seine Richtigkeit, daß der Lücke ein schlechter Kerl ist und an der Albertine miserabel gehandelt hat," meinte Mathilde; aber das arme blutjunge Ding wäre vielleicht auch so zu Grunde gegangen und von der Alten an den Herrn Grafen verkuppelt worden. Die Albertine war zu gutmüthig und zu dumm für die vornehme Welt; aber dem

Grafen will ich es nicht einmal verübeln, denn ein Mann kann
doch nicht mehr nehmen, als ihm geboten wird!"

›Ah vraiment! c'est très bien dit cela!‹ rief Manon: „das
is ein sehr gute Spruk: ein Mann nit kann nehm mehr als
wird ihm gebot.... Sehr tut kesagt; ik werden das auk sagen
zu meine Mann!" Und mit diesem Vorsatz ging sie, nachdem
sie noch Mathilden versprochen, ihr abgelegte Kleider und Wäsche
zu schicken und sie regelmäßig zu unterstützen.

Es war, als ob der Himmel ein Einsehen gehabt und sich
durch diese Großmuth oder Wohlthat Manon's habe eine milde
Schonung für Lüde ablaufen lassen, denn er genas wieder langsam; aber er ward noch finsterer und verschlossener als zuvor,
und Manon's Liebkosungen flößten ihm nachgerade einen leisen
instinktiven Schauder ein, denn er vermochte sich des Argwohns
nicht zu erwehren, daß Albertine nicht so schuldig gewesen, als
sie ihm von der Gräfin geschildert worden sey, und daß Manon
wohl mit vollem Vorbedacht die arme Albertine aus seiner Nähe
und seinem Herzen verdrängt habe. Und wenn er sich das ganze
Wesen Albertinens vergegenwärtigte: ihr weiches reines Gemüth
das inmitten der rohen und gemeinen Umgebung daheim noch so
ergebungsvoll und keusch und lieb geblieben, wenn er des
Himmels gedachte der ihm in diesem allzu vertrauenden gläubigen
Herzen aufgegangen, wenn er sich an jene vertraulichen Abend-
stunden erinnerte, die er in jenem Hinterstübchen im Arnesco'schen
Hotel mit ihr verlebt hatte, — da übermannte ihn der Eindruck
jener naiven, hingebenden frommen Liebe des Mädchens mit
seinem ganzen Zauber von Poesie und Innigkeit, und er fand
es unbegreiflich, daß wenige Wochen in Baden-Baden dieses in
seinem Glauben und seiner Liebe so starke jungfräuliche Herz so
sehr sollten verwandelt haben! Niemand wußte ja besser als er,

der Albertinens ganzes Vertrauen besessen hatte, welch' einer
Stärke im Dulden das einfache Mädchen fähig war, — wie
sollte sie also, von den Huldigungen des Grafen berauscht wie
Manon meinte, dem ersten Sturme feig, muth- und widerstandslos erlegen seyn?

Je länger Lücke in seinen einsamen Stunden schlummerloser
Nächte darüber nachdachte, desto mißtrauischer ward er gegen
seine Frau, desto mehr sehnte er sich nach irgend einem Beweis-
mittel ihrer Schuld. Und dieses sollte ihm bald werden. Manon
war keine Hausfrau im deutschen bürgerlichen Sinne; sie war
bequem, indolent, begierig nach Aufregungen und Vergnügungen
aller Art, nach immer neuen Gemüthsbewegungen. Es litt sie
nie einen ganzen Werktag zu Hause, wenn Lücke stark beschäftigt
war: sie hatte dann immer Besuche zu machen oder zu empfangen, oder lief in's Theater. Ja, diese Gewohnheit erschien ihr
nunmehr zu einem förmlichen Bedürfniß geworden zu seyn, seit
ein innerer nagender Wurm der Gewissenspein und Selbstanklage
ihr die Einsamkeit zur Qual machte. Eines Abends war Manon
in die Oper gegangen, und Lücke, welcher nach Feierabend mit
seiner Lampe aus dem Comptoir herübergekommen war, saß
düster und hinbrütend im Wohnzimmer allein vor den Zeitungen
als draußen auf dem Flur ein lautes Weinen sich hören ließ.
„Was gibt es denn?" rief er zur Thüre hinaus, und sah hier
plötzlich die stämmige untersetzte Gestalt Mathildens sich gegenüber, welche mit dem weinenden Kind auf dem Arm unter
heftigem Schluchzen nach Frau Lücke fragte. „Sie hier, Mathilde? was haben Sie?" fragte er.

Das Mädchen sah ihn unter ihren Thränen finster und ge-
hässig an. „Ich will nichts von Ihnen — wir sind geschiedene
Leute für Zeit und Ewigkeit," erwiderte sie heftig. „Ich kann

es Ihnen nie verzeihen, daß Sie zu geizig waren, die lumpigen fünfzig Gulden zu einem ehrlichen Begräbniß für die arme Albertine herzugeben, und daß Sie das unglückliche Geschöpf von den jungen Feldscheerern zerschneiden ließen...."

"Mathilde, ich bitte Sie um Gotteswillen, halten Sie ein!" fiel er ihr erblassend in die Rede; "das ist nicht meine Schuld; ich kann's mit den höchsten Eiden beschwören, daß ich daran unschuldig bin und nicht eher eine nähere Kenntniß von Albertinens fürchterlichem Ende hatte, als bis ich.... alles aus den Lokalblättern erfuhr!"

"Bah, bah! als ob ich nicht selber am andern Tage da gewesen wäre und Ihnen einen Brief gebracht hätte, worin ich Sie bat, um Albertinens und ihrer Mutter willen uns diese Schande zu ersparen!" versetzte Mathilde vorwurfsvoll; "können Sie das leugnen?"

"Gott ist mein Zeuge, daß ich den Brief nie zu Gesicht bekommen!" betheuerte Lücke und seine blassen Lippen bebten.

"Und doch hab' ich ihn der Jungfer da selber gegeben, wie sie mir bezeugen muß!" rief Mathilde. "Wem hat denn Sie den Brief gegeben, Jungfer? he?"

"Der Madame, die alle Briefe in Empfang nimmt," entgegnete das Dienstmädchen; "ja, ja, die Frau hat recht, — ich erinnere mich der Sache noch ganz gut, und die Madame hieß mich ihr ausrichten, es würde schon alles besorgt werden!"

"Hören Sie es nun, Lücke?"

"Mathilde, Sie mögen über mich denken wie Sie wollen," erwiderte dieser mit überzeugender Betonung; "aber glauben Sie mir nur das eine Mal und bei diesen späten Thränen: so wahr mir Gott helfe, ich habe nie eine Sylbe von jenem Briefe erfahren, und ich schwöre Ihnen, daß ich eher den Rock vom

Leibe verkauft als zugegeben hätte, daß Albertine.... Gott, der
Gedanke ist allzu entsetzlich!"

„So hätte also die Französin?"....

„Ich weiß es nicht, ich werde sie zur Rede stellen, Mathilde;
aber was führt Sie hieher? bedürfen Sie Hülfe?"

„Ja, aber nur die Verzweiflung kann mich zwingen, sie von
euch anzunehmen!" rief Mathilde in einer Aufwallung des Gefühls, welche Lücke dem rohen Mädchen kaum zugetraut hätte.
„Mir graut vor Ihnen und der dicken Französin, denn ihr habt
zusammen die arme Albertine umgebracht. Wüßt' ich andern
Rath, so käm' ich gewiß nicht hieher; aber Fritz ist heute vom
Gerüst gestürzt und hat den Arm und den Schenkel gebrochen.
Seine Kameraden haben ihn in den Spital getragen, denn sie
wußten wohl, daß wir zusammen nur ein armseliges einschläfri-
ges Bett haben! Jetzt soll ich Hemde: und Wäsche für Fritz
schaffen, und woher nehmen?"

„Hier, hier, nehmen Sie Geld! kaufen Sie was Sie bedürfen!" rief Lücke und bot ihr seine Börse an.

„Nein, ich will das Blutgeld nicht, sondern nur ein paar
alte Hemden und Laken! die Madame hat ja genug von dem
Zeuge; sie hat ja die Aussteuer bekommen, welche die Gräfin
Albertinen bestimmt hatte. Wir haben Alles erfahren."

„Meine Frau ist im Theater und ich weiß nicht, wo sie
jene Sachen verwahrt, wo sie ihre Schlüssel hat! Solche Gegenstände sind ja auch um Geld zu bekommen!" rief Lücke.

„Nein, nochmals — ich will euer Geld nicht, es klebt Blut
daran! gebt mir nur Wäsche!"

Lücke lief umher und suchte nach den Schlüsseln zur Kommode und zum Weißzeugschranke, aber sie waren nirgends zu
finden. Das Dienstmädchen meinte, Madame lasse bisweilen

den Schlüssel zum letztern in den Taschen ihres Morgenrocks, und Lücke eilte mit dem Lichte in's Schlafzimmer, drehte beide Taschen um, die einen ganzen Tröbel von Fleckchen und Läppchen, von Briefen und zerknitterten Papieren enthielten, welche er sämmtlich auf den Tisch warf und durchstöberte, ohne jedoch den kleinen Schlüssel zu finden.

„Ach, was quäle ich mich!" rief er endlich und eilte an sein Bett, von dem er das Laken hinwegzog und Mathilden reichte; „hier ist einstweilen ein neues. und hier ist Wäsche von mir!" fügte er hinzu und gab der Harrenden zwei seiner eigenen frischen Hemden aus der Kommode. „Hier, Mathilde, nehmen Sie! Wenn meine Frau nach Hause kommt, wird sie Ihnen noch mehr zusammen suchen; und nun nehmen Sie auch das Geld! Sie werden es nöthig haben, so lange Fritz nichts zu verdienen im Stande ist!"

Mathilde nahm alles, aber mit Thränen in den Augen; sie war gerührt von Lücke's Benehmen. Zwar macht das Unglück selbstsüchtig, wie man sagt, allein Mathilden entging doch nicht die freiwillige Regung von Lücke's gutem Herzen. „Gott lohn's!" sagte sie bewegt; „vielleicht hab' ich Ihnen doch Unrecht gethan, Herr Lücke; Gott vergelte es Ihnen hier und in einer andern Welt! Jetzt kann ich das Geld schon von Ihnen nehmen!" Und sie ging.

Lücke war gewaltig erschüttert, Thränen stürzten ihm aus den Augen. „Oh, arme unglückselige Albertine!" flüsterte er; „nicht einmal zu Deinem Grab kann ich büßend wallfahrten!" und er sank in seinen Stuhl und weinte lange still vor sich hin, dann fiel sein Blick auf die Papiere und Läppchen, die er aus den Taschen von Manon's Schlafrock dort auf den Tisch geworfen hatte, und er stand auf, um sie wieder an Ort und

Stelle zu bringen. Da fiel sein Blick wie zufällig auf eines der noch unerbrochenen Siegel an einem halbzerknitterten, an den Kanten und Ecken schon zerstoßenen Briefe und ein unartikulirter Schrei entfuhr ihm. Das war ja das kleine Petschaft mit dem Schiffe auf sturmbewegtem Meere und der Umschrift: »Such is life« (so ist das Leben), das er einst einmal Albertinen geschenkt hatte.

„Wie? wär's möglich?" stammelte er und seine Kniee wankten unter ihm als er den Brief der Lampe nahe brachte und die Aufschrift las; „von Albertinen? ja, fürwahr von ihr!" Hastig erbrach er den Brief, welcher das Postzeichen Neuenburg trug, und die eckigen ungelenken, beinahe kindlichen Schriftzüge Albertinens traten ihm entgegen.

„Mein lieber Franz!" schrieb die theure Todte; „ich weiß nicht, womit ich es verschuldet habe, daß Du schon auf fünf Briefe von mir nicht mehr geantwortet hast; wahrscheinlich liebst Du mich nicht mehr, was mich auch gar nicht wundern würde, da ich doch nicht gescheidt und gebildet genug für Dich bin und Du vielleicht Nachtheiliges über mich gehört hast von den Bedienten des gräflichen Hauses; auch würde ich Dir gar nicht mehr geschrieben haben ohne den armen Wurm, den ich unter dem Herzen trage und dem Du das Leben gegeben hast, wie ich vor Gott und seinen Heiligen mit den höchsten Eiden betheuern und beschwören kann; aber der Gedanke daß dieses arme Schmerzenskind von der Gräfin und Manon immer dem Grafen zugeschrieben werden soll, mit dem ich mich nie eingelassen habe, so wahr mir Gott helfe, das bricht mir schier das Herz; ich will auch gar nichts von Dir als daß Du mir mit einigen Worten schreibest, daß Du Dich zu dem Kinde bekennen willst als zu dem Deinigen, damit ich dieß der

Gräfin schicken kann, auf daß sie mir nicht immer meinen Undank vorwerfe und mich für eine schlechte Person halte; schreibe
mir recht bald diese Zeilen, und ich verspreche Dir, daß ich
sonst gar nichts von Dir will und daß Du von mir ganz frei
seyn sollst; ich werde dann ruhig hier in der Fremde meine
schwere Stunde abwarten und dann die gnädige Gräfin bitten,
daß sie mich mit meinem armen Kinde nach Amerika schicke,
wo der liebe Gott und seine Heiligen mir schon weiter helfen
werden; ich will Dich dann ganz ruhig die Französin heirathen
lassen, was Du zu thun gesonnen bist, wie mir die Gräfin
neulich sagte, und will mich mit meiner Schande und meinem
armen Kinde in ein fernes Land begeben; schickst Du mir
aber das Papier, um welches ich Dich bitte, nicht innerhalb
acht Tagen, so werde ich von hier entfliehen und zu Fuße nach
Hause wandern und es von Dir holen, denn wenn mir gesetzt
wäre, in meiner schweren Stunde zu sterben, so soll doch
wenigstens die Gräfin erfahren, daß ich nicht so schlecht bin
als sie von mir denkt; also lieber Franz, erfülle mir nur diese
eine Bitte und sey dann für immer vor mir sicher. Deine
tief betrübte aber Dich noch immer liebende

Albertine Meyerin.“

Lücke brach zusammen vor Jammer und Schmerz, als er
diese Zeilen in ihrer ergreifenden Einfalt gelesen hatte. Er
überlas sie noch mehrmals und durchsuchte dann die anderen
Papiere, unter denen er noch einen frühern Brief von Albertinen,
ganz ähnlichen Inhalts, fand, und ebenso auch denjenigen von
Mathilden, dessen sie heute Abend erwähnt hatte. Dann nahm
er all den andern Trödel und steckte ihn wieder in die Tasche
an Manon's Schlafrock, schlüpfte in die Kleider und verließ
das Haus.

Mitternacht war vorüber als er wieder zu Hause kam und Manon ihm im weißen Nachtgewand entgegentrat und ihn mit Liebkosungen empfangen wollte; allein er stieß sie heftig zurück. „Fort, Scheusal! giftgeschwollene Kröte!" schrie er ihr entgegen; „gib mir Albertinen wieder, die Du umgebracht hast, Diebin! Hättest Du nicht ihre Briefe niederträchtig unterschlagen und mich gegen sie aufgehetzt, so wäre sie wenigstens noch am Leben!"

„Franz, bist Du toll oder betrunken?" rief Manon bebend und bemerkte jetzt erst, wie das ganze Zimmer nach Branntwein roch.

„Ja, betrunken bin ich!" rief er und brach im Sopha zusammen: „wie könnt' ich anders Ruhe finden und vergessen, als im Branntwein? Aber fort! aus meinen Augen, Ungeheuer!" und er drohte ihr mit der Faust, so daß sie sich in's Schlafzimmer flüchtete und dort einschloß.

Als Lücke am andern Morgen mit blödem Kopfe erwachte und in seinen Taschen nach Albertinens Briefen suchte, waren diese fort. Manon hatte sie ihm mit Beihülfe der Magd im Schlafe entwendet und verbrannt, in der Hoffnung es werde wieder alles recht werden, wenn nur die unseligen Papiere nicht mehr gegen sie zeugten. Sie suchte sogar in Abrede zu ziehen, daß diese beiden Briefe je vorhanden gewesen seyen, und wollte ihn überreden, das Ganze sey nur eine Hallucination gewesen, eine Folge der erschütternden Gemüthsbewegung nach jener Unterhaltung mit Mathilden. Lücke aber gerieth ob dieser neuen Tücke nur in die größte Wuth, und erschöpfte sich in Scheltworten und Vorwürfen gegen Manon, die er sogar mißhandelt haben würde, wenn sie sich nicht wieder eingeschlossen hätte.

Mehrere Tage vergingen, ohne daß sich die beiden Gatten wieder sahen. Lücke ging umher wie ein Träumender, wie in einer Betäubung; er sah nur nothdürftig nach seinem Geschäft, aber er konnte sich bezüglich seines Verhältnisses zu Manon keinen entschiedenen Entschluß abringen, so sehr war er schon seinem Charakter und seinem besseren Selbst untreu geworden. Das Einfachste und Natürlichste wäre wohl gewesen, daß er sich sogleich seinen Koffer gepackt und Manon verlassen hätte, und diese Wendung mochte sie ihm auch zugetraut haben, denn eines Morgens erschien der Advokat Wiedmayer, ein Mann von sehr großen Fähigkeiten aber sehr wenig Gewissen, auf Lücke's Comptoir und bat ihn um eine Unterredung in seinen ehelichen Angelegenheiten.

„Ich höre, daß Sie sich mit dem Gedanken tragen, Ihre Frau zu verlassen," hub er an, „und ich erscheine auf Anregung der Frau Manon Lücke bei Ihnen, um diese Angelegenheit mit Ihnen zu besprechen. Ihre Frau hat mir alles erzählt, und gesetzt sogar, die Briefe hätten wirklich existirt, womit Ihre aufgeregte Phantasie Sie erschreckt hat, so sehe ich darin gar keinen Scheidungsgrund, denn eine Frau kann solche Briefe, von denen sie eine Alteration oder Unbehaglichkeit für ihren Gatten voraussieht, füglich in guter Absicht unterschlagen haben, um seine Gesundheit und Ruhe zu schonen. Was Sie sich selbst freilich gegen die verstorbene Albertine Meyer vorzuwerfen haben, kann ich nicht wissen; auch ist hier jede Reue zu spät. Allein soviel weiß ich, daß Ihre Frau Ihnen eine Lebensstellung verschaffte, um welche Tausende Sie beneiden würden; daß das gute Geschöpf Sie noch immer innig liebt, wie es Sie von jeher auf den Händen getragen. Wenn Sie sie also böslich verlassen wollten, nachdem sie Ihnen ihr ganzes Vermögen in Ihr Geschäft gegeben hat, so wäre dieß schnöder Undank, und würde Sie nutzlos zur Armuth verdammen, denn durch den Wortlaut des

·Heirathsvertrags gehört das ganze Vermögen Ihrer Frau. Wollen
Sie daher in Ihrer thörichten Verblendeung wieder den Wander-
stab in die Hand nehmen und als Gehülfe arbeiten, nachdem
Sie sich durch Ihre Fähigkeiten und Ihren Fleiß schon eine geachtete selbstständige Stellung gesichert hatten, auf welcher Sie
lebenslang fortbauen können, — so will ich darin Ihren Troß
natürlich nicht brechen; allein meine Stellung als Anwalt Ihrer
Frau legt mir dann die Pflicht auf, Ihren Besißstand auf das-
jenige Wenige zurückzuführen, was Sie mit in die Ehe gebracht
haben. Wählen Sie also! — Weit vernünftiger und ehrender
wäre es jedoch, Sie ließen Vergangenes und Geschehenes vergessen uud begraben seyn, und bürdeten der armen Frau, welche
in den letzten Tagen durch Sie und um Ihretwillen schon soviel
gelitten hat, nicht noch weitere Lasten auf, sondern nähmen die
Verzeihung an, welche sie Ihnen durch mich anbieten läßt, und
suchten ihr durch neue Zärtlichkeit die Erinnerungen an die jüngste
Vergangenheit zu verwischen."

Lücke versuchte umsonst sich zu rechtfertigen — der Advocat
setzte allen seinen Einwendungen dieselbe Beredtsamkeit entgegen,
und gab ihm endlich drei Tage Bedenkzeit, während deren ihm
Manon die Mahlzeiten in sein Comptoir sandte und Franz auf
dem Sopha in der Wohnstube schlief. Am vierten Tage war
Lücke zu dem Entschluß gekommen, lieber in den Vorschlag des
Advocaten zu willigen, als wieder mit dem Ränzel auf dem
Rücken in die weite Welt zu wandern. Zwar konnte er seine
Frau nicht mehr lieben noch achten, aber er bequemte sich dazu,
vor der Welt ein gutes Einverständniß zu heucheln. An diesem
Kompromiß mit seinem Gewissen scheiterte sein Rest von Lebens-
glück vollends. Manons Scharfblick hatte eingesehen, daß es
nun aus sey mit Liebe und Vertrauen, und daß sie ihn nicht

mehr fesseln könne. Ihr ganzes Dichten und Trachten ging deßhalb dahin, bei Zeiten ihr Vermögen gegen alle möglichen Vorkommnisse sicher zu stellen, denn eine Ahnung sagte ihr, daß Lücke's sittliche Kraft nun gebrochen und der Frieden wie der Segen von ihm gewichen sey. Und diese Ahnung trog nicht. —

Fünf Jahre waren seit Albertinens Tode vergangen, Jahre des Zanks und Habers in der ungleichartigen Ehe Lücke's, — da brach der Konkurs über ihn aus. Er hatte gewagte Unternehmungen gemacht um den Ausfall an redlichem umsichtigem Erwerb zu decken, zu dem er nicht mehr fähig war, seit er sich dem Trunt ergeben, um sein Gewissen zu betäuben. Manon hatte mit Wiedmayer's Hülfe ein kleines Kapital beiseite gelegt und ihr eigenes Vermögen gerettet, und nahm dieß mit in ihre Heimath, wohin sie nun zurückkehrte, nachdem sie eine Lösung ihrer Ehe beantragt hatte, weil ihr Gatte sie mißhandelte. Lücke, der einst so mustergültige und geachtete Geschäftsmann, war nun „ganz unten durch," ein Gegenstand des Abscheues und Ziel der Vorwürfe seiner verkürzten Gläubiger. Er konnte nicht leugnen, daß er durch eigene Schuld und Fahrlässigkeit so heruntergekommen sey: aber was ihn so tief hatte sinken lassen, daß er sich selber verachten gelernt, das wußten außer Manon nur Wenige, und sie war klug genug, es nicht merken zu lassen, sondern ihn noch mit anzuklagen. Manon selbst hatte sich seither in Koketterie und einem Taumelleben des Genusses und Vergnügens zu betäuben gesucht, und durch ihre Verschwendung den Sturz des Gatten beschleunigt. Sie leugnete dieß auch gar nicht, sondern machte nur ihren Mann dafür verantwortlich, der, wie sie sagte, seine eigenen Verhältnisse hätte besser kennen und sie darauf aufmerksam machen sollen. Man trennte sich daher unter gegenseitigem Haß und Ekel und die Ehe ward gesetzlich gelöst.

Nun aber seit Manon mit ihrem Geld fort war, hielt kein noch so schwacher Faden mehr den unglücklichen Lücke in seinem jähen Sturze in den sittlichen Abgrund auf. Er war seinen Kollegen so zuwider, daß er nicht einmal mehr als Arbeiter Beschäftigung fand, und endlich eines heitern Frühlingsmorgens, vom Branntwein benebelt, mit einem leichten Ränzel auf den Rücken, aus der Stadt wanderte. Draußen in der Vorstadt blieb er stehen und blickte über den Zaun in das Gärtchen, wo er fünf Jahre früher die Osterbescherung Manon's in Empfang genommen hatte. Er stand auf derselben Stelle, wo damals Albertine ihn belauscht hatte und zusammengebrochen war. Sein Fuß wurzelte, und vor seinem innern Auge zog eine lange Reihe von Bildern und Erinnerungen vorbei.

„Verloren! vorüber!" murmelte er; „Albertinens Fluch klebt mir an der Ferse. Fritz und Mathilde sind auf ein Dorf gezogen und nähren sich redlich; die Erinnerung an Albertinens Tod und das lange Krankenlager haben den Fritz zur Vernunft gebracht. Auf mir aber lastet sie wie ein Fluch, und doch hätte dieses Mädchen mir ein Engel seyn können! Ja, ein Engel des Lichts ist sie, im Vergleich mit dieser verworfenen abgefeimten Französin! — Bah, fahre hin! ich bin rettungslos verloren! ich will mich vollends zu Tode saufen! Mir graut vor mir selber wenn ich nüchtern bin. Fort, fort von hier!"

Und so wankte er weiter, lallte etlichen Handwerksburschen, die vor ihm herzogen, ein altes Wanderlied nach und war bald verschwunden und verschollen.

Nie hat man wieder etwas von ihm gehört; der Maelstrom des Elends und der Verzweiflung, der keines seiner Opfer mehr herausgibt, hat ihn wohl verschlungen. Man kennt sein Grab so wenig wie basjenige der armen Albertine. Beide waren an sich gute Menschen, die, wenn sie in ihren natürlichen Verhältnissen geblieben, auch glücklich geworden wären. Aber sie lernten ben schnöben Gößen der Welt kennen, unb wurden — Albertine freilich unschulbig unb nur mittelbar —

Opfer des Mammons!